知「世」
就是力量！

韋立儀，張奇漢 編著

古人的18堂社交課

夫妻相處 × 朋友往來 × 職場應對，從出生到出殯都能用到的人生真理

【夫妻】＋【朋友】＋【修身】＋【識才】
【進取】＋【經營】＋【謀事】＋【退隱】＋【脫俗】

本書所列處世之道，均選自浩如煙海的經史子集及名人軼事
喜怒哀樂、悲歡離合、榮辱得失，心雖不言，盡在其中！

目 錄

目錄

第四章　生活之道

目錄

目錄

第九章　識才之道

第十章　用人之道

第十一章　進取之道

目錄

目錄

目錄

前言

每個人都希望擁有一個成功的人生，儘管人生成功的標準有很多。有些人認為擁有名聲、地位及財富，就是成功的人生；有些人卻淡泊名利，只是把平淡快樂當成自己的成功⋯⋯不管是哪一種成功的標準，都無可厚非。不管是哪一種成功的標準，都需要追求者運用一定的方法方式——即「道」，才能達成。

魯迅：「其實地上本沒有路，走的人多了，也便成了路。」本書自然也隱有其意。所列十八「道」，均選自浩如煙海的經史子集及世界名人軼事，是智者們平常對文化、生活、學習、娛樂、情趣、人生、過去、未來等方面的若干感受、觀察和探求，誠如一面鏡子，其醜其美，喜怒哀樂，悲歡離合，榮辱得失，心雖不言，盡在其中。因此，本書為讀者提供了處世之道的學習與思考的方向。

本書運用階梯狀的結構方式，將與人們生活密切相關的內容作為基底，如「幽默之道、思辨之道、諧諷之道、生活之道、夫妻之道、朋友之道、修身之道、治學之道」；而將其他有關方面的內容逐漸提高，如「識才之道、用人之道、進取之道、為官之道、經營之道、應變之道、謀事之道、退隱之道」；至於「脫俗之道、入禪之道」，旨在使讀者賞心悅目，也與不同層次的朋友聊以為樂。同時，為了不斷引發讀者的閱讀興趣，編者努力將某些趣味性、故事性、娛樂性、知識性、思想性均較強的東西精選成冊，敬獻讀者，或如一頁小窗，既可呼吸清新空氣，又將自然景色盡收眼底，無意中給人一種舒心與快慰。

前言

第一章　幽默之道

　　人，作為一種形象，既不可過於嚴肅，也不易純粹天真。幽默一點吧，它是開心藥，是兩者之間的至美。正如我們離不開吃飯，大天才蘇東坡吃遍天下，可謂真正的美食家，但也曾被朋友幽默，連「三白飯」都不知。這就是所謂「非不笑也，不笑所以深笑之也」。

吾從眾

蘇東坡在揚州設宴請客，席上十多人都是名士，米芾也在座。酒吃到一半，米芾忽然起立對蘇東坡說：「我有件小事要請教您，世人都認為我癲，願聽取您的意見。」蘇回答：「吾從眾。」舉座皆笑。

「三白飯」和「三毛飯」

蘇軾有一次對劉放說：「我與弟弟準備科第考試時，曾每天吃三白飯，味道很美，簡直不相信世間還有什麼山珍海味。」劉問何謂「三白」。答道：「一撮鹽、一碟生蘿蔔、一碗飯，乃三白也。」劉大笑。過了許久，劉請蘇軾吃皛飯。蘇不解「皛飯」為何物，但以為劉博學，必有出典。飯時，見桌上只有鹽、蘿蔔、飯，方悟「三白」之戲語。

飯畢，蘇東坡請劉頒明日吃「毳飯」。劉如期而往，過時而不見飯，再三催促，蘇只以「少待」相答。劉飢不可忍，蘇才說：「鹽也毛，蘿蔔也毛，飯也毛，不是三毛是什麼？」劉捧腹大笑，說：「我想你是要報復的，但想不到會用這種方法。」原來當地方言中讀「無」為「有」，而「有」又與「毛」同音，故東坡開了這樣一個玩笑。最後兩人吃了一頓，直到晚上才散去。

只怕杏花桃花不敢當

王君卿在揚州對孫巨源、蘇東坡說：「林逋《梅花詩》中的『疏影橫斜水清淺，暗香浮動月黃昏』，用來詠杏花與桃花也可以。」蘇說：「可以是可以，只怕杏花桃花不敢當。」眾人聽了都大笑起來。

「坡」的字義

蘇東坡曾問王安石「坡」的字義。王回答：「坡就是土的皮。」蘇聽了反問一句：「那麼『滑』字就是水的骨不成？」王默然不語。王接著問：「鳩字從『九』，從『鳥』，也有證據嗎？」蘇答：「《詩經‧曹風‧鳲鳩》云：『鳲鳩在桑，其子七兮。』七子加爺、娘，恰好是九個。」王很有興趣地聽著，很久才知道這是講笑話。

不笑笑之，笑之以不笑者乃所以深笑之也

蘇軾設宴請客，滑稽藝人作出各種可笑的動作，蘇卻始終不笑。這時一藝人用棒痛打表演者說：「蘇學士不笑，你還能算一個好藝人嗎？」藝人答：「不笑笑之，笑之以不笑者乃所以深笑之也。」蘇不禁大笑起來。原來藝人化用了蘇《王者不治夷狄論》中的一句話：「不治治之，治之以不治者乃所以深治之也。」

俗物又來掃人興

晉代王戎常與阮籍作竹林之遊，有一次王遲到，阮故意說：「俗物又來掃人興了。」王笑著說：「像你們這樣的人也這樣容易掃興嗎！」兩人然後撫掌而笑。

一肚皮不合時宜

蘇軾有天吃完飯，摸著肚子慢慢地散步，環顧身旁的侍女說：「你們說說看，這裡面有什麼東西？」一個說：「都是文章。」蘇聽了不以為然。又一個說：「滿肚子都是見識。」蘇也認為講得不確切。輪到寵妾朝雲，她說：「學士你一肚皮不合時宜。」蘇聽了捧腹大笑。

老先生不要輕生

明代李東陽在翰林院供職時，有次陪其家鄉的知府飲酒。由於大杯飲酒過量，李醉了，說：「今天下官捨命陪君子了。」知府笑著說：「學生我也不是君子，老先生不要輕生。」

不知設博士管何事

唐代天寶年間，國學院增設廣文館，主管修進士業的學生。滎陽人鄭虔貶官多年，這一年才回長安，便被任命為廣文館博士。鄭茫然道：「不知廣文博士管何事？」被問者說：「新設廣文館，用來管理文士，因你聲名遠揚而任命你。並且讓後代人稱你是第一任廣文博士，不也是美事嗎？」鄭於是接受任命。

坐著的是墳，臥著的是死人

禰衡和曹操吵翻了，曹要把他送給劉表。臨出發前，眾人為他餞行，先在城南面擺下酒食，大家互相約好：「禰衡從來不講禮節，今日趁他還沒來，我們都坐臥在地上來煞煞他的威風。」等禰來了，大家坐的坐、臥的臥，都不肯起來，禰坐在地上大聲號哭。大家問他什麼原因，禰說：「坐著的是墳，臥著的是死人，在墳和死人之間，我能不悲傷嗎！」

硬要玷汙天空嗎

謝重是謝安姪孫，聰明有才思，擔任會稽王司馬道子的驃騎長史。一次他陪司馬閒坐。當時夜空明淨，皎月晶瑩，司馬讚嘆不已，認為極佳。謝脫口而出說：「我認為不如有一絲雲點綴一下更美。」司馬與他開玩笑說：「您的心裡不乾淨，還硬要玷汙天空嗎？」

我比柳永詞如何

蘇東坡在黃州玉堂時，有個幕僚很會吟唱。蘇問他：「我寫的詞與柳永詞相比，你看如何？」幕僚回答說：「柳郎中詞只好十七八歲的女孩子，手拿象牙製的拍板，唱『楊柳外，曉風殘月』，您學士的詞，則必得讓關西大漢，手拿鐵製的拍板，唱『大江東去』。」蘇聽了大笑不止。

司馬遷韓愈在隔壁，也沒時間去拜訪

清代杜濬性情高傲，不喜歡交際，王岱曾因此責備杜。杜說：「我豈敢這樣，只不過一味喜歡閒靜，不求用世。只要能睡一個好覺，即使司馬遷、韓愈在隔壁，也沒時間去拜訪。」

都是十二生肖屬相

陸長源是文壇耆宿，被委為宣武軍行軍司馬；韓愈很年輕，為宣武軍巡官，二人成了同僚。有人譏笑他倆年齡相差太大。韓聽後答道：「猛虎、老鼠，一大一小，都是十二生肖屬相，這又有什麼可以奇怪呢？」十天光景，韓的話竟然流傳到長安。

先斬小畜，後斬大畜

蘇東坡曾與客人在一起行酒令，以《易經》中的兩個卦名證一個歷史故事。一人說：「孟嘗君門客三千，大有同人（《大有》、《同人》）。」一人說：「光武兵渡滹沱河，既濟未濟（《既濟》、《未濟》）。」一人說：「劉寬婢羹汙朝衣，家人小過（《家人》、《小過》）。」蘇說：「牛僧孺父子犯罪，先斬小畜，後斬大畜（《小畜》、《大畜》）。」此話是指王安石父子說的。

■ 獐旁邊的是鹿，鹿旁邊的是獐

宋代王霧幼年時，有人指著關在同一籠中的獐和鹿，問哪隻是獐，哪隻是鹿。王認不出，想了想說：「獐旁邊的是鹿，鹿旁邊的是獐。」問者大為驚嘆。

■ 落湯蝦子著紅衫

明代高明六七歲時，就已聰穎不凡。一次他從私塾放學回家，正遇上鄰居某尚書穿著紅袍出門送客。尚書看見高穿著綠衣，就把他叫來說：「出水蛙兒穿綠襖，美目盼兮。」高應聲答道：「落湯蝦子著紅衫，鞠躬如也。」尚書大為驚異，稱高為奇童。

■ 你知道「園」字嗎

清代袁枚曾養一羊。一日，羊逃入鄰居園子吃菜，鄰家老人來告狀。袁開玩笑地說：「你知道『園』字嗎？必須四周用圍牆圍起來才行啊。」鄰家老人反唇相譏：「先生知道『園』字裡面是什麼字嗎？築圍牆只能防圍牆之外，可防不住圍牆之內啊！」「園」裡面乃是一「袁」字。袁一時無言以對，為之絕倒。

■ 高帽一百個

有一個京官要到外地任職，臨行前，去向老師拜別。老師對他說：「外地的地方官不容易當，你要小心謹慎為好！」京官說：「老師放心，我準備了高帽一百個，逢人便送一個，這樣，恐怕不至於會有什麼問題。」老師聽了很生氣，當場呵責他：「吾輩師教，不搞邪門歪道，哪有像你這樣辦事的？！」京官說：「天下之人，像老師這樣不喜歡戴高帽的，能有幾個？」老師聽了，轉怒為喜，點點頭說：「你這一句話倒也說

得很對！」

京官辭別後，於是便對人說：「我的一百個高帽，今天只剩九十九個了！」

文武官看戲

武官和文官一起看戲，戲臺上正演出《諸葛亮七擒孟獲》。

武官說：「這孟獲如此野蠻，不服教化，想不到孟夫子的後代，竟出了這樣一個凶暴倔強不肯順服的人。」眾人聽他把蠻王孟獲強行拉來作孟子的後代，忍不住掩著嘴巴暗笑。

文官聽見武官高談闊論，並不揭穿，只是說：「你老兄所說極對，孔明比孟獲強多了，到底還是孔子的後代，無愧於他的祖宗。」眾人聽得文官把諸葛孔明胡扯為孔子的後代，更加大笑不止。

屏秀才

過去有一個秀才，病重將死，神志恍惚，覺得自己輕飄飄、蕩悠悠地來到了閻羅殿。他忽然聽到閻王放了個屁，立即觸動靈感，雅興大發，獻上一篇《屁頌》，自鳴得意地大聲朗誦：「您高抬著金玉般的臀部，散發出一陣陣清風寶氣。我依稀聽到了美妙的音樂，彷彿聞到了蘭麝的香味。我立在下風，真是不勝馨香之至。」

閻王一聽，連連誇讚這篇《屁頌》寫得好，立即批准給這個秀才增加十年壽命，把他放出閻羅殿。秀才迷迷糊糊地回到了人間，睜眼一看，依然躺在床上。他回憶起剛才受到閻王嘉許的情景，心頭還是樂滋滋的，口中仍舊哼哼唧唧地誦個不停。

十年以後，死期已到，秀才再去見閻王。這會兒他神氣活現，大搖大擺地直奔閻羅殿。閻王已經不認識他了，忙問他是什麼人。旁邊的小鬼還認得他，趕忙跪下稟告：「他就是那個做屁文章的秀才。」

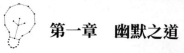**第一章　幽默之道**

第二章　思辨之道

　　會不會說話，是對人的能力的一種衡量。晏子使楚，「到狗國的進狗門」妙語，兩千多年來，家喻戶曉。東方朔之所以敢在漢武帝面前談笑風生，游刃有餘，紀曉嵐勇於笑侃乾隆之「白龍寺裡撞金鐘」，也不過是他們才思敏捷，善於說話罷了。

湖上有多少船

　　乾隆與風流才子紀曉嵐夜遊太湖，見太湖上船來船往，好不熱鬧。乾隆欲難住號稱「江南第一才子」的紀曉嵐，便出了一道題，問紀曉嵐：「湖上有多少艘船？」

　　紀曉嵐知道乾隆的心思，略一沉思，脫口而出：「兩艘。」

　　乾隆好奇問：「為什麼是兩艘呢？」

　　紀曉嵐回答：「天下熙熙，皆為『名』來；天下攘攘，皆為『利』往。這太湖之中，僅有『名、利』兩艘船。」

　　紀曉嵐的話令乾隆心服口服。

海大魚

　　齊國宰相田嬰，想在自己的封地薛地築城，發展私家勢力，以備不測。人們紛紛勸阻。田嬰下令任何人也不得進諫。這時，有一個人請求只說三個字，多一個字，寧肯殺頭。田嬰覺得很有意思，請他進來。這個人快步向前施禮說：「海大魚。」然後，回頭就跑。

　　田嬰說：「你這話外有話。」那人瞪著眼，搖著頭，表示不敢以死為兒戲，不敢再說話了。田嬰說：「沒關係，說吧！」那人說：「您不知道海裡的大魚嗎？漁網撈不住牠，魚鉤也鉤不住牠，可一旦被沖蕩出水面，則成了螞蟻的口中之食。齊國對於您來說，就像水對魚一樣。您在齊國，如同魚在水中。有整個齊國庇護著您，為什麼還要到薛地去築城呢？如果失去了齊國，就是把薛城築到天上去，也沒有用。」

　　田嬰聽罷深以為是，「說得太好了。」於是，停止了在薛地築城的做法。

■ 如果是仙酒，殺我也不會死

漢武帝劉徹好神仙之術。一次，齋戒七天，派欒賓率男女幾十人前往君山，得到「仙酒」。東方朔想飲這酒，便對漢武帝講，他能識別此酒，希望看一看，劉徹應允。待他拿起酒後立即便喝，漢武帝大怒，準備殺東方朔。東方朔說：「您如果殺我，我死了，那麼這仙酒便不靈驗；如果確是仙酒，即使殺我也不會死。」無奈，武帝赦免了他。

■ 剛才正在考慮一個問題

曹操的二兒子曹植才思敏捷，聰明能幹，很得曹操的寵愛，他下決心廢掉長子曹丕的太子，而立曹植。

廢長立幼在封建社會被認為是政治生活很不正常的事情，往往會引發動亂不安，所以大臣們總要力爭，往往不惜獻出生命。但做皇帝的人卻又往往不願意聽從臣子的意見，雙方會鬧得很僵。曹操當然也是這樣，自己下了廢長立幼的決心，便不再願意和臣子討論這件事。

有一次，曹操退下左右侍從，引謀士賈詡進入密室，向賈詡問話，賈卻沉默不語。曹操再問，賈還是不答。這樣一連幾次發問後，曹操生氣了，責問賈詡：「和你講話卻不回答，到底為什麼？」

賈詡回答：「對不起，剛才正在考慮一個問題，所以沒有立即回答。」

曹操追問道：「想到了什麼？」

賈答：「想到了袁本初、劉景升父子。」（注：袁紹、劉表皆因廢長立幼而導致內爭不斷，被曹操輕易擊敗。）

曹操大笑，決定不再廢長立幼。

■ 為什麼正直人少，惡人多

殷浩善談玄，一次問眾人：「自然無心規定人的品性，那為什麼正直的善人少，惡人多？」沒有人說得出道理。劉尹回答說：「譬如水瀉在地面上，隨地勢橫七豎八地散漫流動，很少有正方、正圓的水坑。」一時間大家都佩服讚嘆，認為劉尹名理清通。

■ 日食之後的太陽，像初生的月亮

漢代黃琬很小就聰慧善辯。祖父黃瓊，時任魏郡太守，建和元年正月日食，京都未曾看見，而黃瓊卻上書報告了此事。太后下詔詢問日食大小，黃瓊考慮回答卻不知怎麼形容。黃琬這年七歲，在旁邊說：「怎麼不說被食之後的太陽，像初生的月亮？」黃瓊大驚，就用他的話回答詔問，從此更加看重和喜愛黃琬。

■ 憂心如醉

漢靈帝劉宏喜歡學藝，每當召見太尉劉寬，常讓他講經。劉有一次酒後睡伏在座位上。靈帝問：「太尉可是喝醉了？」劉仰頭答道：「臣不敢醉，但因所負責任重大，所以憂心如醉。」靈帝很推崇他這句話。

■ 這叫後邊高於前邊

有次解縉陪同明成祖朱棣遊覽御花園。成祖上橋，故意考問解縉：「這該怎麼說？」解回答說：「這叫一步高於一步。」等到下橋時，成祖又問解縉，現在下坡了，這又該怎麼說，解回答說：「這叫後邊又高於前邊。」成祖聽了非常高興。

又有一次，成祖對解說：「你知道昨天夜裡宮裡有喜事嗎？你可以作一首詩。」解剛吟出「君王昨夜降金龍」，成祖就趕緊打斷說：「是個女

兒。」解又立即吟道:「化作嫦娥下九重。」成祖又說:「已經死了。」解便接吟道:「料是世間留不住」,成祖又說:「已投入河中。」於是解就用「翻身跳入水晶宮」一句結束了這首詩。成祖本想用假話刁難解,但得了這首詩後,不得不佩服他的才思敏捷。

我與你是世代通家

「融四歲,能讓梨」,這是《三字經》中盡人皆知的句子,其實孔融幼時就聰敏異常,十歲時隨父至京城洛陽。當時河南尹李膺態度簡慢,不輕易接待士人賓客。他訓誡門下,如不是當世名人及世代通家,一概不得通報。孔融想見李,因而到李府門,自報是李的世代通家子弟,門人向李通報,李請他入內,問他:「您的祖、父輩與我有何恩義?」孔說:「有的。我的祖先孔子與您的祖先李聃道德仁義可以比肩,而且又相師友,那麼,我與您就是世代通家了。」在座眾人聽後無不驚訝。太中大夫陳煒後到,坐中有人將此事告訴他,陳說:「人小時候聰慧,成人後未必一定出類拔萃。」孔融應聲說:「聽您所言,就知您小時候一定是十分聰明的了!」李不由大笑,稱孔將來必成傑出之才。

銅鐘的聲音

某甲問某乙說:「把銅鑄成鐘,把木削成撞木,用撞木撞擊銅鐘,就會發出鏗鏘悅耳的鳴響。這聲音是發自木頭呢,還是發自銅?」某乙說:「用撞木敲擊矮牆,就不會發出聲響;撞擊銅鐘,才發出聲響。這樣看來,聲音是由銅發出的。」某甲說:「用撞木敲擊堆積起來的銅錢,並不會發出聲響,聲響果然是由銅發出的嗎?」某乙說:「積聚的銅錢中心是實的,而銅鐘的中心是空的,那麼這聲音當是從中間空虛的地方發出的。」某甲說:「用木頭或泥巴做成鐘,敲擊起來則不會發出聲音,聲音果然是從中間空虛的地方發出的嗎?」

食之無味，棄之可惜

曹操討平漢中以後，想進一步討伐劉備，但苦於無法前進；想守住漢中，又難以奏效。管理軍隊的將軍感到進退無所適從，曹便出了一紙命令，上面只有「雞肋」兩個字。軍中沒有人能懂得是什麼意思，只有楊修說：「雞肋這個東西，吃起來沒什麼味道，扔掉又似乎可惜。看來曹公已經決定要回去了。」他關照別人不可聲張出去，後來曹果然下令把軍隊撤回去了。

吳地特產

清代汪琬在翰林院任職時，一天眾翰林紛紛稱讚各自家鄉的土產：什麼南粵的牙雕、犀角，西秦的毛織品，齊魯的小棗阿膠，楚豫的木材等，眾人互相誇耀說笑，唯獨汪默不作聲。於是眾人就調侃他說：「吳地本來就是有名的地方，你又是吳人，為什麼不置一詞呢？」汪說：「吳地只盛產兩樣東西。」眾人問：「哪兩樣？」汪答：「一是梨園子弟。」眾人聽了都拍手大笑。汪又不言語了，大家又一再地要汪說出另一樣東西，於是汪慢慢說道：「這另一樣嘛，就是狀元啊。」眾人聽了，神色沮喪，紛紛散去。

張溫天問

秦宓被稱為蜀漢的才子，博學多識，能言善辯。吳國派出才子張溫到蜀國訪問，臨別時蜀漢的百官都來餞行。大家都到了而秦還未來，諸葛亮幾次派人去催，張問：「他是何人？」諸葛說：「益州學士。」秦到後，張問道：「您學習嗎？」回答說：「學習。」張又問：「頭在哪兒？」答：「在西方。《詩經》上說『乃眷西顧』，由此推論，頭在西方。」張又問：「天有耳朵嗎？」秦答：「天雖高高在上，但能聽到低處，《詩經》上說：『鶴鳴於九皋，聲聞於天。』如果天沒有耳朵，用什麼來聽呢？」張又問：

「天有腳嗎？」秦回答：「有的。《詩經》上說『天步艱難，之子不猶。』如果沒腳，怎麼走路？」張又問：「天有姓嗎？」秦說：「有。」問：「姓什麼？」答：「姓劉。」問：「怎麼知道的？」答：「天子姓劉，因此知道。」張又問：「太陽生在東方嗎？」秦回答：「太陽雖然生在東方，卻落在西方。」對答如流，應聲而出，於是張對秦十分欽佩。

■ 無和有

王弼小時候就很聰明，十多歲，就愛讀《老子》，通達明察，能言善辯。當時裴徽任吏部郎，王還未成年，就去拜訪。裴一見就覺得他不同凡響，十分器重，問他說：「無，實在是萬事萬物的本源，然而聖人都沒有多說，而老子對『無』卻講個不完，這是什麼道理？」王回答說：「聖人以無為本體，『無』是沒辦法說的，一說就變為有，所以不說『無』。老子論道，未能完全拋棄『有』，所以常常要解釋其不足之處。」

■ 戰戰兢兢，汗不敢出

鐘會、鐘毓兄弟倆從小就有好聲譽。鐘會十三歲那年，魏文帝曹丕聽到他們的名聲，對其父鐘繇說：「叫你兩個兒子來見見我。」見面時，鐘毓汗流滿面，文帝問：「你為何頭上冒汗？」回答說：「戰戰惶惶，汗出如漿。」又問鐘會：「那你又為何不出汗？」回答說：「戰戰兢兢，汗不敢出。」

■ 偷本非禮，所以不拜

鐘會、鐘毓弟兄倆小時候有一次趁父親睡午覺，偷偷地拿藥酒喝。這時父親正好醒來，仍假裝睡著暗暗觀看。鐘毓先行禮然後喝酒，鐘會卻只顧喝酒，並不行禮。後來父親問鐘毓為什麼要行禮，鐘毓說：「喝酒是禮儀中的一項，所以不能不行禮。」又問鐘會為何不行禮，鐘會說：「偷酒本來已不符合禮，所以不用行禮。」

眾鳥聚集，鳳凰高翔

陸機、潘岳都是西晉名士，然而二人關係不大和睦。一次，陸正同大家聚會，見潘來了，便起身離去。潘說：「清風來了，灰塵飛揚。」陸應聲答道：「眾鳥聚集，鳳凰高翔。」

陸遜、陸抗是你什麼親戚

陸機、陸雲都是西晉初年有名的文學家，本是東吳貴族。太康末年，陸機與陸雲一起去京都洛陽，拜訪太常張華。張早就耳聞二陸名聲，一見之下，好像早就認識一樣，說：「討伐東吳的戰役，獲利在於得到了二位這樣的傑出人才。」陸氏兄弟疊騎侍中王濟家拜訪，王指著羊酪對陸機說：「你吳地有什麼美味可以與這相比？」陸機答道：「千里湖產的蒓菜湯，不加鹽豉，可與此比美。」當時人稱讚這是極好的回答。

范陽人盧志在大庭廣眾下問陸機：「陸遜，陸抗與你是什麼親屬關係？」陸機回答說：「就像您與盧毓、盧珽的關係一樣。」盧志便啞口無言。稍後，陸雲對陸機說：「中原離我們家鄉遙遠，可能盧志是不知道我家的情況，你何必這樣咄咄逼人呢！」陸機說：「我們的祖父、父親名揚四海，怎麼會不知道呢？」人們根據這件事定出了陸機和陸雲的高下。

九牛和一毛

有人問華譚：「諺語說『人與人的區別，差距就像九隻牛和一根毛那樣大。』真有這樣的道理嗎？」華回答說：「古時候許由、巢父推辭掉天子的尊位，而現在的市井小人為半錢之利而相爭，他們之間的差別哪裡止於九牛和一毛呢？」聽到的人都稱讚他講得好。

諸君莫非是殷頑的後代

華譚是吳地廣陵人，才學為江東一帶人士所推重。同郡人劉頌當廷尉，見到華後，讚嘆說：「想不到我的家鄉竟有這樣的人才！」博士王濟卻在大庭廣眾下譏諷華說：「現在五府（指太傅、太尉、司徒、司空、大將軍）剛剛建立，各府都在徵召官員，從平民百姓中挑選英才，從山林隱逸中提拔賢士。你是吳楚一帶的人，是已亡國的東吳的遺民，有什麼出類拔萃之處來參與選拔呢？」華回答說：「出類拔萃的人和物都是來自四方，不出在中原。所以明珠、珍貝出生在長江、郁水一帶；夜光之璞出在荊山、藍田那兒。對人來說，文王出生在東夷，大禹出生在西羌，難道您不知道嗎？從前周武王推翻了商朝，把殷商的頑民遷到洛邑，諸位京都人士莫非是殷頑的後代嗎？」

清溪洗耳，出石磨齒

晉代孫楚年輕時想去隱居，對好友王濟說：「我想以山石為枕，以清流漱口。」卻錯說成「以山石漱口，以清流為枕。」王說：「清流不可為枕，山石不能漱口。」孫有急智，巧妙地解釋說：「所以要枕流，是想用清溪水洗耳，學習許由的榜樣；所以要漱石，是想用山石來磨礪牙齒。」

後人有用「漱石」為名字，意在磨礪自己的意思，便是自此而起。

想向莊周看齊

孫放是孫盛之子，字齊莊，從小聰慧。七八歲時，在荊州與父親一起跟隨庾亮去打獵。庾對他說：「你也來了？」他應聲用《詩經‧魯頌‧泮水》中的詩句回答：「無小無大，從公於邁。」庾又問：「你字齊莊，想向哪個莊看齊呀？」孫回答說：「想向莊周看齊。」庾問：「何不企慕孔

子呢？」回答說：「孔子是生而知之的聖人，不是企慕所能達到的。」庾大為驚奇，說：「就是王弼也不能超過他。」

絲不如竹，竹不如肉

　　晉代孟嘉喜歡飲酒，喝得再多，也不失態。桓溫問他：「酒有什麼好處使你那麼喜歡？」孟回答：「您不過是沒有得到酒中的樂趣罷了！」桓又問：「聽音樂，弦樂不如管樂，管樂不如歌唱（絲不如竹，竹不如肉），這是什麼緣故呢？」孟回答：「這是漸近自然的緣故。」意即歌聲是人自然出口而成，不像弦、管樂器要經過人的加工。於是滿座皆嘆服。

得官夢見棺材，得錢夢見糞便

　　殷浩見識清明深遠，二十多歲時就有好名聲，尤其擅長清談，與叔父殷融都喜愛《老子》和《周易》。論辯時，殷融不如殷浩，常常理屈詞窮；而寫文章，總是殷融勝過殷浩。殷浩因此被那些趕時髦的清談者所推崇。有人問殷浩：「得官前夢見棺材，得財前夢見糞便，是什麼緣故？」殷浩說：「官本來就是腐臭的東西，所以得官前夢見屍首；錢財本來就是糞土，所以得財前夢見汙穢。」此言一直被後人奉為名言。

座中沒有孔夫子

　　晉代謝尚八歲，與父謝鯤一起送客。此時謝尚的話語已經神奇靈悟，很有清談的水準。大家都很讚嘆，說：「這少年，正是我們一座中的顏回。」謝尚應聲而答說：「座中沒有孔夫子，怎能識別顏回呢？」

不堪其憂，不改其樂

晉代戴逵潔身自好，隱居東山，而其兄戴逯卻嚮往於建立軍功。謝安問戴逯道：「你兄弟二人的志向為何大不相同？」戴逯套用《論語・雍也》中的話回答：「下官不堪其憂，家弟不改其樂。」

周顒之妻，何胤之肉

南朝周顒每次同朋友聚會，總是離開座位高談闊論，滔滔不絕，聽者不覺疲倦。周對《老子》、《周易》極有研究，碰到張融，就用玄言發難，讓張累月不得悟解。周清貧寡欲，每天只食用蔬菜。雖有妻兒，卻喜愛獨居山舍。周還以機智善辯出名。一日衛將軍王儉問他：「在山裡你吃些啥？」周答：「紅米白鹽，綠葵紫蓼（均為蔬菜名）。」文惠太子問他蔬菜中哪一種味道最好。他回答：「初春時剛剛種出的韭菜，深秋裡最後長出菘菜（即白菜）。」何胤也精通佛教理論，沒有妻子，卻愛好吃肉。太子問周：「在持善樂道、不自放逸方面你同何胤相比怎樣？」周答：「人生和地獄的種種苦難，大家都是免不了的，不過在修練佛事方面，卻各有被牽累的地方。」太子問：「牽累在哪裡呢？」周答：「周顒之妻，何胤之肉。」

我和你誰是第一

南齊高帝蕭道成能寫一手好字，當上皇帝後，仍然十分愛好書法。有一次與大書法家王僧虔比賽寫字，寫完後對王說：「我和你究竟誰是第一？」「都是第一。」蕭問何故兩個第一，王答：「下臣我的書法在臣民中第一，陛下是古今天子中第一。」蕭笑著說：「你真是個善於為自己謀劃的人。」隨後把珍藏的古代書家墨蹟十一函給他看，並叫他收集書法家的名單。

為何有富貴貧賤

范縝曾在南齊竟陵王蕭子良手下做官。蕭篤信佛教，范則竭力否定佛教。蕭有一次向他詰問：「你不信佛家的因果報應說，那麼世上為何會有人富貴有人貧賤呢？」范答道：「人的誕生，就好比樹上的花開後，會隨風飄蕩。有的會在門簾掀起時飄到殿堂內的坐席上，有的則在籬門開合之際落到糞池旁。華貴與低賤，儘管結果不同，但是與因果報應有何相干呢？」蕭沒能把范難倒，但心裡對他很不滿。范為了闡明自己的理論，回家後，寫成了著名的《神滅論》一書。當時，佛教幾乎成了國教，因此，神滅論一出，朝野震動。蕭會集眾多能說善辯的和尚，與他再三辯論，也沒能把他駁倒，後來王琰卻撰文嘲諷他：「啊呀，可憐的范縝！竟不知道自己反駁王。」范縝隨即反擊：「啊呀，可憐的王琰！既然知道自己祖先神靈的存在，竟不能自殺而去追隨祖先的神靈。」

水底日為天上日

宋代寇準在中書省與同事戲作對子：「水底日為天上日」，無人能對，正巧楊億來稟告事情，就請他對，楊立即道：「眼中人是面前人。」眾人都稱對得天造地設。

蘇軾說「動靜」

有一天王安石問眾門生，如何解釋「動靜」二字，回答的都是洋洋數百言。王不滿意。這時正好蘇軾泊舟於秦淮河，王說：「等蘇軾明天來問問看。」蘇到後，王果然以「動靜」二字問他，蘇應聲答道：「精出於動，守神為靜，動靜即精神。」王對蘇如此簡要精當的回答不由得連連拍掌稱賞。

李白對王維

宋代林震善於集句，他取材的詩人多達三百八十位。曾有客人拈出王維的《送元二使安西》詩句「勸君更盡一杯酒」叫他對，林用李白《將進酒》中「與爾同銷萬古愁」相配，自然熨帖，令人叫絕。

歐陽脩取名

歐陽脩不信佛，見人談論佛書，必正色視之。但其幼子小名叫「和尚」。有人問他既然不信佛，為何取名和尚，歐陽說：「這是為了表示賤視，就像人家用牛、驢為小孩取名一樣。」當時民間認為這樣給孩子取名容易長大。問者聽了大笑，很佩服歐陽的巧辯。

堅硬的葫蘆

齊國有個隱居不仕的人，名叫田仲。宋國有個叫屈穀的人見到他說：「我聽說過先生的大義，是不仰仗別人過活，我沒有別的本事，種葫蘆卻頗有方法。現在，我有一個大葫蘆，堅硬如石，皮很厚，裡面沒有空竅，我想把它送給您。」田仲說：「葫蘆最可貴的用處，是因為它可以盛放東西。現在你的這個葫蘆皮厚又沒有空竅，就不能剖開盛放東西。而且還堅硬如石，也不能剖開裝酒，我要它沒什麼用處。」屈穀說：「是啊！我也將扔了它。現在您雖不倚仗別人而過活，但對國家並沒有什麼用處，不是就和我剛才所說的那個大葫蘆一樣嗎？」

因荷而得藕

明代程敏政作為神童被推薦至北京，翰林學士李賢把女兒許配給他，並留他吃飯。飯間，李指著桌上的瓜果出了個對子：「因荷而得藕。」此對借著諧音，有「因何而得偶」之意。程當即對道：「有杏不需梅。」這

裡「杏」、「梅」與「幸」、「媒」諧音。李見程才思如此敏捷，十分驚異。

王陽明講學

宋朝王陽明在杭州靈隱寺講學時，竭力批評朱熹的學說。當時在座的一個老和尚問他：「您做秀才時，是否曾據朱熹的學說寫過文章？」王答：「這是國家規定的取士制度，我怎能不遵守呢？」老和尚又問：「當時您為什麼不據自己的學說寫文章呢？」王說：「如果當時據自己的學說寫文章，我就考不取了。」老和尚笑著說：「這樣看來，朱熹的學說是您渡過苦海的寶船，現在苦海雖已渡，怎能就將它拋棄呢？」

天子門高

明代李東陽四歲就能寫大楷。景泰年間，他被當作神童推薦給朝廷。入宮時，由於人小，靠太監扶著才跨過門檻，太監與他開玩笑：「神童腳短。」李應聲答道：「天子門高。」拜見後，景泰帝朱祁鈺命他寫「龍」、「鳳」、「龜」、「麟」等十餘字，他都寫得很好。景泰帝很高興，把他抱到膝上，送給他御花園中的水果和皇宮內集的元寶。那時李的父親拜見後站在丹墀下，景泰帝見此情景，就問李：「兒子坐著，而父親卻站著，這合乎禮嗎？」李應聲對答道：「嫂嫂落水，小叔子去救她，這是權宜的辦法。」

蜘蛛滿腹經綸

文淵閣大學士李東陽、翰林學士程敏政在明朝成化年間，曾被當作神童推薦至北京。明英宗朱祁鎮接見他倆時，正值直隸進貢的螃蟹到了。英宗即出了個對子試試他倆的才華：「螃蟹渾身甲冑。」程對道：「鳳凰遍體文章。」李則對道：「蜘蛛滿腹經綸。」後李入閣拜相，治理天下；程

則為翰林學士，以文章出名。後人評論說，從他倆小時偶爾做的對子中，已顯露他們後來的終身事業。

藺相如，司馬相如

明代李夢陽督學江西時，遇見一書生與他同名同姓，便出了個對子：「藺相如，司馬相如，名相如，實不相如。」書生聽後立即對道：「費無忌，長孫無忌，公無忌，我亦無忌。」李意是譏書生不如己，而書生之對是說彼此同名不必忌諱。李聽後，不僅不生氣，反而很高興。

九天雷雨及時來

明代顧璘巡撫湖北一帶時，張居正只有十多歲，也來參加秀才資格的考試。顧就問他：「小孩會對聯嗎？」並出了個上聯：「雛鶴學飛，萬里風雲從此始。」張立刻就說出下聯：「潛龍奮起，九天雷雨及時來。」顧聽後非常高興，解下腰間的金帶送給他，說：「你以後的顯貴必然會超過我。」

十個「一」

清高宗弘曆巡視江南，過長江時，見到一艘漁船蕩槳而來，便命紀曉嵐寫一首詩，限定詩中要有十個「一」字。紀立刻吟成一首七絕：「一篙一櫓一漁舟，一個梢頭一釣鉤，一拍一呼還一笑，一人獨占一江秋。」

「父戊子，子戊子，父子戊子」

相傳浙江有父子二人同為戊子年同科舉人，浙音父、戊相同，於是有「父戊子，子戊子，父子戊子」之句，多年來一直無人能對下聯。後紀曉嵐至京師，一次前去拜訪於敏中，座客中有人出此句讓紀作對。當時于正任戶部尚書，其門人金士松亦在座，金則為戶部侍郎。紀說：「這不難，

本地所引為榮耀者，亦有可作對的。」當即道出下聯：「師司徒，徒司徒，師徒司徒。」人皆稱絕。

白龍寺裡撞金鐘

清朝高宗皇帝弘曆巡視江南，一日至五華山白龍填充，適逢寺裡鳴鐘，高宗忽起詩興，乃展紙作詩。才寫了「白龍寺裡撞金鐘」七字，隨行在旁的紀曉嵐便忍不住放聲大笑起來。高宗怒道：「我的詩雖然不佳，你豈能當面大笑！」紀曉嵐知自己失態，急中生智，答曰：「臣並非敢笑皇上作詩，只因古人詩中有『黃鶴樓中吹玉笛』一句，多年來苦於作不出對的對子，今日觀皇上御筆所寫此七字，恰好是天然的對偶，很是高興，所以才失聲而笑。」遂免一禍。

鎮海縣童生九歲

清代鎮海少年陸志道，資質聰敏，尤擅長對對子。年方九歲，應童子試，知縣以其年幼，十分驚奇，便隨口出一對子：「鎮海縣童生九歲。」陸即應聲對出下句：「大清國天子萬年。」知縣愈加驚奇，帶至水閣，送上茶水，又出一對子：「入閣飲茶，連步可登麒麟閣。」陸應聲曰：「臨池染翰，何年得到鳳凰池。」一時傳為佳話。

花、月、風、雪

清僧成鷺，幼年聰慧，出口能詩。一年在歲末嚴寒天氣，其父與客以花、月、風、雪為題賦詩，沉吟未就。見成鷺與弟嬉戲堂下，擾亂詩思，遭父叱責，讓他們離去。成鷺笑著說：「吟詩是樂事，何必如此苦吟不休呢？」有客人試請成鷺賦詩，成鷺應聲云：「瓶中一枝花，窗外一輪月。花落月歸天，風吹雪滿地。」座客聽畢，皆驚喜不已，認為成鷺能將花、

月、風、雪四題全作於一詩，用詞簡約而寫景悠遠，長大後必能成為著書立說之人。

戴震問倒塾師

戴震十歲才會說話，從師受學，讀書過目能誦。塾師教他《大學章句》中「右經一章」，戴問塾師：「怎麼知道這是孔子說的話，而為曾子所敘述的？又怎麼知道是曾子表達的意思，而為其門人記錄下來的？」塾師說：「這是朱熹說的。」戴又問：「朱熹是何時人？」塾師說：「南宋。」戴又問：「曾子是何時人？」塾師說：「東周。」戴又問：「東周至南宋相隔大約多久？」塾師說：「大約兩千年。」戴於是質問說：「那麼朱熹怎麼知道事情是這樣的呢？」塾師回答不出來。

為臣正是洩漏者

清代嘉慶年間，某科各省鄉試以後，外間流傳前十人姓名。有御史聞知，密奏仁宗琰。仁宗召來紀曉嵐，問起此事。紀奏曰：「為臣正是洩漏者。」仁宗問其為何如此，紀答：「書生習氣，見佳作必定反覆吟哦。閱卷時記誦其句。閱完後告訴旁人，想打聽出自何人之手，不料卻將機密洩漏。」仁宗以其所答言語巧妙，動機合乎情理，遂含笑了之，不再追查此事。

蘇秦遇刺

蘇秦是戰國時代著名的縱橫家，他曾倡議合縱抗秦，掛六國相印，聲威顯赫。後來，他在燕國住了一個較長的時期，為燕國出了不少好主意，很受燕王的重視。他到齊國後，很快受到齊王的信任。齊國的大夫嫉妒極了，便派人刺傷了蘇秦。

齊王聽說蘇秦遇刺，前來探視，眼看蘇秦不行了，他很生氣，說：「我非抓到那個刺客不可！」

蘇喘了一會兒氣，說：「大王不要亂殺人，要抓到真正的刺客。」

「誰是刺客呢？找不到呀！」

「大王要找到刺客並不難。」蘇秦湊近齊王，挨近齊王的耳朵，悄悄說：「我死後，您就宣布我是燕國派來擾亂齊國的，並將我五馬分屍，這樣，那個刺我的凶手就會自己跑出來的。」

齊王點點頭，蘇秦死後，齊王就照蘇秦的話辦了。一天，果然有人自動跑來，說蘇秦是他刺殺的，請齊王賞賜。齊王便把他處死了。

■ 匿名信怎麼查出來的

一次，曹操批閱文書信件時，發現一封誹謗他的匿名信，曹操讀後大為生氣，他去問魏郡太守國淵怎麼找出寫信的人。國淵說：「對筆跡就清楚了。」

國淵拿到信後，仔細琢磨，他發現匿名信裡有許多地方引用了《二京賦》的內容，就召來手下人，說：「咱們魏郡雖是大郡，但有學問的人很少，可挑選一批聰明懂事的少年出去學習。」不久，底下挑了三個人，在他們臨行時，國淵把三個少年找來，說：「《二京賦》是內容豐富的文章，世人不重視，所以知道的人少，你們如果能找到讀懂的老師，學好這篇文章，才能算畢業了。」

少年走了，不到十天，果然找到了能讀懂《二京賦》的人。國淵給那人寫信，要求他嚴格管理，一定要把三個少年教好。那人給國淵回了信。國淵立刻拿這信同匿名信的字跡對照，兩信的字跡一模一樣，抓來審訊，果然是寫匿名信的人。國淵向曹操報告後，曹操把寫信人關了兩月，並讚賞國淵善於調查的作風。

● 像這樣說話才算是有口才

孔子趕路，在路上休息時，他的馬跑了，吃了人家的莊稼，農夫扣下了孔子的馬。子貢自告奮勇前去說服那個農夫，可他「之乎者也」地費盡了口舌，農夫就是不聽。有個剛剛跟隨孔子的鄉下人，對孔子說：「請讓我去說說看。」於是他對那個農夫說：「你不在東海耕種，我也不在西海耕種，我們相隔得不遠，我的馬怎麼可能不吃你的莊稼呢。」農夫聽了這話十分高興，彼此議論說：「像這樣說話才算是有口才的，哪像剛才來的那個人。」隨即解下馬還給了他。

● 營丘文士

營丘（地名）有個文士，生性不通達事理，又好多事，總是喜歡與別人詰難，而所說的又總不合情理。一天，他去艾子那裡。問艾子說：「但凡大車下面，駱駝的脖子上，總要掛一個大鈴，這是為什麼？」艾子說：「大車、駱駝都是軀體很大的東西，而且常常在夜間行走，如果忽然狹路相逢，就很難讓路迴避，所以借鈴聲彼此打個招呼，以便讓路迴避。」營丘的文士又問：「佛塔上面也掛著鈴鐺，難道說佛塔也是因為要夜裡行走才掛上鈴鐺以便讓路迴避嗎？」艾子回答說：「您不通事理已經到了這種地步！鳥鵲都愛在高處築巢，弄得佛塔髒亂不堪，塔上掛上鈴鐺是用來驚嚇鳥鵲的，怎麼能夠與大車、駱駝繫鈴相比呢？」營丘的文士又問：「打獵用的鷹鶻的尾巴上也掛了個小鈴，哪裡有鳥鵲在鷹鶻的尾巴上做巢的道理呢？」艾子大笑道：「好怪呀！你太不通事理了。鷹鶻捕獲獵物，有時要飛入樹林之中，而牠腳爪上帶著的絲繩，一旦被樹枝掛住，鷹鶻掙脫的時候，獵人就可以順著鈴聲的方向找著牠，這怎麼是為了防止鳥鵲在上面築巢呀。」營丘的文士說：「我曾經見過送葬的挽郎手裡搖著鈴鐺唱歌，一直沒有去追究其中的道理，今天才知道是因為害怕被樹枝絆住，以利

別人尋找。不過，我不知道拴在挽郎腳上的繩索，是皮的呢？還是絲線的？」艾子面帶怒色地說：「挽郎是引導死人的人。因為死人活著的時候總喜歡跟人抬槓、論辯，所以挽郎搖著鈴鐺想讓他的屍體感到快樂。」

■ 宣太后想要魏丑夫陪葬

秦宣太后守寡在宮中，與大臣魏丑夫明來暗往，情投意合。後來，太后染上重病，臥床不起，臨死前越感到離不開魏丑夫，便下了一道命令，要魏丑夫為她陪葬。

魏丑夫嚇得面無人色，到處找人說情。大臣庸芮自告奮勇找太后，一見就說：「死人還有知覺嗎？」太后支支吾吾回答：「沒有知覺。」庸芮說：「既然沒有知覺，為什麼還要把生前所愛的人活活弄到墳墓裡與死人埋葬在一起呢？再說，如果死人有知覺，那麼在陰間的先王積怨也應該很久了，太后到陰間連請罪還來不及，哪有什麼空去與魏丑夫相好呢？」太后沉吟了半晌，才咬咬牙說：「罷了。」

■ 彭祖的臉太難看了

傳說漢武帝晚年時很希望自己長生不老，一天，他對侍臣說：「相書上說，一個人鼻子下面的『人中』越長，命就越長；『人中』長一寸，能活百歲。不知是真是假？」

東方朔聽了這話，面帶不屑，知道皇上又在做長生不老夢了。皇上見東方朔似有譏諷之意，面有不悅之色，喝道：「你怎麼笑話我？」

東方朔脫下帽子，恭恭敬敬地回答：「我怎麼敢笑皇上呢，我是在笑彭祖的臉太難看了。」

漢武帝問：「你為什麼笑彭祖呢？」

東方朔說：「據說彭祖活了八百歲，如果真像皇上剛才說的『人中』

就有八寸長，那麼，他的臉不是有丈把長嗎？」

漢武帝聽了，也哈哈大笑起來。

燭鄒的三大罪狀

齊景公愛打獵，非常歡喜養老鷹捉兔子。燭鄒不慎讓一隻鷹逃去了，景公下令把燭鄒推出斬首。晏子為了營救燭鄒，立即上前拜見景公說：「燭鄒有三大罪狀，哪能這麼輕易殺了呢？請讓我一條條數出來再殺他可以嗎？」

齊景公回答：「可以。」

晏子指著燭鄒的鼻子高聲說：「燭鄒！你為大王養鳥，卻讓鳥逃走了，這是第一條罪狀；你使得大王為了鳥的緣故而要殺人，這是第二條罪狀；把你殺了，天下諸侯都會責怪大王重鳥輕士，這是第三條罪狀。」

齊景公若有所悟：「別殺了，我明白你的意思。」

燭之武退秦師

戰國時期，秦穆公率兵配合晉文公向鄭國進攻，藉口是當年晉文公出亡過鄭時，鄭國「無禮於晉，且貳於楚」。秦晉大軍兵臨城下，鄭國面臨滅頂之災。鄭國大夫燭之武受命於危難之中，作為鄭文公的特命全權代表祕密來到秦營，面見秦穆公，陳述利害，勸其退兵。

「秦晉圍鄭，鄭國自知不能倖免於滅亡。但是如果鄭國滅亡對秦國有好處，我也就不來向您說什麼了。現在，秦國在西頭兒，鄭國在東頭兒，中間隔著晉國，您就是得到了鄭國的土地，也很難保得住。為什麼您要滅了鄭國而去增加晉國的實力呢？再說，晉國的力量過分強大，對秦國也是一個很大的威脅呀。如果放了鄭國，讓我們做您東邊道路上的主人，秦國的外交使節來往於鄭國的時候，我們就可以盡主人的義務，供給你們的需

要，這對您是沒有什麼壞處的。更何況晉國是個貪得無厭的國家，既然能向東吞併鄭國，又怎能保證他們以後不向西擴張，進攻秦國呢？現在如果滅掉鄭國，實際上是在削弱秦國，加強晉國。請您好好考慮一下吧！」秦穆公聽了這番話連連點頭稱是，當即表示願意停止進攻，與鄭國結盟。晉國一看秦國變了卦，自己勢單力薄，撈不到什麼油水，也就偃旗息鼓，班師回朝了。鄭國立刻轉危為安。

哪是君子，哪是小人

公都子問道：「同樣是人，有些是君子，有些是小人，什麼緣故？」孟子答道：「求滿足身體重要器官的需要的是君子，求滿足身體次要器官的欲望的是小人。」問道：「同樣是人，有人要求滿足重要器官的需求，有人要求滿足次要器官的欲望，又是什麼緣故？」答道：「耳朵眼睛這類器官不會思考，故易為外物所蒙蔽。因此，耳目不過是一物罷了。一與外物相接觸，便被引向迷途了。心這個器官職在思考，一思考便可求得事物的真諦，不思考便得不到。這個器官是天特意給我們人類的。因此，這是重要器官，要先把它樹立起來，那麼，次要的器官便不能把這善性奪去了。這樣便成了君子。」

蔡京一言斷案

宋朝的蔡京在洛陽的時候，遇到一則有趣的訴訟案件。有一位婦女生過一個兒子之後，改嫁了，在新家裡又生了一個兒子。後來，兩個兒子長大成人，都做了官。他倆爭著奉養母親，相持不下，以致於打上了官司。斷案的人沒有辦法裁決，向蔡京求救。蔡京聽後說：「這有什麼困難？問問他們的母親，今後願意到誰家就去誰家，不就完了麼？」就這樣，蔡京一言斷了一案。

殷滅亡的原因

　　周武王占駐殷後，聽說殷有個長者。武王去拜訪他，問他殷之所以滅亡的原因。這個長者回答說：「大王想知道這個，那麼就讓我在中午的時候來告訴你吧。」

　　到了中午，那位長者卻沒來，武王因此很生氣，暗暗責怪他。可是周公說：「我知道了，這位長者真是君子呀！他義不謗主。和人約好了而不來，言而無信，這不正是殷之所以滅亡的原因嗎？這位長者已經以他的行為告訴大王了。」

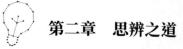 第二章　思辨之道

第三章　諧諷之道

　　生活太累，去喝杯飲料吧。它可放鬆你的精神，給你消遣，頓感快樂，煩惱無影無蹤。諧諷之道，詼諧風趣，亦莊亦諧，它永遠是你消除煩惱、聊以取樂的啤酒和咖啡。

■ 我已得了您不少照顧

　　唐代大詩人賀知章任書監，多年不曾升遷。張九齡罷相後，在朝廷中對賀說：「我事務繁冗，沒有給您升官，深以為憾。」賀素性詼諧，立刻說：「我已得了您不少照顧。」張不解，賀說：「您任宰相，因為您也是南方人，所以無人罵我是南方佬，您罷相後，對南方人的卑稱又漸漸聽到了。」張聽後大為慚愧。

■ 你竟敢假冒洪先生

　　夏完淳是明朝末年的抗清英雄，他從小勤奮好學，少年時代就樹立了為國家民族奮鬥終生的大志。十四歲那年，清軍南下，占領了南京。他便和他的父親、老師等奮起抗清，保家衛國。由於勢單力薄，不幸被捕。

　　一天，夏完淳被提去受審。他走進了大堂，抬頭一看，不禁愣住了：提審他的竟是明朝叛官洪承疇！

　　洪承疇原是明朝的一個總督。清軍南下時，崇禎皇帝曾命他率軍抵抗，結果全軍覆沒。崇禎皇帝及滿朝文武還以為他已戰死了，為他舉行了隆重的祭禮，並大力表彰他，誰知他卻早已當了叛賊，死心塌地地為清王朝賣命了！

　　但洪承疇以為夏完淳不認識他，以長者的口吻對夏完淳說：「小孩子懂什麼造反，還不是讓那些叛亂之徒硬拉去的？你要是肯歸降大清，我保你做官。」

　　夏完淳感到很好笑，苟且偷生，真是叛賊的邏輯。於是，他裝出不認識洪承疇的樣子，決定嘲弄一下這個叛賊。他回答說：「我年齡是小，可我有自己的志向。你們都知道我們的抗清英雄洪承疇嗎？他奮勇抗清，寧死不屈，很有氣節，我年齡再小也要做他那樣的人！」

　　聽了夏完淳的話，洪承疇在大堂上真是如坐針氈。這時，有人告訴夏

完淳說：「大堂上坐的正是洪大人，你不要再頑抗了！」

夏完淳裝作不相信的樣子，指著洪承疇罵了起來：「胡說！洪老先生早已為國捐軀，天下誰人不曉。你是哪來的賊子，竟敢假冒洪先生，玷汙他的名聲？只有你們才是朝廷的叛徒，民族的敗類。你們認賊作父，投降清廷，應人人罪而誅之！」

大堂上的洪承疇被罵得狗血噴頭，但又不便發作。他無地自容，只好用顫抖的聲音喊道：「把他押下去！押下去！」

■ 聰明過人

韓愈才氣逼人，為人狂放。他對李程說：「我與崔群是同年進士，時有交往，他稱得上是聰明過人。」李問：「表現在何處？」韓說：「他和我相識二十餘年，他從未與我談及文章，難道這不是聰明過人之處麼？」

■ 進士「彈箏」

唐代盧肇、丁稜考上進士時，先是放榜，然後及第者謁見宰相，由狀元致詞，儀式和規矩都非常講究。那次盧考第一，因故未到。第二是丁，丁口吃、長得又矮小醜陋，見宰相時，只顧低頭致詞，本該說：「稜等登科」，但他戰戰兢兢，汗流浹背，鞠躬好久，才說：「稜等登，稜等登……」竟沒有說出最後那個『科』字，旁人都笑了。

次日有人嘲笑他：「聽說老兄善於彈箏，能否領教一曲？」丁說：「不會。」友人說：「昨天聽到『稜等登、稜等登』，難道不是箏之聲嗎？」。

■ 吟有七分，詩有三分

梅堯臣贈郭祥正的詩中有「採石月下聞謫仙」之句，稱他為李白再世，郭因而出名。郭的《金山行》中有詩句「鳥飛不盡暮天碧，漁歌忽斷

蘆花風」，大得王安石欣賞。蘇軾為杭州知州時，郭路過杭州，拿出一卷詩向蘇請教。自己先高聲誦讀，抑揚頓挫，完後對蘇說：「我這詩可打幾分？」蘇說：「十分。」郭驚喜地問：「何以有如此高分？」蘇回答說：「吟有七分，詩有三分。」

暫時由小燕雀來祝賀

北朝盧詢祖剛繼承其父大夏縣的爵位時，有位年資很高的朝官倚老賣老對他說：「你的事業開始有了一點基礎。」話音剛落，盧馬上接著說：「所以暫時由小燕雀來祝賀。」國子學祭酒邢邵曾經與盧開玩笑說：「你小小年紀，才學已很好，做了秀才還沒有長牙齒，我真擔心你的壽命不長啊。」盧回答說：「剛聽得這話，確實讓我擔憂，但是見到您竟然已白髮蒼蒼，我基本上就安心了。」邢聽了，對他的機敏非常讚賞。

海瑞裝糊塗

海瑞在浙江淳安當知縣時，一天，明朝總督胡宗憲的兒子路過淳安。胡公子仗勢欺人，作威作福，嫌驛站的馬匹不稱心，就大發脾氣，喝令爪牙把驛吏捆了，倒掛在樹上。驛站的人慌了，跑到縣衙報告了海瑞。

海瑞立即帶人來到驛站，看到鮮衣華服的胡公子正在指手畫腳罵人。在胡公子的旁邊，擺滿了他帶來的大小幾十個箱子，上面都貼著總督衙門封條。海瑞略一沉吟，即刻有了主意。他叫人把箱子打開，原來裡面裝著好幾千兩銀子。海瑞變了臉色，指著胡公子，對著圍觀的群眾說：「這混徒真可惡，竟敢假冒總督家裡人，敗壞總督名聲！上次總督出來巡查時，再三布告，叫地方上不要鋪張，不要浪費。你們看這傢伙帶著這麼多行李，這麼多銀子，怎麼會是胡總督的兒子，一定是假冒的，要嚴辦！」

海瑞把胡公子帶的幾千兩銀子都充了公，交給國庫；同時寫一封信給

胡總督，聲稱有人招搖撞騙，敗壞胡總督名聲，現連人帶行李一併送交胡宗憲。胡宗憲看了，氣得說不出話來，怕海瑞把事情鬧大，自己理屈，只好打落牙齒自己吞。

米糠秕穀在前

孫綽的性格通達直爽，喜歡嘲諷人。曾經與習鑿齒一起行路，孫走在前面，回過頭來對習說：「淘汰淘汰，破瓦碎石在後。」習應聲回答：「簸揚簸揚，米糠秕穀在前。」

詩思在灞橋風雪中驢背上

唐代有一名宰相叫鄭綮，善寫詩。一天，有人問他：「宰相近日有什麼新詩嗎？」鄭回答說：「詩思在灞橋風雪中驢背上，我怎麼找得到？」

麒麟楦

唐代衢州盈川縣縣令楊炯文才出眾，恃才傲物，為時人所嫉恨。他往往見到朝中官員，就稱之為麒麟楦，由此得罪了人。有人問他原因，楊說：「現在大宴會時那些舞麒麟的，刻畫麒麟頭角，裝飾五彩皮毛，把麒麟皮覆蓋在驢子身上，繞場奔走。等到脫下這件皮，還是一頭驢子。沒有德行而穿著高級官員服裝的人，與驢子身上覆蓋一張麒麟皮有何差別呢？」

終南捷徑

唐代盧藏用曾隱居終南山，唐中宗時應召出山，屢任要職。道士司馬承禎被睿宗迎來京都，將要回去時，盧指著終南山對他說：「這山中大有勝跡，何必到遠處去呢？」司馬緩緩答道：「依我看來，隱居終南山不過

是做官的捷徑罷了。」盧聽了面露慚愧之色。後遂有「終南捷徑」一語形容謀官職、求門路的便捷途徑。

■ 歐陽脩批評宋祁

宋祁寫文章愛用冷僻的字詞，以顯示自己博學多才。比如「蓬生麻中，不扶而直」這是很好懂的句子，他偏偏要改為「蓬在麻不扶而挺」，用「挺」來代替「直」字，結果反而使好懂的句子變得不好懂了。歐陽脩參加修《新唐書》後，看到宋祁愛用冷僻字，很想提出來。宋祁比歐陽脩大二十歲，歐陽脩不好直說，非常著急。一天，歐陽脩去探望宋祁，趕巧宋祁不在，他靈機一動，便在門上寫道：「宵寐匪貞，劄闥洪休。」隨後就在附近散步。

宋祁回來，瞧見這八個大字，問道：「誰在門上亂畫？」

「啊，我寫的！」歐陽脩趕上前去，說：「對不起，把你的門弄髒了。」

宋祁見是歐陽脩，轉怒為笑，說：「永叔先生來了，失迎失迎。」他本是個愛用冷僻字的老手，望著門上的字，他一時也蒙了，問：「這寫的是什麼意思呢？」

「怎麼？你忘了？」歐陽脩笑笑，說：「這八個字就是『夜夢不詳，題門大吉』啊！」

宋祁恍然大悟，一會，也不以為然地說：「你就寫『夜夢不祥，題門大吉』好了，何苦用這種冷僻字眼呢？」

歐陽脩哈哈大笑，說：「這就是您老修唐書的手法呀！『迅雷不及掩耳』多明白，您偏寫什麼『震雷無暇掩聰』，這樣寫出的史書誰能讀懂呢？」

宋祁臉紅了，他又是慚愧，又是感激，表示以後要注意這個問題。

連魚子都沒有

四川官妓薛濤，聰明能詩，且有口才。在一次酒宴上，黎州刺史說要行酒令：講一句《千字文》，語中必須有「禽、魚、鳥、獸」之類的字。他說：「有虞陶唐。」席中賓客，知他違令，但都礙於刺史之官職，忍住笑，不罰他酒。輪到薛濤時，她說：「佐時阿衡。」黎州刺史對薛說：「話中未帶魚、鳥，該罰酒。」薛濤笑著說：「『衡』字當中，還有小魚夾在中間；使君『有虞陶唐』，連魚子都沒有。」眾人聽了，終於忍不住放聲大笑。

河聲流向西

唐代周朴癖好吟詩作句，卻水準欠佳，當地一人士有意要戲弄他。一天，那人騎驢走在路上，看見周在一旁，便拉下帽子遮住臉，口吟周的詩句：「禹力不到處，河聲流向東。」周聽後很氣憤，急忙緊隨其後。那人一個勁趕驢而去，不再回頭，周猛追數里，方才趕上，周告訴他說：「我的詩是『河聲流向西』，怎麼能說『流向東』呢？」那人裝著表示明白了。此事一時傳為笑談。

請把蝗蟲押來

宋代錢勰任如皋縣令，恰巧這年蝗蟲成災，然而泰興縣令卻對州官說：「縣內無蝗蟲。」不久泰興縣亦蝗蟲氾濫，州官責問縣令，縣令無言以答，推說縣內本無蝗蟲，都是從如皋縣飛來的，並寫一封檄文給如皋縣令，要求全力捕捉蝗蟲，不得侵犯鄰縣。錢閱檄後，在其檄尾寫上四句話答覆：「蝗蟲本是天災，即非縣令不才，既自敝邑飛去，卻請貴縣押來。」

李白哪能寫出這樣好的詩

蘇軾從黃州回京城，經過當塗，讀李白《姑孰十詠》，拍掌大笑故意說：「分明是偽作，李白哪能寫出這樣好的詩？」郭祥正與蘇爭論，認為真是李所作。蘇又笑道：「恐怕是李白的後身所作的吧！」郭聽了非常氣惱。因為郭年輕時，詩句俊逸，前輩詩人梅堯臣有「採石月下聞謫仙」之句稱賞他，郭也就以李白「後身」自負。蘇就此和他開了個玩笑，明貶「李白」實則貶郭祥正。

在路上碰到章子厚

蘇東坡貶官至惠州後，不久又遷海南島，天下紛紛傳說他已死了。過了七年他返回北方，恰好這時丞相章惇（章子厚）貶往雷州。蘇碰見洪州知州葉祖洽，葉問他：「傳說端明（蘇曾任端明殿學士）已仙去。想不到你今天還在人間遊戲啊！」蘇回答說：「在路上碰到章子厚，因此就返回人間了。」

大葫蘆種

有一相面人黃生見到黃庭堅，懇求寫幾個取信於人的字，好作為自己相面的資本。黃庭堅寫下幾個大字：「黃生相予，官為兩制（中書舍人及翰林學士 —— 編者注）壽至八十。是所謂大葫蘆種也。一笑。」

黃生得字很高興，士大夫們不解其意，有人去問黃庭堅。他笑道：「一時開個玩笑罷了，我有一年在開封相國寺中，看見賣大葫蘆種的，背著一隻很大的葫蘆，一粒種子要賣數百錢，大家爭著購買，到春天下種，結的卻是瓠瓜。」此乃諷刺黃生的相面術是騙人的。

◆ 鶴種並梅種

元代林洪自稱是林逋（謚號和靖）七世孫。他不知林不娶妻，以梅為妻，以鶴為子，梅堯臣給林的詩集作的序已說得很明白了。姜石帚因此嘲笑林洪說：「和靖當年不娶，因何七世有孫兒？若非鶴種並梅種，定是瓜皮搭李皮！」

◆ 你有一事比不上蘇軾

明代王世貞請陳繼儒在弇園縹緲樓飲酒。席間有客把蘇軾來比王。王說：「我曾寫過《東坡外紀》，說到蘇軾的文章雖不能作為我的楷模，但也常為我所用。」言下之意，是不肯居蘇軾之下。這時陳有點醉了，笑著說：「你有一事比不上蘇軾。」王問：「何事？」陳說：「東坡生平不喜歡為人寫墓誌銘，而你卻寫了不下四五百篇，在這點上，你似輸老蘇一著。」王聽了苦笑。

◆ 秀才中並無蘇軾其人

明代嘉靖年間，丹陽姜寶以翰林身分出任四川督學，路經湖北。一日眾官員在黃鶴樓上飲酒時，汪道昆大大咧咧地說：「四川人蘇軾，文章一字不通，像這種秀才，應列為劣等。」在座的人聽了都十分驚愕，姜也只是含糊地答應下來。過了幾天，人們為姜餞行時，汪又老話重提。姜笑著回答說：「我已經查過了，秀才中並無蘇軾其人，想來他是害怕了，不敢來應考。」姜的回答引起哄堂大笑，但汪卻並不感到羞愧。

◆ 「三月三」與「六月六」

在民間，三月初三是浴佛節，而六月初六日是給貓狗洗澡的日子。明代有個人正好在三月初三日去拜訪楊循吉，楊說自己在洗澡，不見他。那

人不理解這是什麼意思，以為楊驕傲，看不起自己，便蓄意要報復。楊知道後，就故意在六月初六日去拜訪他，那人也說自己在洗澡，不見。於是楊就在那人家的牆上題了首詩，和他開玩笑：「君昔訪我我洗浴，我今訪君君洗浴。君訪我時三月三，我訪君時六月六。」

皇老烏龜

明代皇甫氏一家最為貴盛，有次楊循吉畫了張祝壽圖送給那家主人，上面還題了首詩：「皇老先生，老健精神，烏紗白髮，龜鶴同齡。」那主人看了十分高興，便把此畫懸掛在正堂。後來有人看出了奧妙，笑著對主人說：「楊循吉在罵你呢。這四句詩每句頭一個字連起來，是『皇老烏龜』四字。」那主人這才明白自己被嘲弄了。

我只出仙福

有個煉丹術士找到唐寅（唐伯虎），竭力向他宣傳燒煉金銀的好處。唐說：「你有這樣好的法術，為什麼不去自己煉，卻要來分給我呢？」術士說：「只恨我的福分淺。我見過很多人，但沒有人有像你這樣有仙風道骨。」唐笑著說：「那麼，我們兩人合煉，我只出仙福。我有間空房在北城，很僻靜。你到那裡去修煉，煉好後我們一人一半。」但這術士還不明白唐早看穿他，又來登門糾纏，並拿了把扇子請唐題詩，於是唐就在扇上題詩：「破布衫中破布裙，逢人便說會燒銀；如何不自燒些用？擔水河頭賣與人。」

為何獨尊鴨呢

清代毛奇齡生平最不喜歡蘇東坡的詩，認為其詩詞繁而意盡，較《詩經》和《楚辭》所蘊藉的旨意相去甚遠。一天，毛與汪懋麟等人聚會，汪

舉蘇詩中「竹外桃花三兩枝，春江水暖鴨先知」之句質難毛說：「像這樣的詩，難道也能說它不好嗎？」毛頓感不悅，忿而強辨說：「鵝難道就一定後知嗎？為何獨尊鴨呢！」眾人皆捧腹大笑。

楊貴妃死在何處

有人曾當著袁枚的面，指責其《馬嵬》一詩道：「《馬嵬》詩中有『石壕村裡夫妻別，淚比長生殿上多』二句，然而，楊貴妃明明死在馬嵬坡，並非死在長生殿呀？」袁枚笑著答道：「白居易《長恨歌》中有『峨眉山下少人行』一句，但安史亂起，唐玄宗出逃蜀地，又何曾路過峨眉山呢？」那人一時語塞。

袁枚《錢塘江懷古》詩中有句云：「勸王妙選三千弩，不射江潮射汴河。」對此二句，也有人批評說：「北宋建都汴京，而錢塘江與汴京相隔甚遠，是不能射及的。」袁笑著反問道：「五代吳越國王錢鏐築堤不成，命水犀軍架強弩五百以射潮時，不知宋太祖是否已出世。那時，建都汴京的究竟是誰，你為何不去考證一番呢。」

野鷹無計避征徭

經生中有許多人不通文墨。有兩個經生同官，一人稱讚唐人杜荀鶴的詩，說：「『也應無計避征徭』這句寫得很好。」另一人把『也應』聽成了『野鷹』，就反駁說：「這詩有錯誤，野鷹怎麼也會有征徭呢？」稱讚的人苦笑著，解釋說：「古人說的話，應該不會有錯；一定是當年要徵收野鷹的翎毛為賦稅。」

我非常喜歡東坡

清代陸居仁喜歡說笑話，常對人說：「我非常喜愛東坡。」有人問他：「蘇軾有文，有賦，有詩，有字，有東坡巾，你喜愛哪一樣呢？」陸回答說：「我非常喜愛的是一味東坡肉。」聽到這話的人都大笑起來。

闌玻樓

清初，太倉東門有一王某，以皮工起家，累至巨富，於是建一樓房，求吳偉業為其題匾額。吳為題「闌玻樓」三字，人皆不曉其意，以為定有出典。後有人去詢問吳，吳說：「這沒有什麼其他含意，不過是紀其實，東門王皮匠罷了。」人們聽說此言，皆捧腹大笑。

竹苞堂

清代郭福衡，聰穎出眾，十一歲即為生員。學問廣博，尤善詼諧，大庭廣眾之中，高談雄辯，即使口才再好之人，也說不過他。同鄉有一武官，性喜豪華，以武藝起家，但是目不識丁。一次新屋落成，求郭為其書一堂匾。郭心裡頗輕視他，便提筆寫了「竹苞堂」三字。武官很高興，拿回去掛了起來。後有人對武官說：「這裡隱含了『個個草包』四字呀！」武官卻愛堂名好聽，始終不忍撤去堂匾。

真的比不上假的

清代劉體仁的畫及不上他的詩，劉因此常請金陵畫師吳宏代為作畫。王士稹知道此事，每次向劉索畫，事先都要寄上短信一封說：「不煩擾您親自操筆作畫。」劉對此很不理解，一次當面詢問其故。王笑著答道：「兄之畫就像是宣城兔毛褐，真的可比不上假的啊！」劉聽了不由大笑。

中書君什麼東西

　　乾隆五十三年，京師工部衙門遭火災，高宗弘曆命工部尚書金簡召集工匠重建。時京師流傳一聯：「水部火災，金司空大興土木。」過了很久沒人能對出下句。某中書官為河間人，對人說：「這只有我同鄉紀曉嵐才能對。」於是便去拜訪紀，請他對下聯。紀說：「這好像不難對。」猶豫片刻，忽然笑著對中書說：「只是有點礙於您怎麼辦？」中書說：「只要能對，都沒有關係。」紀於是對道：「北人南相，中書君什麼東西。」中書聞對羞愧而去，京師滿城皆哄傳其事。

子圉引薦孔子

　　子圉引孔子去拜訪宋太宰。孔子走後，子圉進來，問太宰對孔子的印象。太宰說：「我見過孔子後，再看你就像跳蚤蝨子一樣微小，我現在要引他去見君主。」子圉心有不滿，於是對太宰說：「君主見到孔子後，也會把你看作像跳蚤蝨子一樣。」太宰聽後，就不再引薦孔子了。

舐痔得車

　　宋國有一個名叫曹商的人，他為宋王出使秦國。去的時候，他得到了幾輛車。見到秦王後，討得秦王的歡心，又被賞賜了一百輛車。曹商回到宋國，見到莊子說：「住在貧窮偏僻的窄巷子裡，窮得不得不靠織草鞋過日子，餓得面黃肌瘦，這是我的短處。但是，使大國的君主醒悟，能得到一百輛車的賞賜，這才是我所擅長的呀。」莊子說：「秦王有病召請醫生，能夠給他破膿包捅痤瘡的，可以得到一輛車。能給他用舌頭舐痔瘡的，可以得到五輛車。所做的事情越卑下、越下作，得到的車便越多。你大概不僅僅只是舐了秦王的痔瘡了吧？否則為什麼得到了那麼多車呢？你快走吧。」

不嫁與不仕

齊國有個人去見田駢，對他說：「我聽到過先生的清高議論，宣稱自己一生不做官，而願意給人作僕役。」田駢問：「你從什麼地方聽說的。」齊人回答說：「我從鄰居家的女兒那裡聽說的。」田駢說：「她怎麼說的呢？」「我鄰居的女兒宣稱她不出嫁，可她剛剛過了三十歲就有了七個孩子。不出嫁是不出嫁，然而所行的出嫁之事卻遠遠超過已經出嫁的女子。現在先生聲稱自己不做官，但卻拿著千鐘俸祿，隨從有上百人。不做官倒是事實，但你的富貴卻遠遠超過了做官的人。」田駢聽了，羞愧得無地自容。

我專讀《公羊傳》

有個人想去拜見縣令，先問縣令手下的人說：「縣令嗜好什麼？」有人告訴他說：「縣令的嗜好是讀《公羊傳》。」後來，這人見到了縣令。縣令問他：「您在讀什麼書啊？」他回答說：「我專攻《公羊傳》。」縣令試著問了一句：「是誰殺了陳佗呢？」這人想了好久才回答說：「我這一輩子確實沒有殺過陳佗。」縣令聽罷，知道他根本沒有讀過《公羊傳》，才回答的這樣荒謬，於是又故意戲弄他，問道：「你沒有殺陳佗，請問，陳佗是誰殺的呢？」這個人聽罷恐懼萬分，嚇得光著腳就跑了出來。別人問他怎麼這麼狼狽。他大聲回答說：「我剛見到縣令，他就問我殺人案，以後我再也不敢來了，等這個案子得到大赦以後，我再來吧。」

吃肉人的聰明

艾子的鄰居，都是齊國粗鄙淺薄之人。一天，艾子聽見兩個人說：「我與齊國的公卿大夫都是人，都承受著天、地、人的靈氣，為什麼他們有智慧，而我就沒有智慧？」另一人說：「因為他們天天吃肉，所以有智

慧；我們天天吃的是粗米雜糧，所以缺少智能。」那個問話的人說：「正好我有賣糧食得來的幾千錢，姑且與你天天吃肉試試看。」幾天後，艾子又聽到那兩個人的對話：「我自從吃了肉以後，心智聰穎豁亮，不光有智能，而且還能窮盡事理。」一個人說：「我觀察到，人的腳面向前伸出非常方便，如果向後伸，那豈不是要被後來的人踩著了？」另一個說：「我也觀察到，人的鼻孔向下長著非常便利，如果向上長，天上下雨豈不就要灌進鼻子裡了嗎？」兩人互相稱頌起彼此的聰明才智。艾子知道此事後，長嘆一聲說：「吃肉的人，他們的智慧也僅此罷了。」

可惜只有一隻眼睛

皮日休能詩文，隱居鹿門山，自號「醉吟先生」。平生自負，暗地裡自比大聖孔子，中進士時不料名在榜末。主司禮部侍郎鄭愚因皮其貌不揚，和他開玩笑：「你才深學廣，可惜只有一隻眼睛能用。」皮立即答道：「侍郎可不能因為學生瞎了一眼，連累您兩眼也看不清。」意謂主司不能因人廢言，舉子聽了都覺得皮說得有理。

蜘蛛雖巧不如蠶

王禹，曾任黃州知州，原居住在濟陽，父親是開磨坊的。當時畢士安為州從事，王禹七歲那年，一日代父送麥到畢家，立庭下，應對不慌。畢此時正在命幾個兒子學習對句。「鸚鵡能言難比鳳。」畢對王說：「你這小孩子浮語虛辭的，能對此句嗎？」意思是討厭王不守本分而譏諷他。王昂首應聲道：「蜘蛛雖巧不如蠶。」同樣以譏諷回報畢，畢感嘆道：「你經綸滿腹，將來定能有名於世。」

■ 這隻眼睛裡還有一點點慈悲

美國有一個百萬富翁，他的左眼壞了，於是花了許多錢請人給裝了一隻假眼。這隻眼睛花了高價，製作逼真，裝得也好，乍一看，誰也不會認出是假的。這個百萬富翁十分得意，常常在人們面前誇耀。

有一次，他碰到大作家馬克·吐溫（Mark Twain），就問道：「你猜得出來嗎，我哪一隻眼睛是假的？」

馬克·吐溫端詳了一陣，便指著他的左眼說：「這隻是假的。」

百萬富翁萬分驚異，不解地問：「你怎麼知道的？根據什麼？」

馬克·吐溫十分平靜地回答：「因為你這隻眼睛裡還有一點點慈悲。」

■ 吃「通心粉」的人

法國著名作家雨果寫完《瑪麗昂·德洛姆》以後，邀請了許多朋友來聽他朗讀，其中有巴爾札克、繆塞、大仲馬和梅里美。他們一致盛讚雨果的這部新作。

吃晚飯時，廚娘沒有把通心粉做好，非常難吃。於是梅里美自告奮勇地說下次讓他來做。過了幾天，朋友們又來到雨果的家，梅里美脫去上衣，繫上圍裙，精心做了一碟義大利通心粉。大家一吃，果然津津有味，巴爾札克一邊慢慢咀嚼著，一邊和雨果開著玩笑：「你做的通心粉，其美味不遜於你的小說和劇本。」說完，大家都哈哈大笑起來了。

可是劇本卻遭到了法國當局的禁演，文藝新聞檢查處以劇本中寫的路易十三「是影射當今國王查理十四」而不予通過。雨果和他的朋友們據理力爭，國王陛下迫於這些文學巨匠的壓力，做出一項賠償作者損失的決定，補給雨果四千法郎。但是金錢收買不了正直的作家們，雨果在巴爾札克、繆塞、大仲馬、梅里美的支持下，當即寫信拒絕領受。

第二天，《立憲報》發表文章說，一起吃通心粉的人，心是相通的。他們「不像部長先生們所想像的那麼容易被人收買。」

■ 從那裡可以看到博學嗎

俄羅斯科學家羅蒙諾索夫（M. V. Lomonosov）出生在一個漁民的家裡，童年時代生活非常貧苦。成名以後，羅蒙諾索夫仍然保持著簡樸的生活習慣，毫不講究穿著，埋頭於研究學問。

有一次，一個專愛講究衣著但卻不學無術而又自作聰明的人，看到他衣袖的肘部有個破洞，就指著窟窿挖苦地說：

「從那裡可以看到你的博學嗎？先生？」

羅蒙諾索夫毫不遲疑地回答：「不，一點也不！不過，先生，從這裡卻可以看到愚蠢。」

挑剔者頓時羞得無地自容。

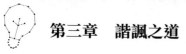

第三章　諧諷之道

第四章　生活之道

　　我們都在現實生活中，名人們也生活在這個社會中。正是因為他們比我們會處世，所以才成為名人。我們要想全面了解自己，也應該了解一下別人，這樣不無好處。

■ 金聖歎的「快哉」

明朝大文學批評家金聖歎在《西廂記》的批語中，曾寫下他覺得最快樂的時刻，這是他和他的朋友在十天的連綿陰雨中，住在一所廟宇裡總結出來的，一共有三十三則，每則的結尾都有「不亦快哉」的感嘆。下面選錄幾則：

其一：夏七月，赤日經天，既無風，亦無雲。前庭赫然如烘爐，無一鳥敢來飛。汗出遍身，縱橫成渠。置飯於前，不可得吃。呼簟欲臥地上，則地溼如膏，蒼蠅又來緣頸附鼻，驅之不去。正莫可如何，忽然天黑如車軸，澎湃之聲如數百萬金鼓，簷溜浩於瀑布。身汗頓收，地燥如掃，蒼蠅盡去，飯便得吃。不亦快哉！

其一：空齋獨坐，正思夜來床頭鼠耗可惱，不知其戛戛者是損我何器，嘻嘻者是裂我何書。心中回惑，其理莫措，忽見一猲貓，注目搖尾，似有所睹，斂聲屏息，少復得之。則疾起如風，桎然一聲，而此物竟去矣。不亦快哉！

其一：街行見兩漢執爭一理，皆目裂頸赤，如不共戴天，而又高拱手，低曲腰，滿口仍用「者也之乎」等字。其語刺刺，勢將連年不休。忽有壯夫掉臂行來，振威從中一喝而解，不亦快哉！

其一：子弟背書爛熟，如瓶中瀉水，不亦快哉！

其一：飯後無事，入市閒行，見有小物，戲復買之，買亦成矣，所差者甚少，而市兒苦爭，必不相饒。便掏袖中一件，其輕重與錢不相上下者，擲而與之。市兒忽改容，拱手連稱不敢。不亦快哉！

其一：朝眼初覺，似聞家人嘆息之聲，言某人夜來已死，急呼而訊之，正是一城中第一絕有心計人。不亦快哉！

其一：重陰匝月，如醉如病，朝眠不起。忽聞眾鳥畢作弄晴之聲，急引手攬帷，推窗視之，日光晶熒，林木如洗。不亦快哉！

其一：久欲為比丘，苦不得公然吃肉。若許為比丘，又得公然吃肉，則夏月以熱湯快刀，淨割頭髮。不亦快哉！

其一：存得三四癩瘡於私處，時呼熱湯關門澡之。不亦快哉！

其一：坐小船，遇利風，苦不得張帆，一快其心。忽逢舳舮疾行如風。試伸挽鉤，聊復挽之，不意挽之便著，因取纜纜向其尾，口中高吟老杜「青惜峰巒，共知橘柚」之句，極大笑樂。不亦快哉！

其一：冬夜飲酒，轉復寒甚，推窗試看，雪大如手，已積三四寸矣。不亦快哉！

其一：久客得歸，望見郭門，兩岸童婦，皆作故鄉之聲。不亦快哉！

其一：推紙窗放蜂出去，不亦快哉！

其一：作縣官，每日打鼓退堂時，不亦快哉！

其一：看人風箏斷，不亦快哉！

其一：看野燒，不亦快哉！

其一：還債畢，不亦快哉！

■ 華佗五禽戲

東漢末期，著名的醫藥家華佗在許都做侍醫時，他的得意門生吳普遠道趕來探望他。華佗見了吳普滿面堆笑，立即放下書本，不免噓寒問暖一番。吳普見自己的老師雖然年事較高，卻耳不聾，眼不花，百病不生，精力充沛。於是向華佗求教健身之道。

華佗高興地傳授自己的健身經驗。他說：「我今天跟你講的，是名為『五禽戲』的導引，我鍛鍊了幾十年，收益甚大。人的身體，應當經常活動，這樣，腸胃裡的養分能充分被身體各部吸收，血脈也能暢通無阻，能夠預防疾病。適當地鍛鍊身體，好比門軸一樣總是處於不停地轉動中，否則的話，卻要成為蛀蟲的窩呢！」一席話說得吳普心裡熱乎乎的。在他的懇切要求下，華佗將五禽之戲，包括虎、鹿、熊、猿、鳥的動作，詳詳細

細地講給吳普聽。說著，他們走出書房，來到庭院，邊講邊練習起來。

吳普很快學會了五禽戲，從此，長年累月不斷地練習，身體漸漸強壯起來。與同齡老人相比，吳普耳聰目明，牙齒堅固，一直活了九十多歲。

「敗家子」魯肅

南山裡兔奔雉飛，馬嘶犬吠。東漢末年，年輕的魯肅領著一批遊手好閒的人又在打獵玩耍了。幾個白鬍子老漢站在村口，搖頭嘆息：「老魯家活該破敗，養了這麼個敗家子。」

老魯家本是臨淮東城（今安徽定遠）的世家大戶，廣有錢財。魯肅年輕時，父母死了，他便放下詩書，舞槍弄棒，騎馬射箭。他自己玩還不夠，又把附近遊手好閒的人招到家裡，給吃給穿，銀錢花得流水似的，好端端的家業眼看就要完了。這樣做的結果，魯肅也得個「禮賢好士」的名聲。

其實，魯肅這麼做，正是他眼光遠大、懷有抱負的表現。因為他生活在漢末的社會，矛盾重重，天下將亂，所以他決定練身武藝，準備日後為國出力。果然，不久便出現了軍閥混戰的局面，魯肅便帶領他平日組織的百餘人，保護村中父老。接著就渡長江，投奔孫權，屢屢建立戰功。後來，他當了「奮武校尉」，統領東吳的兵馬，成為一代名將。這時，村裡的父老又交口稱讚：「老魯家出了個魯肅，我們與他同村，臉上也增加光彩啊！」

陶侃搬磚

晉代名將陶侃累建奇功，被封為柴桑侯，享有四千戶的俸祿，卻有個奇怪的癖好 —— 搬磚。

每天清晨，他把一百塊磚搬到院裡，傍晚，又把那一百塊磚搬了進來。每次都累得渾身是汗，頭上直冒熱氣。然而，誰去幫他，他都不肯。

不論陰晴雨雪，也不論春夏秋冬，他總是按時搬運，從不間斷，多麼奇怪呀！

陶侃拍拍身上的灰土，說：「你瞧，我們國家的北方領土，都已落入別人的手裡。我立志要恢復中原，可是，過分的安逸生活，就會損害身體。沒有健壯的身體，怎麼能實現宏大的理想呢？我之所以天天搬磚，正是為了鍛鍊自己的身體和意志呀！」

「茶令」

喝酒，有酒令；飲茶，也有「茶令」嗎？有。不過，興這個「茶令」，既不是大多數飲茶者的習慣，也不是某地某時的習俗，而是一對夫婦獨創、獨有的。

這對夫婦，就是李清照和她的丈夫趙明誠。吃過晚飯，李清照夫婦倆人也習慣喝茶。邊喝茶，邊聊天是一種樂趣，也是一種休息。可是，他們總覺得喝茶聊閒天，時間就白白地過去了，最好能想個主意，把這段時間也利用起來。於是，他們發明了這個「茶令」。

這種「茶令」獨特，而且頗有趣味。與酒令不同的，是贏者喝，而不是輸者喝。茶沏好後，他們其中一人便開始講史書上記載的某一件史實。講完以後，另一人要說出這一史實出自哪一本書。光說出哪一本書還不夠，還要說出這一史實在書中的哪一卷、哪一頁，某一行。這就是說，知道這一史實，如果沒讀過此書，答不上來；讀了，而不熟悉，也答不上來。答不上來或答不準確，茶是不能喝的，只能聞一聞茶香。

李時珍懸崖夜宿

夕陽西墜，山林陰暗，嶺頭坡底，傳來聲聲虎嘯狼嚎，令人毛骨悚然。這時，李時珍正獨自攀緣在崎嶇的山路上。

他看過去的藥書上，錯誤極多，聽說有的病人因吃錯藥死了，決定寫一部新的藥書。這不但要看很多的古書，而且需要到各種藥物產地去查訪，既要豐富的知識，也要強韌的體力。

儘管天已晚了，他也從不害怕，手持藥鋤，肩背藥筐，繼續攀懸崖，登絕壁，來到他預先選定夜宿的地方。一次，來到一座險崖，山壁上有座用鐵索吊著的木屋。李時珍鑽了進去，倒下便睡。晚上，山風呼呼，吹得小屋子亂晃，像是坐在秋千上了。屋子外面，成群的餓狼在蹦躂，在嚎叫……

經過三十年的時間，李時珍嘔心瀝血之作──《本草綱目》終於問世。

「馬癖」、「錢癖」、「《左傳》癖」

晉武帝司馬炎時，王濟懂得相馬，也非常喜愛駿馬；和嶠則十分起勁地搜刮錢財。杜預常說王濟有「馬癖」，和嶠有「錢癖」。晉武帝聽說後，就問道：「你有什麼癖呢？」杜答道：「我有《左傳》癖。」

王羲之以字換鵝

王羲之生性愛養鵝。會稽郡有一個孤獨生活的老婦養了一隻善叫的鵝，王想買，但未能如願，於是帶著親友動身前往老婦處看鵝。老婦聽說王要來，於是殺鵝待客。王為之惋惜了一天。

山陰縣有一個道士，養了一群好鵝。王前往觀賞，十分喜歡，堅持要買。道士說：「您替我寫部《道德經》，我就把一群鵝全送您。」王欣然寫完了《道德經》，用籠子裝著鵝帶回家，覺得非常高興。

王徽之賞竹

松竹梅一直是古人推崇的「君子」。晉代王徽之曾臨時借人家的空住宅居住，一住下就叫人種竹。有人問他：「臨時居住，何勞如此？」王直指著竹子說：「怎麼可以一天沒有此君做伴呢？」

謝靈運伐木遊覽

謝靈運遊山玩水愛到幽寂、高峻的地方，重岩疊嶂，莫不遊遍。登山時他常穿著木屐，上山時去掉木屐的前齒，下山時則去掉後齒。一次謝從始甯的南山到臨海遊覽，一路上伐木開路，隨從有數百人。臨海太守見此狀還以為有山賊，驚駭無比，最後知道是謝所為，才定下心來。

我一個人戒不了

晉代劉伶有一次想喝酒想得厲害，向妻子要酒喝。妻子把酒倒掉，把酒器打碎了，流著眼淚規勸他：「你喝酒太過量，不是養生之道，一定要戒酒才行。」劉說：「好啊！我自己一個人戒不了，只有向鬼神發誓才行。快準備酒肉吧。」妻子照他的話做了。劉跪地禱告說：「天生劉伶，以酒為名。一飲一斛，五斗解酲。婦兒之言，慎不可聽。」於是又飲酒吃肉，酩酊大醉。

逆水而游的孔夫子

寬闊明澈的沂水河，在夏日的陽光下飄金蕩玉般地向東流去。河水中，一群讀書人在興致勃勃地暢遊著。

他們之中有的在橫渡，有的順流而下，卻有一位年過半百的老人喜歡逆水而上。他就是這群讀書人的老師，大成至聖先師孔夫子。孔子時而微閉雙睛，仰浮於水面，似燕翔藍天；時而又撥開清波，逆水而遊，又似鷹

擊長空。細心而沉靜的顏淵和憨厚的曾皙護衛在他的左右。性子剛烈的子路眼看老師超過了自己，他憋足一口氣奮力遊過去。孔子看著子路那不甘落後的樣子，興奮地大聲稱讚他：「由也好勇過我！」師生們又遊了一會，眼看西天落霞飛起，黃昏已經來臨，這才興致未盡地劃到岸邊。

孔子一邊梳理著溼漉漉的頭髮，一邊指著流動的河水，同圍在他身邊的學生們無限感慨地說：「消失了的事物，如同這流去的河水，一去不復返了！」學生們聽著老師的這些話，深深地點著頭。

一天的疲勞被清波碧流沖走了，孔子和他的學生們心曠神怡地踏著歌聲，消失在靄靄的暮色之中。

這些酒留著自己消遣

宋代李覯，賢能善文，深得蘇軾等人推重。他不喜佛，不喜孟子，喜飲酒作文，古文尤佳。一天，有個大官送他數斗酒，正好他家釀的酒也熟了。一位讀書人知道他有很多酒，但李性情孤高，不與人往來，苦於無法喝到李的酒，就寫了幾首罵孟子的詩。李見詩大喜，請他來飲酒交談，留連作伴數天，所談無非是罵孟子而已。不久，酒吃完了，此人就告辭了。後來又有人送酒來，這位讀書人得知後又去李處，寫了《仁正論》三篇，都是些罵佛的內容，李看後笑著說：「你的文章很奇妙，但是上次被你吃了酒以後，我無酒喝，寂寞無聊得很，這次不敢留你喝酒了。這些酒留著自己消遣了。」聞此妙語，人們無不絕倒。

王安石待客

王安石當宰相時，兒媳婦家的親戚蕭氏到京城來，王約他吃飯。第二天蕭盛裝赴約，以為宰相必定盛宴款待。時過中午不見開飯，蕭感到很餓卻不敢離開。又過了很久才命他入席，然而桌上沒什麼菜。吃了幾杯酒

後，先上了兩個胡餅，又拿上幾碟豬肉，蕭只吃胡餅的中間部分，把四邊剩在桌上。王看了也不說話。拿來自己吃了。蕭甚感愧疚，匆匆退席。

莊子談葬

莊子將去世之時，他的弟子們打算厚葬他。

莊子說：「我把天當作自己的棺槨，把日月當作為自己陪葬的一雙玉璧，把滿天的星辰當作為自己陪葬的珠璣，把所有的萬物都看作是自己的陪葬品。這樣一來，我的陪葬品難道還不齊全嗎？你們還能在這上面添加點什麼呢？」

弟子說：「如果不厚葬，我們擔心烏鴉和老鷹會吃掉您的遺體呀！」

莊子說：「把屍體放在地上會被烏鴉和老鷹吃掉，可埋人地下也會被螻蛄和螞蟻吃掉，把屍體從烏鴉和老鷹的嘴裡奪走送給螻蛄和螞蟻，你們是不是太偏心了一點呢？」

那就更快活了

宋代梅詢為翰林學士，某天，有很多詔書要起草，他冥思苦想十分苦惱，就拿著書寫用的木簡，順著臺階徐徐而行。忽見一老卒在太陽下睡覺，伸腰打呵欠，十分舒服，不覺嘆道：「真暢快啊！」又問老卒：「你識字嗎？」答：「不識字。」梅說：「那就更快活了。」

曾點的志向

子路（名由）、曾皙（名點）、冉有（名求）、公西華（名赤）四個學生陪孔子坐著。孔子說：「我雖然比你們年紀大一些，但你們不要因此而不能暢所欲言。平日裡你們常說：『人家不了解我啊！』假如有人了解你們，那你們準備怎麼樣呢？」

子路脫口而出道：「擁有一千輛兵車的國家，被夾在幾個大國之間，外有軍隊的侵犯，內部又遭到災荒。如果讓我去治理，用三年時間，可以使國人都有勇氣，並且懂得道理。」

孔子聽了微微一笑。他又問：「冉求！你怎麼樣？」

冉求答道：「方圓六七十里或者五六十里的小國，如果讓我去治理，用三年時間，可以使人們富裕起來。至於禮樂的設置，那只能等待賢人君子了。」

孔子又問：「公西華，你怎麼樣？」

公西華答道：「不是說我已經很有能力，我願意學習。在宗廟中祭祀或者同外國盟會，我願意穿著禮服，戴著禮帽，當一個小司儀者。」

孔子又問：「曾點，你怎麼樣？」

曾皙正彈著瑟，而且將近尾聲了。聽到孔子的問話，他「鏗」的一聲把瑟放下，站起來答道：「我的志向不同於他們三位所說的。」孔子說：「那又何妨！大家各人說說自己的志向罷了。」曾皙便說：「三月裡晚春天氣，春服都穿定了，我伴隨著五六位成年人，六七個小孩，在沂水邊洗洗澡，在舞雩臺上吹吹風，然後一路唱著歌兒，一路走回家。」

孔子長嘆一聲道：「我贊成曾點的志向啊！」

■ 蘇舜欽的下酒菜

宋代蘇舜欽性格毫放，飲酒海量，在岳父杜衍家，每晚讀書，都要飲酒一斗。杜對此很懷疑，派人暗中觀察。有一天只聽蘇讀到《漢書·張良傳》中張良和同伴狙擊秦始皇，鐵錐誤擊向副車的一段事時，不禁拍著桌子說：「可惜啊，沒擊中。」於是滿飲一大杯。又讀到張對劉邦說：「始臣起下邳，與上會於留，此天以臣授陛下」一段事時，又拍案感嘆說：「君臣相遇，是多麼不易啊！」再痛飲一大杯。杜知道了這些情形後，大笑著說：「有這些東西作下酒菜，喝一斗實在不算多啊。」

■ 一覽眾山小

在唐朝「開元盛世」的一個秋天，二十多歲的杜甫，到京城長安參加進士考試，結果榜上無名。但是，這一挫折並沒有使這位才華橫溢的青年詩人消沉下來，而是更積極地投入了對美好自然風物的探尋，到山東一帶繼續他的遊覽生活，他決心攀登嚮往已久的東嶽泰山。

杜甫投宿在中都縣城。清晨醒來，他走到戶外，呼吸著清新的空氣，向東北方向舉目望去。拔地而起的泰山，巍然矗立，樹色蒼鬱，雲帶繚繞，點燃了詩人的熱情，想像著登山途中的感受和攀上峰頂時的樂趣，情不自禁地寫下一首《望嶽》詩，吟出「會當凌絕頂，一覽眾山小」的佳句。

聽人講，攀登泰山是很艱苦的，什麼「十八盤」啦，「回馬嶺」啦，要到達日觀峰，真是談何容易！詩人顧視自己一番，還是十年前「健如黃犢走復來」的軀體，依然充滿了青春的活力。

經過艱苦的登攀，杜甫終於實現了「會當凌絕頂」的願望。他站在日觀峰頭，昂首天外，縱目環視，感到心曠神怡，逸興遄飛。在這裡，他真正體驗到了孔子「登東山而小魯，登泰山而小天下」這句名言的含意。

■ 魯迅「戎馬儒生」

清朝末年，魯迅在南京礦業學堂讀書的時候，不但學習努力，而且也很注意鍛鍊身體。那時候，學校根本不重視學生的身體健康，更談不上有多少健身項目。魯迅最喜愛的運動是騎馬，他自稱「戎馬儒生」。

每逢假日，魯迅常常約幾個好朋友到野外騎馬。騎馬時，你追我趕，揚鞭飛馳，是一項相當劇烈的運動。起初，魯迅練習騎馬時，由於馬未馴服，騎術也不高明，常常摔下馬來，不是衣服哪裡撕破了，就是身上哪處流血了。有的同學勸他不要再冒險了，魯迅總是滿不在乎地搖搖頭，表示絕不甘休。後來，他的騎術果然有了很大的進步。

有一次，他騎著馬路過清兵的軍營。那些善於騎馬射箭的旗人，看到騎馬而來的竟是個漢人小夥子，便吆五喝六地嘲弄他，侮辱他。但魯迅絕不畏葸不前，他滿臉怒氣，揚起鞭子狠狠抽了幾下馬匹，抖動著韁繩，兩腿用力一夾馬肚，那馬一聲嘶叫，飛奔而去，使得旗人望而生畏。

齊白石過生日

齊白石九十多歲時仍然每天揮筆作畫，一天至少五幅。他說：「不教一日閒過。」並把這句話寫出來，掛在牆上藉以自勉。

一次，他過生日。由於他是一代宗師，學生、朋友多，從早到晚，客人絡繹不絕。齊白石笑吟吟地送往迎來。等到他送走最後一批客人，已是深夜了。年老的人，精力自是差了。他便睡了。

第二天，齊白石一早爬起床，顧不上吃飯，走到畫室，攤紙揮毫，一張又一張地畫著。他家裡人勸他道：「你吃飯呀。」

「別急。」他仍不停地畫起來。

畫完五張了，他自己規定一天的「作業」已完成了。飯後，他又繼續畫。家裡人怕他累壞了，說：「您不是已畫夠五張了嗎？怎麼又畫呢？」

「昨天生日，客人多，沒作畫。」齊白石解釋道：「今天追畫幾張，以補昨天的『閒過』呀。」說完，他又認真地畫起來了。

戴草帽的榮譽博士

一九〇九年夏天，日內瓦大學頒發榮譽博士學位給三十一歲的愛因斯坦（Albert Einstein）。

在熱烈、隆重的授學位儀式上，來賓皆穿上華貴的燕尾服，頭戴平頂絲織黑禮帽。唯有愛因斯坦頭戴一頂草帽，身著平時上街穿的普通服裝，顯得頗寒酸。他登臺領取「榮譽博士」證書時，臺下的人都驚愕了，他們

給愛因斯坦冠以「戴草帽的榮譽博士」的雅號。

平時，愛因斯坦從不追求華美的穿著。一件普通的羊毛套衫成了他衣服中的上品，有時他穿件樸素的白亞麻布衫，夏天則穿著一件運動衫。工作時，他戴著袖套親自操作。

人們甚至還發現愛因斯坦曾穿著實用涼鞋到柏林大學講課。他在奧斯陸的富麗堂皇的科學禮堂對著千百人正式發表學術講演時，也不過穿著那件平常的工作服。

朋友們因這位大科學家過於清苦而憂心忡忡。愛因斯坦聽後全不以為然，他講：「這件衣服不是很好嘛，昨天剛洗過，今天剛刷過。」甚至他還戲謔地說：「要是布袋子比裡面的肉更好，那可是一件糟糕的事！」

「每一件財產都是一塊絆腳石。」這是科學巨匠對待生活的格言。他在柏林居住的寓所是兩間小屋，屋裡陳設的傢俱極為簡陋：床，床頭櫃，椅子，一把躺椅，一個書架和一張桌子。沒有桌布，沒有掛畫，地上也沒有鋪設地毯。

■ 愛因斯坦過生日

愛因斯坦早就想嘗一嘗美味的俄國魚子醬了。三月十四日是他的生日，這一天快要到了，他的朋友決定請他吃一次。

生日的那天，愛因斯坦和幾個朋友一邊就餐，一邊滔滔不絕地探討起相對論來。正當討論得最熱烈的時候，那盤早已約訂好的美味佳餚端上來。這時，愛因斯坦正在講慣性。他順便把魚子醬送到嘴裡，繼續評論：

「牛頓說，物體的慣性是對絕對空間講的，馬赫說，物體的慣性是對遙遠的星系講的，他們到底誰對呢？」

魚子醬吃完了，演講的愛因斯坦也停下來，他用手在桌子上畫了一個大問號。

這時同伴問他，你知不知道剛才吃的是什麼東西？

「不知道，是什麼東西？」

「是魚子醬呀！」

「怎麼？哎呀，是魚子醬呀！」這位心不在焉的愛因斯坦惋惜地叫了起來。

■ 愛因斯坦的頭髮

一九三九年的一天，在美國紐約百老匯的一家小戲院裡，上演一齣有趣的諷刺劇。有幾個物理學家相約驅車去找年已花甲的愛因斯坦，想說服他一起去看戲。一進他的屋裡，只見老博士正聚精會神地伏案寫作。

「親愛的阿爾伯特，請您歇一歇，跟我們一起去看一出精彩好戲吧！」物理學家們懇求說。

「我沒有工夫去看戲。得啦，得啦，不要勸我去了。等你們六十歲的時候，你們就會珍惜能由你們支配的每一個鐘頭了！」愛因斯坦說。

一首讚頌愛因斯坦的歌曲，有這樣的詞句：「……吃罷午飯，我們的愛因斯坦連步也不散；我們要請天上的造物主，把這位好漢的頭髮剪短！」

■ 居禮夫婦

這是一間沒有人用的舊棚屋，玻璃頂棚殘缺漏風，裡面沒有地板，只有一層瀝青蓋著泥土地。連個像樣的凳子都沒有，只有幾張朽壞了的櫥桌，一塊黑板和一個破舊的鐵火爐，爐子上安著鏽得斑駁陸離的管子。

瑪里·居禮（Marie Curie）和丈夫便在這間陋室裡開始了提煉鐳的工作。每天，瑪里·居禮穿起沾滿灰塵和汙漬的工作服，翻倒礦石，攪拌冶鍋，傾倒溶液，忙個不停。矮小的實驗室裡，塵屑飛揚，蒸氣熏人，而瑪里·居禮那時又正有結核病，但她絲毫不顧這些，頑強地堅持工作。常常

連飯都帶到實驗室來吃，更不要說休息一下。有時候整天用一根粗笨的鐵條，攪動一堆沸騰的東西。到了晚上，累得筋疲力盡，不能動彈。

就這樣，經過艱苦努力，居禮夫婦終於從四百噸鈾瀝青礦、一千噸化學藥品和八百噸水之中，提煉出了微乎其微的一克純鐳。

「鐳的母親」——人們這樣熱情的讚美瑪里·居禮。

■ 托爾斯泰離家出走

俄國大作家托爾斯泰有一個很不錯的莊園，這裡嘉卉芬芳，林木秀美。他一生中的大部分時間都住在這裡——耕地、寫作、結婚、起居，他對這個莊園有深厚的感情。

可是，到了晚年，他對這個莊園憎恨起來了。他在日記裡寫道：「在我的生活的四周是一片不應當有的窮苦和貧乏，但在這片窮苦貧乏當中卻存在著毫無理性的奢侈，這是不合乎正義的。」「莊園的生活完全是有毒的。不論我走到哪兒，我看見的都是羞恥與苦難。」

他同情廣大的窮苦農民，認為他們悲慘的處境是少數富人的特權和驕奢淫逸的生活造成的。他痛恨地說：「這個國家的景況是這樣使我痛苦，所以我常常想逃跑，躲藏起來。」

他決心離家出走。一九一○年十月二十八日的夜晚，白髮蒼蒼的列夫·托爾斯泰悄悄地離開了雅斯納雅·波良納。走著，走著，他在途中著了涼，得了肺炎。在到達阿斯塔波沃車站的時候，他已經奄奄一息了。他臨終時說的最後一句話是：「不要再管我了，世界上比我更困難的人多的是。」

■ 雨果病危之後

法國著名作家雨果才華橫溢，二十歲開始發表作品，二十九歲就創作了經典巨作《鐘樓怪人》，轟動法國文壇。以後又創作了一系列的戲劇、

詩歌、小說。可是，正在他熱情奔放的時候，心臟病惡性發作了，這時他正好四十歲。

看見雨果發青的臉色，沉重的喘息，人們惋惜萬分，說：「唉，這顆巨星將要隕落了。」隨後發出沉重的嘆息。

作家並不悲觀，他在醫生的監督下，開始進行體育鍛鍊。每天清晨出外散步、做操、打拳，以後跑步、游泳、爬山……正像法國啟蒙思想家伏爾泰所說的：「生命在於運動。」雨果的健康好轉，體格增強了，他又獲得充沛的精力，重新拿起筆。這期間他雖然因反對路易·波拿巴（Louis Bonaparte）的反革命政變而被迫流亡國外，但仍不忘鍛鍊身體。他在六十歲時，創作了《悲慘世界》這部世界文學名著，直到晚年，雨果仍然創作不懈，寫出了大量的作品，八十歲那年，還寫了一部戲劇《篤爾克瑪》。雨果逝世於一八八五年，活了八十四歲。

看見雨果四十歲時得了心臟病，卻最後成了長壽者，人們驚嘆不已，說：「這真是個奇蹟！」

■ 時間的「富裕戶」

明亮的窗下，法國著名科幻作家儒勒·凡爾納（Verne）正在揮筆疾書。

他每天早上五點起床，一直伏案寫呀，寫呀，寫到晚上八點。這十五個小時中間，只休息用飯片刻。當妻子送來飯時，他搓搓腫脹的手，拿起刀叉，很快地填飽肚子，抹抹嘴，又拿起了筆。他妻子關切地說：「你寫的書已不少了，為什麼還抓得那麼緊呢？」

凡爾納笑著說：「你記得莎士比亞的名言嗎？『放棄時間的人，時間也會放棄他。』哪能不抓緊呢？」

在四十多年的寫作生涯中，他記了上萬冊筆記，寫了科幻小說

一百〇四部，共七八百萬字。這是一個多麼驚人的數字啊！一些感到驚異的人就悄悄詢問凡爾納的妻子，想從她那裡打聽到凡爾納比常人占有多得多的時間的祕密。凡爾納的妻子坦然地說：「祕密嘛，就是凡爾納從不放棄時間。」

我不需要他們的錢

一八三六年，在莫斯科發生了一件震動整個知識界的事件：《望遠鏡》雜誌刊登了一篇猛烈抨擊沙皇尼古拉一世反動統治的文章，被官方下令停刊了。

別林斯基（Belinsky）是這個雜誌的撰稿人和編輯。該雜誌停刊以後，他又陷入了貧困和飢餓的境地。為了維持最低限度的生活，他到處奔走，可是經常連買個麵包的錢也無法弄到。莫斯科的冬天是很冷的，別林斯基沒有錢買煤取暖，屋子裡冷得像個冰窖。

貧窮給別林斯基的折磨是強烈的。但是，這位立志要尋求一條改造社會道路的年輕人，並沒有因貧窮而喪失氣節。

當時，有一批反動文人正在籌組一個刊物，企圖拉攏別林斯基來進行合作。別林斯基看穿了他們的用心，堅定地拒絕了反動文人們的邀請，憤怒地說：「讓這些下流坯和白癡見鬼去吧，我不需要他們的錢，即使把我從頭到腳都撒上金子也不稀罕！」

斯托夫人

一八五〇年，美國國會通過了鎮壓「黑奴」的所謂《逃奴法案》。此後不久，哈里特‧伊莉莎白‧比徹‧斯托（Harriet Elizabeth Beecher Stowe）收到了一封信。信是住在波士頓的弟媳愛德華‧比徹夫人寄來的。

「哈里特，」信上寫道，「要是我能像你那樣動筆寫文章的話，我一

定要寫點東西，使全國都了解奴隸制度是一樁多麼可詛咒的事情。」

　　斯托夫人把這封信念給她的孩子們聽。念完之後，她把信捏成一團，站起身來，平靜地說：「我要寫！只要我活著，我一定要寫！」

　　那時，斯托夫人已經三十九歲了，受著疾病和窮困的折磨。她丈夫喀爾文·斯托（Calvin Ellis Stowe）雖在大學教書，可家裡有三個孩子，負擔很重。家務完全由她負責，既要做菜燒飯，又要給最小的孩子餵奶，有時還得給報紙寫點短文換點稿費來補貼家用，真是忙得不可開交。

　　斯托夫人咬著牙堅持寫作，決心實現自己的志願。從一八五一年六月開始，她在《國民時代》上連續發表小說《湯姆叔叔的小屋》。這部書一出版，立刻受到了廣泛歡迎。當時的美國總統林肯戲謔地稱她為：「寫了一本書，釀成了一場大戰的小婦人！」這場偉大的戰爭，指的是美國國內為解放奴隸而爆發的南北戰爭。斯托夫人為反對奴隸作出了傑出的貢獻。

第五章　夫妻之道

「百年修得同船渡，千年修得共枕眠」，夫妻，多麼美好的名字！

黔婁夫人

黔婁先生是春秋時候的魯國人。他為人正直，從來不做半點歪門邪道的事。這一點，他的妻子了解得最清楚。

他病故後，孔子的學生曾參帶著兒子曾西前來弔唁，並幫助料理喪事。

裝殮的那天，來了不少人。大家把黔婁的遺體裝進棺材後，發現蓋遺體的布被太短了，蓋住頭，露出了腳；蓋了腳，又露了頭。因黔婁夫妻倆種田為生，自食其力，生活清苦，家裡實在找不到長一點的布被了。

怎麼辦呢？年幼的曾西歪著腦袋瓜，想啊想啊，終於想出了個主意，說「若把布被斜蓋上，頭和腳不是就都蓋住了嗎？」

「對，對。」在場的人都認為曾西的辦法好。

「不能這樣！」黔婁夫人連忙搖手制止，她用沙啞的聲音說：「先生在世時，常對我說：『斜之有餘，不若正之不足。』這是他一生做事的規範。我們尊重他活著時候的意志，還是正著蓋吧。」

最後按黔婁夫人的意見辦了。連這種小事也不苟且，大家打從心底佩服這對老夫婦的高尚情操。

晏嬰不受君禮

春秋時，齊國的宰相晏嬰才能出眾，治國有方，被人稱為「賢相」。他自己過著簡樸的生活，常把俸祿送給窮人。妻子不但支持晏嬰的行動，而且還把自己紡紗織布賺來的部分錢用來周濟生活困難的鄰居。因此，他們很受老百姓的愛戴。

一天，國君景公的女兒看見晏嬰，生了愛慕之心，她拉著景公的衣袖，說：「父王，我要嫁給宰相。」景公疼女兒，便到晏嬰家來提親了。

國君來了，晏嬰的妻子出來為景公斟酒。景公裝著喝醉了，指著斟

酒的宰相夫人，對晏嬰說：「這是你妻子嗎？」晏嬰點頭說是。景公搖搖頭，說：「唉，她哪像堂堂宰相的夫人啊！又老又醜，休了算啦！我的女兒，年輕、漂亮，嫁給你做妻子吧！哈哈，這麼定啦！你快拜岳父啊！」

晏嬰站起來，向景公行個禮，說：「我不能從命啊！我妻子確實又老又醜，但我們生活了多年，感情深著呢！我們曾發誓要夫妻恩愛，白頭偕老。您雖有那番美意，我卻不能背離誓約。」說完，他向景公拜了兩拜，堅決辭謝了。

■ 糟糠之妻

「宣宋弘，宣宋弘。」

漢朝主管水利農田建設的宋弘聽見光武帝劉秀要在偏殿召見自己，鬧不清怎麼回事，便匆匆來到宮裡。路上，他悄悄問一位太監：「皇上召我啥事？」

老太監笑著說：「好事，您要當皇親國戚了。」

原來，劉秀的姐姐湖陽公主剛剛死了丈夫，她向弟弟表示：願嫁給宋弘做妻子。劉秀覺得宋弘雖有妻子，但公主喜歡他，他就成了皇親國戚，他哪會不動心呢！於是，劉秀慷慨地說：「姐，你放心，我跟宋弘說說就是了。」他讓湖陽公主坐在屏風後面，然後就把宋弘叫進宮來了。

宋弘來後，劉秀先同他談了一點政事，笑了笑，說：「當了官就另交朋友，發了財就改娶老婆，這大概是人們的共同心情吧。」啊，話裡有話呀！宋弘想起剛才老太監說的話，馬上明白是怎麼回事了。他和妻子感情很好。當初，宋弘的父親被奸臣迫害致死，政治上受歧視，生活上遭艱難，但妻子一直同丈夫患難與共，甘苦同嘗。這樣的好妻子，怎能中途拋棄呢？因此宋弘跪下，說：「皇上，古人說，『貧賤之交不可忘，糟糠之妻不下堂』啊！」劉秀見宋弘態度堅決，只好作罷。

娶大老婆

楚國有個人娶了兩個老婆。有人調戲他的大老婆，大老婆把調戲的人痛罵了一頓；那人又去調戲他的小老婆，小老婆卻答應了。過了不久，那位娶了兩個老婆的楚國人死了。別人問那個調戲的人說：「你娶他的大老婆呢？還是娶他的小老婆？」調戲的人回答說：「娶大老婆。」問他的人說：「他的大老婆罵你，小老婆答應你，你為什麼卻要娶他的大老婆呢？」挑逗的人回答：「過去住在別人家中的時候，就想讓她答應我；現在成為我的老婆，就希望她能為我罵那些調戲她的人。」

漢武帝思念夫人不能自已

漢武帝劉徹思念去世的李夫人不能自已。方士齊人少翁聲稱能招來李夫人的靈魂。晚間，少翁在宮內到處點起燈，燃起蠟燭，又陳設帷帳，安置酒肉，讓武帝待在另外的帷帳中，武帝看見有一美麗女子容貌極像李夫人，坐在帷幄中，過沒多久又徐步出帳。但武帝在帷帳中看不真切，又不能近前去看個究竟，相思深切，悲從中來，於是為此作詩：「是邪，非邪？立而望之，偏何姍姍其來遲！」並令樂府的音樂家為之配樂歌唱。武帝又親自作賦，以悼念李夫人。

司馬當壚，文君賣酒

司馬相如曾投在梁孝王門下，梁孝王死後，司馬歸蜀，投奔好友臨邛令王吉。臨邛地方多富人，卓王孫有家僮八百，卓王孫知道司馬與縣令是好友，就設宴招待他們。王吉到卓家，見客人以百計，至中午時分，派人去請司馬，司馬稱病不赴宴。王吉親自前去迎接，司馬不得已，勉強前去。到卓處，滿坐為之傾倒。

當時，卓王孫之女卓文君新寡不久。她美貌聰慧，酷愛音樂。酒酣

時，司馬假意奏琴與王吉相和，以琴音試探卓文君。當初，司馬前往臨邛，車馬隨從，雍容華貴，儀容優雅，甚為華麗漂亮。當司馬奏琴時，卓文君躲在窗後偷偷窺視，十分欽羨司馬的容貌，產生了仰慕之心，唯恐無緣相見。宴罷，司馬就派人重賞卓文君的侍者以通殷勤。於是，卓文君夜奔司馬，兩人駕車連夜返回成都。

現在的司馬家徒四壁，無以為生。卓王孫聽說此事後大怒，說：「我的女兒如此不成器，我雖不忍殺她，但卻絕不分給她一個錢。」卓文君在成都久了，日子艱難，心中不樂，對司馬說：「你我一起去臨邛，向族中親戚借貸一些錢物，也足以為生，何至於自甘這般窮苦！」司馬便和卓文君一起到臨邛，將車騎等物盡數賣掉，買了一小酒館，卓文君賣酒，司馬穿起了短褲，與酒保、雜役等一起幹活，在街市中洗滌酒器。卓王孫聽說後深感羞恥，並因此閉門不出。族中親戚及卓王孫門客紛紛勸卓王孫說，文君已失身於司馬，司馬倦於仕宦，雖然家貧，但人品才學卻足以依靠，而且他又是縣令的至交，您怎麼能如此窘迫他們呢？卓王孫不得已，分給卓文君僮僕百人，錢財百萬以及文君的嫁妝。卓文君就和司馬一起回歸成都，置田買宅，成了當地的富人。

■ 蔡文姬陳詞救夫君

董祀為屯田都尉，犯法當死，其妻蔡文姬前往曹操府中求情。其時公卿、名士及遠方使者滿座。曹對賓客說：「蔡邕之女在外，今讓諸君一見。」文姬入內，蓬頭赤足，叩頭請罪，陳訴哀怨，聽者都為之動容。曹說：「你的訴說，確實應該同情，但文書已經發出，如何是好？」文姬說：「明公廄中駿馬萬匹，手下虎士成林，為何吝惜一騎，而不去挽救將死之人呢！」曹為其語所感動，於是派人追赦董之罪。當時天氣寒冷，曹又賜文姬頭巾鞋襪。曹問文姬：「聽說夫人家早先多典籍，你還能記憶否？」蔡文姬說：「早年先父送我圖書四千餘卷，因戰亂流離，已蕩然無

存。現在我能記憶背誦的，僅四百餘篇。」曹要派十名官員到文姬處記錄，文姬以為男女有別，多有不便，請求曹給她紙筆，待繕寫後送呈。其所錄之文竟沒有遺漏缺誤。後來，文姬感傷亂離之苦，作詩二首，便是有名的《悲憤詩》。

■ 諸葛亮娶妻

諸葛亮年輕時就以學識淵博、才華出眾而名揚遐邇，向他求親的人很多，他都謝絕了。一些人詫異地問：「您到底要選什麼樣的人做妻子呢？」他卻輕搖羽扇，笑而不答。

一天，黃承彥拄著拐杖來串門，說：「聽說先生在擇親，好多花容月貌的女子您都不要。這確實嗎？」諸葛亮點點頭。黃承彥湊過來，說：「我有個女兒，相貌一般，可是品德和才能卻是突出的，不知您意下如何？」諸葛亮早就知道黃承彥的女兒聰明、賢慧，便欣然同意了。

諸葛亮定親，這消息像長了翅膀，立刻傳遍了遠近。娶親的那天，賀客真是不少。大家以為諸葛亮的妻子一定是個絕色女子，都想看個究竟。誰知新娘子皮膚黑、頭髮黃，模樣醜陋。再瞧諸葛亮，他不但不因妻子醜而影響情緒，相反，他送往迎來，滿臉春色。

諸葛亮自從有了這位賢慧的夫人，家裡安排得井井有條，大小事都不用操心，於是便專心致志地讀書，研究政治、軍事，終於幫助劉備開創了蜀漢事業。

■ 裴淑英拒嫁

隋朝時候，裴淑英跟李德武結了婚。

李德武原是朝廷裡的低級官員，因為得罪了皇帝，被革去職務，發配到遠離長安的兩廣地區去了。

淑英的父親裴矩是朝裡大官。他見女婿出了事，一方面怕連累自己，另外也是想討好皇帝，就不惜拆散這對年輕夫妻，向皇帝啟奏，要求允許女兒與德武離婚，皇帝一口答應了。

這事被德武知道了。他對淑英說：「咱們的幸福日子剛開頭，就碰上了禍事。現在我一走，怕是不能回來了。皇帝答應了你爸爸的請求，你爸爸就會要你改嫁。依我看，咱們就一刀兩斷算了……」

淑英淚如雨下，表示絕不變心，要求丈夫好好保重身體，等待重聚的日子。

德武一去十多年，淑英總是等著他，拒絕改嫁。裴矩生氣，把她許給一個叫柳直的人。柳家來迎親時，淑英才知道這件事。她剪掉頭髮，又哭又鬧，柳直知道她愛著德武，只好作罷。

這時德武遇到大赦，回京的路上，聽到妻子的故事，淚流滿面。

■ 許允新婚之夜

晉代的許允帶著新婚的喜悅踱進新房。他原想妻子一定很漂亮，要不怎會得到那麼多的誇獎呢？可是，在明亮的燭光下，許允覺得新娘不但不美，而且有點醜，他感到掃興，轉身就走。

新娘看見丈夫要離開，一把拉住他的衣襟，說：「新婚之夜，你就不高興，這是怎麼回事呢？」

許允說：「你知道好妻子是什麼樣的嗎？」

新娘說：「古人講的標準是能孝順老人、尊重丈夫、說話和氣、工作勤快，並且模樣也不錯。前幾項我想我能做到，只是模樣是天生的，我就沒法了。」她見丈夫一直用脊背對著自己，知道是嫌自己長相平凡，便說：「你是讀書人，我問你，一個人應有的好品德，你有幾種呢？」

許允哼了一聲，說：「我都具備。」

「你都具備？」新娘微微笑了，說：「好品德之一就是看人要重『德』，你卻憑貌取人，這不是重貌輕德嗎？既然這樣，怎麼說都具備呢？這是不誠實的。」

「這……」許允面紅耳赤了。

許允發現妻子確有見識，有才幹，是個很好的伴侶，由衷地敬重她。

人面桃花

唐代詩人崔護容貌俊美，才華橫溢。

一年清明節，他獨自去城南郊遊，看見一農家屋前，桃花盛開，燦若朝霞。他因口渴，就前去叩門，說：「有人嗎？我是崔護，求杯水解解渴。」

掩著的門開了，一位女子端出茶水。崔護見女子溫柔、美麗，喝完茶，好久不願離去。女子見崔護溫文爾雅，倚著桃樹，低頭弄衣帶，也不進屋。後來，崔護告別時，女子送到門口，雙眼含情脈脈。

崔護因想念女子，第二年清明，又重遊舊地，桃花依舊，但屋門緊閉，寂無人聲。他情不能抑，便在農家門上題了一首詩：

去年今日此門中，人面桃花相映紅。

人面不知何處去，桃花依舊笑春風。

幾天後，崔護又路過那裡，聽見屋裡有哭聲，忙去詢問。這次出來的是位白髮老人。老人知道面前的年輕人是崔護，哭得更傷心了，說：「你害了我的閨女。」崔護大吃一驚，不知所措。老人抹著眼淚，說：「我女兒自幼勤讀詩書，還未出嫁。自從去年看見你，一直悶悶不樂。前幾天，從外回來，瞧見你寫在門上的詩句，不吃不喝，嘴裡唸著你的名字，快斷氣了。」

崔護深受感動，進屋後，見女子已奄奄一息了，就扶著床邊，邊哭邊喊：「你醒醒呀，我來看你了。」女子慢慢地睜開了眼睛，望見崔護，嚶嚶啜泣。

後來，那位美麗善良的女子，就成了崔護的妻子。

■ 妻子的規勸

唐代袁州宜春縣有個小吏，名叫諶賁。他的妻子是個有見識、有志氣的人。

諶賁的連襟哥哥彭伉，平時就看不起諶賁。後來，彭伉考中了進士，對諶賁就更加傲慢了。

一天，妻子的父母給大女婿擺酒賀喜，請來的客人都是當地的達官名士。這些人把彭伉擁到上席，紛紛給他敬酒，連酒杯都碰破了。

諶賁前來祝賀，別人理都不理。岳父嫌他寒酸，竟讓這位小女婿去後邊小屋裡單獨吃飯。「好，好！」諶賁點頭答應，沒有絲毫的不滿情緒。

他的妻子看著這一切，臉都氣白了。

晚上回家，妻子數落他，說：「一個男子漢，要有點志氣，人家那樣地欺負和羞辱你，你怎麼總是逆來順受呢？」

諶賁紅著臉，說：「誰叫我不是進士呢？」

「進士，進士又怎麼著？」妻子挨過來坐下，說：「有志者，事竟成。你又不笨，讀幾年書，我就不信考不中進士。」

諶賁被妻子說得滿頭冒汗。從此，妻子承擔了一切家務，支持丈夫求學。後來，諶賁的學問深了，果然以比彭伉好得多的名次，考中了進士。

消息傳來，那位元曾經目空一切的彭進士，竟然驚得從驢背上跌下來。

 只有三句最佳

趙明誠在建康時，其妻李清照每當下大雪，必要戴斗笠披蓑衣，出外沿城觀賞，尋覓詩句。如得詩必邀其夫來和，趙每以此事為苦。

李清照把自己的詞《重陽·醉花陰》寄給丈夫趙明誠。趙十分嘆賞，自愧不如，卻又不甘心，於是杜門謝客，廢寢忘食三天三夜寫成詞五十闋。他將李清照寫的詞夾雜在其中，請友人陸德夫鑑賞。陸品味再三，說只有三句最佳。問哪三句，答：「莫道不銷魂，簾卷西風，人比黃花瘦。」此三句正是李清照寫的詞。

山盟雖在，錦書難托

陸游初娶表妹唐婉為妻，伉儷幸福。然而唐婉不得婆婆歡心，陸只得休了唐婉。陸不忍心絕情，又兩情綿綿，就為唐另外安置房子，常常去看望她。婆婆得知此事後，就去干涉他們，強行再次拆散這對苦命鴛鴦。

後來，唐婉只得改嫁於他人。春日出遊，陸與唐夫婦相遇於禹跡寺南面的沈園，唐婉讓丈夫置酒菜款待陸，陸內心無限惆悵，在園壁賦了《釵頭鳳》詞一首：「紅酥手，黃縢酒，滿城春色宮牆柳。東風惡，歡情薄。一懷愁緒，幾年離索。錯、錯、錯。春如舊，人空瘦，淚痕紅浥鮫綃透。桃花落，閒池閣。山盟雖在，錦書難托。莫、莫、莫！」唐亦和詞《釵頭鳳》一首，雖藝術價值不高，但情真意切，悲切之情觸字可見。

陸居住在鑑湖，晚年每進城，必定登禹跡寺眺望，不勝悲傷，賦詩寄情。沒多久，唐怏怏而死。陸悲悼不已，寫下不少懷念唐的詩句。

蒲桃倒架

元代劇作家關漢卿曾經見到一個隨嫁的婢女很美，千方百計想得到他，為夫人所攔阻。關無奈，作《朝天子》小令一首，送給夫人：「鬢

鴉，臉霞，屈殺了將陪嫁。規模全似大人家，不在紅娘下。巧笑迎人，文談回話，真如解語花。若咱，得她，倒了蒲桃（葡萄）架。」夫人見了，作詩答道：「聞君偷看美人圖，不似關王大丈夫。金屋若將阿嬌貯，為君唱徹醋葫蘆。」關見詩，只有長嘆而已，元朝人稱妒婦為「蒲桃倒架」。

我泥中有你，你泥中有我

趙孟頫（號松雪道人）想娶妾，寫了一首小詞調笑其妻管夫人說：「我為學士，你做夫人，豈不聞陶學士有桃葉桃根，蘇學士有朝雲暮雲，我便多娶幾個吳姬趙女有何過分！你年紀已過四旬，只管占住玉堂春。」管寫了一首小詞回答道：「你儂我儂，忒煞情多，情多處熱似火。把一塊泥撚一個你，塑一個我。將咱兩個一齊打破，用水調和，再撚一個你，再塑一個我。我泥中有你，你泥中有我。與你生同一個衾，死同一個槨。」趙看了此詞大笑，再也不提娶妾的事。

恐怕我的詩不答應

清代毛大瀛雖年少便以作詩出名，下筆揮灑不止，其妻亦善吟詠。新婚之夜，毛詩興大發，便賦詩一首，詩中有「他日紅閨添韻事，鏡臺前拜女門生」之句，其妻說：「我雖願拜你為師，可我的詩恐怕不答應，何不將『女門生』改為『女先生』呢？」此事一時傳為佳話。

江南月，如鏡亦如鉤

柳含春，元末明初明州女子。十六歲時患病，曾往關帝廟祈禱。後來病癒，便繡了旛前往酬願。有一個少年僧人很聰明，看見柳美貌，心生愛慕之意，便以「柳」字戲作一首咒語，在神像面前誦讀：「江南柳，嫩綠未成陰。攀折尚憐枝葉小，黃鸝飛上力難禁。留取待春深。」

柳含春很聰明，聽了僧人的咒語，很是生氣，回家告訴父親。當時方國珍占據明州，柳父便去方處告狀。方將僧人拘捕，問他：「姓什麼？」回答說：「姓竺，名月華。」方命令手下人將僧人裝進竹籠，準備沉進江裡，又說：「我也取你的姓，作一首偈語，送你隨水東流。」就念道：「江南竹，巧匠結成籠。好與吾師藏法體，碧波深處伴蛟龍。方知色是空。」僧人痛哭哀訴道：「您判我死罪，是理所應當的，可是請容許我再說一句話。」方答應了。僧人便念道：「江南月，如鏡亦如鉤。明鏡不臨紅粉面，曲鉤不上畫簾頭。空自照東流。」方知道僧人是以自己名字中的「月」字作回答，哈哈大笑，感其聰穎過人，起了惜才之心，於是不僅將僧人釋放，命令他蓄髮還俗，還做媒將他與柳結為夫婦。

要嫁才如李白的人

明代張紅橋是閩縣的良家女子，住在紅橋的西面，故自號紅橋。她聰明美麗，善寫詩文，許多豪紳家都想娶她，她不肯，對父母說：「要嫁才如李白的人。」於是那些會動筆的人都以五、七言詩為媒，希望能得張的垂青。福清人林鴻，路過閩縣，晚上宿在張的東鄰，正好看見張在庭前燒香。於是林便托鄰家大娘帶詩給張，張捧詩為之一笑，提筆作答。大娘拿了詩向林祝賀道：「張姑娘案頭詩卷堆積如山，從未提筆回答，今天和你的詩，真是罕見的事。」林大喜過望，托大娘向張傳遞自己的愛慕之情。隔了一個多月，才得到張的同意。林就住在她家，把她作為外室。從此互相唱和推敲，感情愈來愈好。隔了一年，林將作南京之遊，兩人唱和《大江東去》一闋，流連惜別。第二年，林從南京寄給張《摸魚兒》一闋，絕句四首。張自從林去南京後，獨坐小樓，顧影傷心欲絕。這次看到林的詩詞，感念成病，沒幾個月就死了。林回來，急忙去找張，到了紅橋，聽說張已死，不禁失聲痛哭。正在徘徊之際，忽見床頭玉佩上掛了一封信，拆

開看有《蝶戀花》詞。林萬分哀怨,寫了哀詞澆酒祭張。從此以後,林每經過紅橋,就悶悶不樂好幾天。

唐伯虎偷使女

唐伯虎乘船去茅山,經過無錫。晚上,他上岸散步,看見有乘轎子後跟著許多使女,其中有個丫鬟特別漂亮。唐一路跟蹤打聽,知道是學士華察的使女,叫桂華。於是唐設法進華府做了名書童,改名華安,最終娶得桂華。數日後兩人一起逃走了。過了好些日子,華察偶然去拜會唐,見他極像華安,心裡很疑惑,就從頭到尾向唐講述華安的事,還說:「華安與你長得一模一樣。」唐聽了,只是卑謙地應答。後來華察起身告辭,唐說:「請稍待一會。」命人點起蠟燭將華察帶入後室,眾丫環擁著新夫人出來拜見華察。華察拘泥於禮節很尷尬,唐說:「沒關係。」待拜畢後,唐攙著新夫人走近華察說:「您說我像華安,不知府上的桂華是否像她呢?」華察這才恍然大悟,兩人哈哈大笑,互相告別。

我愛你髮黑如漆面白若脂

清代錢謙益娶小妻柳如是後,專門為柳造一小屋,題名為「我聞室」,出典於《金剛經》中「如是我聞」之句。一天,錢坐在屋中,凝視柳許久,柳問他說:「您愛我什麼?」他答道:「我愛你髮黑如漆而面白若脂。那麼你愛我什麼呢?」柳調侃說:「只不過愛您白髮滿頭而面目黝黑呀!」環侍的婢女均匿笑不止。

開門七事都交付

有一婦人得知丈夫另尋新歡,賦詩一首送丈夫:「恭賀郎君又有她,依今洗手不當家;開門七事都交付,柴米油鹽醬與茶。」

該婦人的「開門七事」其實並沒有完全交出來,她留下了「醋」。她用婉轉的方法,成功地使丈夫回心轉意,不再另尋新歡。

老夫妻相會

秦國宰相請客,大廳裡鼓樂喧天。

洗衣的老婦湊過去瞧熱鬧,看見堂上的宰相有幾分像自己失散多年的丈夫。她離得遠,瞧不準,心裡一陣陣酸痛。

老婦姓杜。三十多年前,她與百里奚結婚,生了個兒子。兩口子恩恩愛愛,只是窮一點,百里奚想出外做事業,但捨不得老婆、兒子,所以沒敢開口。想不到杜氏先開口了,她說:「你有一身本領,不趁著年富力強的時候出去做點事,難道等老了再去嗎?」百里奚決定出門了。臨別的那天,妻子殺了雞,煮了小米飯,熬了點白菜,讓丈夫吃得飽飽的。誰知一走三十年,從此便音訊全無了。

百里奚並沒忘記妻兒,他先後到過齊國、宋國,沒人了解他,只能討飯過日子。這中間曾回到家鄉,別人說他妻子出外逃荒已多年了。百里奚流落到楚國替人放牛。不久前,秦穆公聽說他有才能,便用五張羊皮的價錢把他買回來,拜為宰相。他做夢也不會想到老伴成了府裡洗衣的傭人!

杜氏為了探聽宰相是不是自己的丈夫,便在堂下唱道:「百里奚,五羊皮,熬白菜,煮小米,灶下沒柴火,劈了門閂燉母雞……」百里奚聽著,愣了:「這不是妻子送別我出門的情景嗎?」他跑下堂來,抱著老伴哭了:「我,我還以為你們母子不在人世了呢!」

七十多歲的老夫妻終於相會了。

最幸福的時刻

夜深人靜,倫敦的一幢房屋的窗口仍然透出燈光。燈下,燕妮(Jenny Marx)從小就認識馬克思,兩人深深地相愛著。後來,燕妮毅然放棄豪

華的生活，甘心貧苦，衝破重重阻力，終於和馬克思結婚了。婚前，她給馬克思的信上說：「但願我能把你要走的道路填平，掃清阻擋你的一切障礙。」婚後，她除了辛勤地操持家務外，還盡力替丈夫抄寫書稿、校對清樣、處理郵件、聯絡出版事務等。

現在燕妮正是帶著一身疲勞來謄寫的。她抄呀抄呀，抄好了一大疊。當她伸腰的時候，忽然發現馬克思站在身邊，神色有些遲疑。她驚訝地問：「親愛的，有什麼事嗎？」

「我剛才琢磨一下，覺得你抄的這部分若這麼改改就更好了。」馬克思俯身在稿子上，嘴裡說著，手裡的筆卻沒動，他真捨不得把燕妮剛謄清的稿紙改亂呀。燕妮知道馬克思是個嚴肅的作家，她坦然地說：「親愛的，沒關係，你改吧！待會我再謄寫就是了。」馬克思抱歉地笑笑，在稿紙上圈圈畫畫，又增又刪，那清晰的書稿又成「大花臉」了。

燕妮隨後把馬克思塗改的稿子又抄清楚了。後來，她在回憶這段生活時，說：「我坐在卡爾的小房間裡轉抄他那些潦草不清的文章的那些日子，是我一生最幸福的時刻。」

■ 一對銅戒指

一連十幾天，一位俊美聰慧的女子每天下午兩點都來到古巴列爾大街的一塊空地上，兩眼深情地望著東北方向監獄高牆上的鐵絲網。她一動不動地每天在那站到黃昏降臨才悄悄離去。

這是怎麼回事呢？原來她的戀人被沙皇抓進了這座監獄，不久前，她接到他從監獄裡祕密傳出的一封信。信中說：「他在一次放風時，偶然發現從監獄走廊裡能遠遠看得見吉巴列爾大街上這塊小小的空地。他約她在每天下午兩點一刻到這裡來。雖然，她看不見他，但一想到自己的戀人能見到自己，她就感到無限欣慰。」於是，她不間斷地每天來到這裡，從白樺樹葉由綠變黃，又由黃到落，直到被飄飄的大雪埋在地下。

突然有一天，她接到了自己的戀人從遙遠的西伯利亞壽山斯克村寄來的信。信中告訴她，他已被流放在那裡，並希望她快去與他舉行婚禮。正當女子準備動身時，她被捕了，並被判處到遠離壽山斯克村的烏髮村流放。女子在法庭上不屈不撓地進行鬥爭，要求把自己流放到壽山斯克村去。法庭拗不過女子的意志，最後答應了。

　　一八九五年冬天，她經過艱難地長途跋涉來到冰雪覆蓋的壽山斯克村，終於見到了自己的戀人。結婚那天，一位被流放的工人特意做了一對銅戒指，送給新婚夫婦。夫妻二人非常珍愛這個不平凡的禮物，以後在他們為無產階級革命事業奮鬥的每個日日夜夜，都把它珍藏在自己的身邊，直到革命取得了成功。

　　這位新娘就是克魯普斯卡婭（Kelupusikaya），她的丈夫，就是無產階級的革命導師 —— 列寧（Vladimir Lenin）。

愛情的奇蹟

　　伊莉莎白‧巴蕾特（Elizabeth Barrett）從小好學，八歲開始寫詩，十三歲就寫出了四卷詠希臘馬拉松戰役的史詩。不幸的是她十五歲那年，騎馬時摔斷了椎骨，從此臥床不起。但她並不絕望，寫成了《孩子們的哭聲》，抗議資本家對童工的殘酷剝削，在社會上引起強烈反響，一躍成為英國最優秀的詩人。

　　青年詩人白朗寧（Robert Browning）十分欽佩女詩人的才華，便給她寫了封熱情洋溢的信。巴蕾特回了信。兩位詩人的友誼就這樣開始了。這時，巴蕾特已三十九歲了。比巴蕾特小六歲的白朗寧表白了對女詩人熱烈而堅定的愛情。巴蕾特知道自己是個殘廢人，認為對方只是一時的狂熱，她需要愛情，但不需要同情。因此，她斷然地拒絕了，並請他以後不要再說這種狂妄的話，否則，便中斷友誼。

　　白朗寧具有崇高的情感，他沒有卻步。兩人通信更勤了。若每星期不見上一面，雙方都若有所失。在愛情力量的鼓舞下，巴蕾特的病竟然一天天好起來。第二年春天，女詩人居然離開臥身二十多年的病榻，自己下了樓，重新流連在風光旖旎的大自然中。當白朗寧第三次向他求婚時，她回信道：「就這樣吧，最親愛的！由你決定吧！」

　　他們結婚，共同幸福地生活了十五年。巴蕾特還寫了一部獻給白朗寧的《十四行詩集》。

■ 舒曼與克拉拉的愛情

　　羅伯特・舒曼（Robert Schumann）跟老師維克的女兒克拉拉（Clara Josephine）戀愛了。但維克是個很愛虛榮的人，他認為舒曼家境貧寒，在一次練琴時右手受了傷，已失去當鋼琴家的希望了。女兒克拉拉呢？已是社會上有影響的鋼琴家了。專橫的維克看見女兒仍與舒曼來往，怒不可遏，他把舒曼趕出門，對著女兒吼叫道：「我不准你再見他，不准彈舒曼的曲子！」他把這對戀人拆開了。

　　克拉拉被爸爸鎖在家中。她認為舒曼手傷了，彈不了琴，但他感情充沛、想像豐富、有著驚人的毅力和對音樂的熱愛，一定是位了不起的作曲家。她真摯地愛舒曼。因此，在萊比錫的音樂會上，她毅然演奏了舒曼的作品，發出了反抗父命、忠於愛情的信號。舒曼聽了，高興得流出了眼淚。他們後來在萊比錫附近的一座教堂裡舉行了婚禮。

　　婚後的幸福生活給了舒曼以巨大的熱情和力量，單在這一年裡，他就寫了一百三十八首歌曲。音樂界將一八四〇年稱為舒曼的「歌曲之年」。

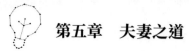

第五章　夫妻之道

第六章　朋友之道

　　朋友，是每個人人生舞臺上的重要配角。沒有朋友的人，在人生的長河中總是處處遭遇暗礁。即使是《魯賓遜漂流記》中的魯賓遜，也要找個取名為「星期五」的「朋友」，教會他說相同的語言，然後結為朋友，何況我們呢？

金龜換美酒

唐玄宗天寶元年，偉大的詩人李白到各地漫遊之後，來到了京城長安。

儘管李白的詩寫得好，名聲大，但因性格耿直，所以長安雖大，竟沒有一個舊友，只好孤身一人住在小客店裡。

一天，他去一座著名的道觀紫極宮遊覽，碰見了著名的詩人賀知章。他自號「四明狂客」，是個三品大官。他任過皇帝圖書和出版機構的祕書，此時擔任「太子賓客」的官職。雖然與李白素昧平生，但早就讀過李白的詩，極為景慕，這次邂逅相逢，一見如故，親切地攀談起來。

李白儀表堂堂，很得賀知章賞識。他向李白索讀新作，當他讀完《蜀道難》時，驚訝地對李白說：「聽說天上的文曲星謫貶到人世間來了，看來，這謫仙就是你呀！」

天將晚了，賀知章邀李白去飲酒，在酒店剛坐下，才想起沒有帶錢來。這時，賀知章毫不猶豫地把懸在腰間的金飾龜袋解下來，作為酒資。

李白阻攔說：「這是皇家按品級給你的飾品，怎好拿來換酒呢？」賀知章仰面大笑說：「這算什麼呢？我記得你的詩句，『人生得意須盡歡，莫使金樽空對月』。」

兩人皆能豪飲，盡歡而別。接著，賀知章向唐玄宗推薦李白，唐玄宗也是久聞李白的大名，於是就任命李白為翰林學士。

詩人賽詩

玄宗開元年間，詩人王昌齡、高適、王之渙齊名，三人都未做官，處境相似。一天，下著小雪，三人同去酒樓賒帳飲酒。後有十餘個樂工登樓會飲，三人避至角落，圍著爐火觀看。過沒多久又陸續來了四個妙齡歌女，衣著奢華，容貌豔麗。然後樂工開始奏樂。三個私下約定：「我們都

是著名詩人，沒有分過高下。現在我們看他們奏樂唱歌，誰的詩被唱得最多，誰就是最優秀的詩人。」一會兒一位歌女打著節拍唱了一首王昌齡詩：「寒雨連江夜入吳，平明送客楚山孤。洛陽親友如相問，一片冰心在玉壺。」

王昌齡伸手在牆上畫道線，說道：「一首絕句。」另一歌女唱了一首高詩，高也伸手在牆上一畫，說道：「一絕句。」不久一歌女又唱了一首王昌齡詩，王昌齡又在牆上一畫，說道：「兩首絕句。」王之渙自以為成名已久，對二人說：「此輩皆是潦倒歌手，所唱都下里巴人之詞。碌碌之輩，敢唱陽春白雪之曲？」於是指著最漂亮的一歌女說：「等著，看看她唱的歌。如不是我的詩，我就終生不與你們比高下了。如是我的詩，你們可要尊奉我為師。」三人邊說邊笑邊等，一會兒那歌女果真唱了王之渙詩：「黃河遠上白雲間，一片孤城萬仞山。羌笛何須怨楊柳，春風不度玉門關。」

王之渙於是嘲笑他倆說：「鄉下人，我會講錯嗎？」三人盡情歡笑。那些樂工、歌女不知原因，上前請問。王昌齡等說明原委，他們都紛紛下拜，說道：「俗眼不識神仙，希望你們屈尊，和我們一起飲酒。」三人都欣然應允，歡飲終日。此事後演變成明清雜劇、傳奇多種形式，流傳至今。

■ 不以物喜，不以己悲

滕宗諒負才使氣，為同僚所忌。自從貶謫到巴陵為知州後，神態言辭中常懷憤恨不平之氣。范仲淹與滕是同年進士，相得甚歡，愛滕的才華，恐怕他這樣下去會惹禍。但滕性格豪邁自負，不輕易接受他人的勸諫。范正苦於沒有適當的機會進言，正好滕來信求范撰寫《岳陽樓記》，所以范在文中寫了這樣一些不朽名句：「不以物喜，不以己悲」、「先天下之憂而憂，後天下之樂而樂」，實在是范借此文規勸老友。

學高天下，而不好為人師

戴震學問很好，但不喜好做人老師。姚鼐做舉人時，佩服戴的學問，要奉戴為師。戴寫信給姚，在陳述去掉「老師」這一稱呼時說：「我不僅不足以當老師，而且學問也不如足下，所以只能斷然敬謝不敏。古代所謂朋友，就是老師的一半，我們不妨相互為師以求得十分，如果有過錯，就相互規勸。這樣重視人，而不重視虛名，就不失朋友這一稱謂了。」

孟子論友

萬章問孟子：「請問交朋友的原則。」孟子答道：「交朋友不要倚仗自己年紀大，不要倚仗自己地位高，不要倚仗自己兄弟的富貴。所謂交朋友，正是看中了對方的品德，因此絕不能有所倚仗。孟獻子是位具有一百輛車馬的大夫，他有五位相交：樂正裘，牧仲，其餘三位，我忘記了。孟獻子與這五位相交，他心目中並不存有自己是大夫的觀念。這五位，如果也存在著孟獻子是位大夫的觀念，也就不會同他交友了。不單單是有一百輛車馬的大夫這樣，就是小國的君主也有朋友。費惠公說。『我對子思，則以他為老師；對於顏般，則以他為朋友；至於王順和長息，那不過是替我工作的人罷了。』不單單小國的君主是這樣，就是大國的君主也有朋友。就拿晉平公與亥唐來說，亥唐叫他進去，便進去；叫他坐，便坐；叫他吃飯，便吃飯。縱使糙米飯蔬菜湯，不曾不飽，因為不敢不飽。然而晉平公也只是做到這一點罷了。不同他一起共有官位，不同他一起治理政事，不同他一起享受俸祿，這只是一般士人尊敬賢者的態度，不是王公尊敬賢者所應有的態度。舜謁見堯，堯請他這位女婿住在另一處官邸中，也請他吃飯，舜有時也做東，互為客人和主人，這是天子同老百姓交友的範例。以職位卑下的人尊敬高貴的人，叫做尊重貴人；以高貴的人尊敬職位卑下的人，叫做尊敬賢者。尊重貴人和尊敬賢者，道理是相同的。」

●「論敵」之友

南宋時候，思想家朱熹和陸九淵是一對「論敵」。

朱熹堅決地提出了自己的見解：「要教育學生明白道理，必須多讀書。」

陸九淵針鋒相對地提出：「道理存在於人們的思維中，書讀多了反而糊塗。」

朱熹不同意這種觀點，拍案而起：「學習不破萬卷書，怎能有出息？」

陸九淵簡直怒髮衝冠了，他堅持道：「書籍堆積如山，何年何月才能讀完？」

這兩位當時頗有影響的學者常常唇槍舌劍，據理爭論十幾年沒有個結論。

後來，朱熹在廬山腳下辦起了「白廉洞書院」，熱情邀請陸九淵前來講學，「論敵」欣然前往。他深刻細緻地剖析科舉制度之弊端的講演，使許多身受其害的學生得益匪淺，他們痛哭流涕，悔恨莫及。朱熹對他的講課倍加讚賞，還將陸九淵的治學警句鐫刻在石碑上，立於書院門口。

■ 交友之道

孟子對萬章說道：「一個鄉村的優秀人物才會結交那一鄉村的優秀人物，全國性的優秀人物才會結交全國的優秀人物，天下性的優秀人物才會結交天下的優秀人物。他們認為結交天下性的優秀人物還不夠，便又追論古代的人物。吟詠他們的詩歌，研究他們的著作，不了解他的為人，可以嗎？所以要討論他那一個時代，這就是追溯歷史與古人交朋友。」

■ 大文豪之間

一九〇〇年一月十六日，年僅三十二歲的高爾基見到了久享盛名的大文豪托爾斯泰，這個初露頭角的年輕文學家與托翁有十年的非同尋常的交往。

高爾基十分尊敬托爾斯泰，尊稱他為「俄國神」。但與那些狂熱的「托爾斯泰主義」的信徒迥然不同。他評價托爾斯泰「所說的一切都是非常樸素和深刻的」，他「是一個完整的交響樂隊，不過這個樂隊並不是所有的樂器都演奏得和諧悅耳的。」

托爾斯泰的文學造詣深刻影響著高爾基。在一九〇一年的一段時間裡，高爾基常到在克里米亞半島養病的托爾斯泰處切磋文學問題，評點高爾基的作品。托爾斯泰稱他是一位「獻身於人民的真正的人。」當高爾基因發表著名散文《海燕》而被沙皇囚禁時，托爾斯泰四處活動，抗議沙皇政府的暴行，並力保高爾基出獄。

高爾基崇敬托爾斯泰，但並不迷信這位「俄國神」。他看到托翁曾宣稱政治鬥爭只可以阻礙「真正的進步」，消滅世界上所有邪惡的唯一辦法「就是單個人內心的宗教道德的完美」等觀點，就不囿於私人的友情，對托翁的反對暴力革命的錯誤見解發表看法，他毅然寫信嚴厲批評自己所尊崇的老師：「您關於俄國目前的事件向世界所說的那些話，激起了我出來反駁您。」

高爾基在一九〇五年發表的一首詩中表明瞭他的實事求是態度：「人們常把太陽比作真理，我卻在太陽下看到了黑斑，雖然真理有時也被黑點汙染，我對它卻非常喜歡。」

■ 達爾文與赫胥黎

達爾文的科學傑作《物種起源》一書問世了，這是科學史上的一件大事，也使英國生物學物赫胥黎（Huxley）欣喜若狂。

赫胥黎那時在倫敦礦物學院任地質學教授。達爾文鄭重地送給他一本自己的新作，並留言給他：「極想知道這本書對你產生的影響。」

赫胥黎很快地把它讀完了，他覺得論著極有價值，可謂劃時代的作品，這必將產生一場科學思想的革命。

生物學家赫胥黎是多麼希望自己也投身到這場科學思想的革命中去啊！

他立即給達爾文寫了一封信，對大生物學家的學說給予了熱情的讚揚。他的信中有這樣的話：為了自然選擇的原理，「我準備接受火刑，如果必要的話」，並進一步表示：「我正在磨利我的牙爪，以備來保衛這一高貴的著作。」

赫胥黎驕傲地說：「我是達爾文論點的鬥犬。」達爾文則把赫胥黎作為自己的「總代表」。

他們不遺餘力地與教會和保守勢力作鬥爭，為尋求科學真理，堅持和傳播真理共同奮鬥著。

■ 愛因斯坦和卓別林

愛因斯坦和電影藝術家卓別林之間有著深厚的友誼。這兩顆巨星雖然只見過一面，但他們心心相印，老而彌堅。他們互相關心對方的創造和成就，表示自己的尊敬和祝福。

愛因斯坦喜歡卓別林的表演藝術，他在給卓別林的信裡寫道：「您的電影《淘金記》，世界上所有的人都懂，您一定會成為一位偉大的人物。」當時，愛因斯坦已提出了「相對論」，卻很少人能理解，甚至一些

大物理學家也不承認「相對論」是科學發展道路上的里程碑，反而譏笑愛因斯坦是「瘋子」，講了一通「瘋話」。對此，卓別林卻獨具慧眼，他在給愛因斯坦的信中寫道：「我更加欽佩您。您的相對論，世界上還沒有一個人懂得，可是您終究成了一位偉大的人物。」

■ 契訶夫捨己擔道義

在彼得堡科學院大廳裡，坐滿了著名的學者們。今天就要宣布一項任命，聘請高爾基為榮譽院士。

契訶夫來得特別早，他坐在大廳的前面，心情激動地等待著這個令人愉快的宣布。他佩服高爾基向黑暗的惡勢力勇敢鬥爭的精神，高爾基在自己的作品中對苦難的俄羅斯人民表現出了巨大的同情和深摯的愛。他早就認為高爾基的名字才真正是俄國文學的驕傲，他被聘為榮譽院士是當之無愧的。

可是，這位革命「海燕」的作品大大嚇壞了沙皇政府那幫官僚政客和反動文人。選舉高爾基為美文學院的院士這件事，早在統治者中間遭到了強烈的不滿和震驚，沙皇尼古拉二世在高爾基當選的呈文上塗了這樣的批語：「荒唐之至。」因此科學院院長竟然不顧眾多院士們的合法選舉，在會上突然宣布取消對高爾基的任命，理由是：「不知道高爾基正受政治審訊。」

一聽到這樣的宣布，契訶夫氣壞了，他從座位上幾乎是跳起來，以不可遏制的憤怒，大聲斥責科學院的這個不得人心的決定。他高喊著「我不認為被控犯有政治罪行就可以作為宣布選舉無效的理由！」在契訶夫的帶動下，院士們紛紛起來抗議，會議無法進行，在一片吵鬧聲中收場。

後來，契訶夫在致科學院的聲明中說，他本人決定辭去榮譽院士的頭銜，他向整個俄羅斯宣布：他要和高爾基 —— 革命的「海燕」站在一起！

■ 我聽到了我自己

演奏開始了，柴可夫斯基親自指揮他精心創作的《第四交響樂》的首場演出。他那熱情奔放、飛蕩飄逸的指揮棒調動起了整個樂隊的熱情，深沉動人的樂曲在整個大廳裡迴盪。

作曲家在樂譜封面上親筆題簽：「獻給我最好的朋友！」這最好的朋友指的是誰呢？在全場的觀眾中，只有一個人知道。那就是沉浸在樂曲中的梅克夫人。她今天是冒著莫斯科隆冬寒夜的風雪，抱病來觀看演出的。

梅克夫人是一位很富有而又有很高音樂修養的寡婦。她非常喜歡柴可夫斯基的作品，也深深愛著這位才華出眾的作曲家，常常慷慨資助他。但他們除了在信中交談對音樂的見解或在音樂會上相見外，幾乎沒有私下來往過。有一次，他們偶遇街頭，也只是互相點了點頭。可是，在他們的心中，卻都懷著對方的真摯的情誼。

這樣的友誼，他們保持多年。後來，柴可夫斯基為了表示對梅克夫人的感激和敬慕的心意，創作了《第四交響樂》，獻給梅克夫人 —— 他的音樂上的知音和經濟上的資助者。

半月後，梅克夫人寫信給作曲家：「在你的音樂中，我聽到了我自己……我們簡直是一個人。」

■ 為了悼念果戈里

一八五二年二月二十一日，俄國偉大的作家果戈里（Gogol）逝世了。

他的摯友，屠格涅夫（Turgeniev）伏案疾書，用沉重的筆和自己悲傷的淚水趕寫出一篇悼念果戈里的文章。

但是，沙皇統治者害怕這個俄羅斯人民愛戴的名字此時出現在報刊上。彼得堡的書報檢查機關禁止發表一切悼念和頌揚果戈里的文章，並且聲言，如果屠格涅夫不顧禁令，強行發表文章，他就會遭到逮捕。正直和

111

勇敢的屠格涅夫不怕專制主義者的威脅，他寧肯坐牢，也要慰藉死者的靈魂，盡莫逆之交的情誼。於是，他機智地避開沙皇偵探的監視，離開彼得堡，把文章送到莫斯科，趁那裡還沒接到禁令，就把文章在《莫斯科新聞》上刊登出來。沙皇的特務機關第三廳不久後見到了這篇文章，他們傳訊屠格涅夫。沙皇早就痛恨這個經常在《現代人》雜誌上登載《獵人筆記》的作家，在把屠格涅夫監禁一個月後，沙皇親自下令，把屠格涅夫流放到了斯巴斯基去。

為了果戈里，為了朋友而被流放的屠格涅夫感到自豪和光榮。

■ 果戈里是誰？

「好文章！」茹科夫斯基（Zhukovsky）讀著一篇名為《聖約翰節前夜》的短篇小說，連連拍案叫好。事後，他逢人打聽寫這篇小說的作者果戈里是誰？多大年紀？做什麼工作？當他知道果戈里是一個二十一歲的青年、一個小公務員時，連忙給果戈里送了一張請柬，邀請他參加一個盛大的宴會。

在宴會上，這一老一少見面了，兩人互問寒暖，討論創作，當茹科夫斯基知道果戈里經濟窘迫時，說：「當公務員，薪金少且不說，成天拴在無味的公文堆裡，太影響創作啦！」他四處奔走，推薦果戈里當了歷史教員。果戈里很感激老詩人的關懷，常去拜訪茹科夫斯基，聽取他的指導。老詩人發現果戈里思想敏捷，才華橫溢，也常常從面前這個年輕人身上吸取營養。他們團結一致，為俄羅斯文學的發展努力做貢獻。由於這種密切的來往，兩人的作品都取得了飛躍的進步。

果戈里更是感激茹科夫斯基，他給老詩人的信上寫道：「是什麼把我們這些年齡不同的人集合在一起呢？藝術。我們感覺到，我們中間有了親屬關係，有了比一般親屬更密切的親屬關係。」

巴爾札克「吃醋」司湯達

一八三八年，司湯達（Stendhal）的長篇小說《帕爾馬修道院》寫成了，他貧困寒磣，將這部書廉價賣出五年的版權。

一天，巴爾札克看到《立憲報》上刊登了《帕爾馬修道院》中的一章，讀到描寫滑鐵盧戰役的章段，不禁為其精湛的描述拍案叫絕。

他寫了一封信給司湯達，信中說：「我簡直起了妒忌的心思。是的，我禁不住自己一陣酸醋上心頭，我為《軍人生活》（我的作品中最困難的部分）夢想的戰爭，如今人家寫得這樣高妙、真實，我是又欣喜、又痛苦、又著迷、又絕望。」

但是，巴爾札克對司湯達的欽敬之心還是戰勝了「妒忌」之意。第二年，他寫了長篇評論《司湯達研究》，高度評價其傑作《帕爾馬修道院》。

巴爾札克的這種做法，在文人相輕的社會裡，人們是難以理解的，受到了不少人的非議。批評家聖伯夫誣衊巴爾札克說：「一定是受了司湯達的賄賂。」

而巴爾札克心中卻坦蕩蕩，對造謠中傷之語不屑一顧。他向世人宣告：「我寫那篇談論貝爾（即司湯達）的文章，是大公無私、誠心實意的。」

這是司湯達所未預料到的，得到這位「最高的評判者」的推薦，真是喜出望外，他原來以為《帕爾馬修道院》這部小說要許多年才會為人們所理解。司湯達立即覆信巴爾札克，向他致以真誠的謝意，還求教了創作上的問題。

爭論之情

法國科學家普魯斯特（Proust）和貝索勒探討定比定律，進行了長達九年的辯論。最後，普魯斯特發現了定比定律，成為這場大辯論的獲勝者。

普魯斯特並不因此趾高氣揚，得意忘形。他對貝索勒傾吐了衷心的感謝之情，說：「要不是你的質難，我是難以深入地去研究定比定律的。」

普魯斯特向人們宣告，發現定比定律，貝索勒有一半功勞。

貝索勒雖然是爭論的失敗者，但他全然不因此而懊喪，他反而為在科學論爭中發現了真理而欣喜萬分。於是，他提筆揮毫，給普魯斯特寫信：「您發現了定比定律，可喜可賀，九年的爭論，結出了果實，我向您 —— 真理的發現者致意！」

普希金給果戈里的禮物

俄國偉大詩人普希金一口氣讀完手中的一個短篇小說《馬車》，興奮異常，他像喝了一杯醇酒一樣感到香甜。他意識到俄羅斯將要出現又一個新的文學天才。他在屋子裡高舉著《馬車》的手稿，大聲喊著：啊，文學坐在他的《馬車》裡可以任重致遠，前程無限了。他立即請人轉告作者表示他的祝賀和謝意，並殷切地盼望見到這位年輕的作者。

這位作者就是後來俄國偉大的作家果戈里，《馬車》是他的處女作。幾天後，俄羅斯文學蒼穹上兩顆明亮的星終於相會了。詩人為了表示自己對果戈里的器重和愛護，他把自己的一部中篇小說和果戈里的《馬車》放在一起，發表在自己主編的刊物裡。

普希金比果戈里年長近十歲。從此，他細緻地關懷著果戈里，悉心地指導他，把自己的創作經驗毫無保留地教給他，甚至連自己多年苦心搜集的創作素材也送給了果戈里。

果戈里非常感激詩人對自己的栽培。他告訴別人：普希金贈給了他世界上最珍貴的禮物 —— 兩個創作素材 —— 《欽差大臣》和《死魂靈》。詩人也得意地認為，任何人都不可能像果戈里那樣出色地運用他的禮物。

■ 焦耳和湯姆生的較量

牛津的六月，綠樹成蔭。英國學術會議在這裡舉行了。

焦耳（Joule）要求在會上宣讀自己的關於能量守恆和轉化定律的論文，由於他年輕，才三十歲，又沒受過學校教育，只是一個普通的釀酒師，因此大會主席以會議內容為藉口，不許他宣讀論文。

「熱不可能轉為功，」湯姆生（William Thomson）撇撇嘴，說：「這簡直是胡鬧。」他是一位有較高學術地位的物理學家，格拉斯哥理論物理學教研室主任，是熱質論的擁護者，認為熱不能轉為功。當大會主席只許焦耳在會上做實驗並對實驗作簡單的介紹時，湯姆生說：「這就夠了，足夠了。」

焦耳在會上做了實驗後，湯姆生陷入了沉思：他仍然擁護熱質論，但又覺得焦耳的實驗提出了新問題。這時他聽說大會主席不準備讓大家討論焦耳的實驗，湯姆生噌地站起來，說：「我堅決反對。我不同意焦耳的結論，但認為有必要討論⋯⋯」

「喲，湯姆生怎麼啦？」

會上議論紛紛。

由於湯姆生的堅持，焦耳的實驗頓時引起人們的重視。

三年後，許多人透過不同的途徑獲得同焦耳一致的結論。此時焦耳的結論被公認為是正確的，焦耳也當上了英國皇家學會的會員。曾經反對焦耳的湯姆生也改變了自己的觀點，接受了熱功當量說。他找到焦耳，說：「我們一起來研究熱功當量的問題吧。」

「好啊！」焦耳握著湯姆生的手，說：「不是您在學會上的發言，我至今恐怕還翻不了身呢！」

兩個「敵手」成了「合作者」，湯姆生從焦耳那裡得到了他從未有過的思想，焦耳從湯姆生那裡第一次聽到了卡諾所作的有關方面的工作。後

來，在焦耳的協助下，湯姆生對能量守恆和轉化定律作了精確的表述。從此，這個定律才真正被人接受了。

第七章　修身之道

　　大多數人的修身，總是著眼於大處，認為無大惡，行大善，品行一定端正；卻忽略了小處，犯小惡，棄小善，於不經意中自己已千瘡百孔而不知。

指出他的缺點，是他最大的快樂

　　辛棄疾是南宋時代的著名詞人，他的詞以豪邁雄健、意境高遠著稱。在一次辛棄疾舉行的宴會上，高朋滿座，好友如雲。絲竹樂聲中，歌女們演唱了辛棄疾的兩首詞：第一首是《賀新郎》；第二首是《永遇樂》。辛棄疾興致很高，也隨聲唱了起來，他一邊唱一邊用手擊著桌子打拍子。那豪邁的詞句，激越的神情，使到場朋友頗受感染。歌聲剛止，客廳裡便響起一陣熱烈的讚美聲。

　　辛棄疾非常興奮。可是，他沒有忘悼謙虛和禮儀。他說：「請諸位不要顧慮，坦直地指出這兩首詞有什麼缺點，我感謝不盡。」

　　客人們異口同聲地說：「閣下的詞寫得太好啦，真可稱得上千錘百鍊，字字珠璣。」辛棄疾聽後不以為然，一定要大家指出缺點，並向大家一一徵求意見。問遍滿座賓客，誰也推辭不講，最後問到一個二十來歲的年輕人，那年輕人竟毫不推脫，說道：「辛帥的詞，自成一家，雄視千古。不過，要細心推敲起來，還是能挑出一些毛病來！」客人們吃了一驚，投過疑惑的眼光，只見那青年正是抗金名將岳飛的孫子岳珂。

　　辛棄疾聽了十分高興，連忙把椅子移近岳珂，說：「很好，請你直言。」

　　岳珂見辛棄疾真心實意，說道：「前一首《賀新郎》很有氣勢，動人心弦，但上闋的『我見青山多嫵媚，料青山見我應如是』與下闋的『不恨古人吾不見，恨古人不見吾狂耳』格調和意境使人有雷同重複的感覺。後一首詞《永遇樂》回顧歷史，感慨淋漓，不愧為詠史的力作。但是，一連用了吳國大帝孫權、宋武帝劉裕、宋文帝劉義隆、趙國大將廉頗等四個典故，如果是不太熟悉歷史的讀者，怎能理解其中的全部含義呢！」

　　岳珂話音剛落，辛棄疾拍掌稱好，他笑著站起來，對客人們說：「岳公子這話正好抓住了我的毛病，我的作品就是用典太多、不夠通俗啊！聽

到岳公子中肯的批評，實在是今日的一大收穫！」於是，辛棄疾滿斟了一杯酒，雙手捧起遞給岳珂，表示感謝，說：「請岳公子滿飲此杯。」

宴會以後，辛棄疾根據岳珂的意見，對自己的詞作了認真的推敲、修改。

「大樹將軍」馮異

西漢末年，馮異全力輔佐劉秀打天下。一次，劉秀被河北五郎圍困時，不少人背離他去，馮異卻更加恭事劉秀，寧肯自己餓肚子，也要把找來的豆粥、麥飯進獻給飢困之中的劉秀。河北之亂平定後，劉秀對部下論功行賞，眾將紛紛邀功請賞，馮異卻獨自坐在大樹底下，隻字不提飢中進貢食物之事，也不報請殺敵軍功。人們見他謙遜禮讓，就給他起了個「大樹將軍」的綽號。爾後，馮異又屢立赫赫戰功，但凡議功論賞，他都退居廷外，不讓劉秀為難。

西元二十六年，馮異大敗赤眉軍，殲敵八萬，使對方主力喪失殆盡，劉秀馳傳璽書，要論功行賞，「以答大勳」，馮異沒有因此居功自傲，反而馬不停蹄地進軍關中，討平陳倉、箕穀等地亂事。嫉妒他的人誣告他，劉秀不為所惑，反而將他提升為征西大將軍，領北地太守，封陽夏侯，並在馮異班師回朝時，當著公卿大臣的面，賜他以珠寶錢財，又講述當年豆粥、麥飯之恩。令那些為與馮異爭功而進讒言者，羞愧得無地自容。

范仲淹周濟窮秀才

范仲淹是北宋時著名的政治家和文學家。平生剛正廉潔，聲望很高。他在淮陽做官時，一天，有一個文質彬彬的秀才來求見他。

范仲淹一向以禮賢下士有名，他見那個秀才貧寒的樣子，關切地問：「你有什麼事情要我幫助？」

那秀才自稱姓孫，沒報姓名，說：「小生別無他求，請大人助我十千制錢！」

范仲淹沒有追問，便送給那秀才十千制錢，那秀才行個禮，告辭而去。

第二年，那秀才又求見范仲淹，還是要求給他十千制錢，范仲淹又給了他，然後問道：「你為什麼搞得如此窮困呢？」

秀才回答說：「家貧母老，無以為生。小生是讀書人，種田、做工、經商都力不能勝，因此貧窮流浪，如果每天能有一百錢的收入，就可以勉強度日了。」

聽了孫秀才的話，范仲淹激起了同情之心，不由得想到自己的身世。他兩歲時死了父親，母親帶他改嫁，家境寒苦。因為買不起紙、筆，四五歲時用木棍在沙土上學寫字。二十歲時，曾借住深山古廟讀書。因為沒有錢，每天的飯食是用一把米熬一小盆粥，涼置後凝成一塊，切成四半，中午、晚上各吃兩塊，菜不過是用鹽水醃一點韭菜來充當。想到這裡，他對孫秀才說：「我幫你補一個學職，做點動筆桿的事情，以後，你能安於學業嗎？」

那秀才感激不盡。范仲淹為他補了學職，每日大概掙到百錢左右。之後，范仲淹被調到京都，後又調到邊疆領兵禦敵。十多年過去了，再也沒有聽到那秀才的消息。

忽然有一天，朝廷任命了一個新的祕書省校書郎兼國子監直講，也就是朝廷最高學府的教官。范仲淹一看，原來正是十年前的那位秀才。他名叫孫復，山西平陽人。當時，孫復已經是學識淵博的經學家了。他還寫了《春秋尊王發微》等著作，博得了滿朝讚嘆。

范仲淹也十分感嘆，但他不是讚嘆孫復的才能。他說：「貧窮能把人逼到不可想像的地步，即使是孫復這樣的才華的人也在所不免，差一點就

會埋沒終生。何況，天下比孫復還窮的人多著呢！這其中摧殘、埋沒了多少人才啊！」

■ 李白自嘆不如

正值暮春時節，唐代大詩人李白在朋友的陪同下，到黃鶴樓來遊玩。他原在長安，只因高力士等人屢向唐玄宗進讒言，李白才上表辭官，遨遊山水的。此刻，李白憑欄眺望了一回江景，就倒背雙手，仰臉閱讀樓上的題詩。讀了一些，不覺怦然心動，提筆凝思，正待書寫，忽然看到崔顥的題詩，讀至「晴川歷歷漢陽樹，芳草萋萋鸚鵡洲」時連聲誇道：「好詩，好詩！」

望著綠樹掩映的漢陽城，芳草萋迷的鸚鵡洲，翻波湧浪的長江水，李白的腦子雖然跳出了一些詩句，但同崔顥的題詩一對照，又自愧不如，幾次提筆，都寫不下去。

「您平日寫詩，倚馬可待，今天……」朋友們有些迷惑不解了。

「唉──」李白感嘆一聲，道：「崔顥的詩寫得太好了。眼前有景道不得，崔顥題詩在上頭！」

李白不敢題詩的消息一傳開，武昌城的文人議論紛紛，說：「想不到李白這位笑傲王侯的大詩人，竟然還是一位勇於承認自己不足的謙遜的人啊！」

■ 韓信受辱之後

韓信是淮陰人，年輕時，家裡很窮，沒有正當職業，到處遊蕩。他沒有錢，又沒有事做，常常討飯為生。

有一次，飢餓難忍的韓信來到縣城的護城河邊釣魚。旁邊有幾個洗衣服的老年婦女。有一個老婦見韓信幾天沒有吃飯，高大的身材都快支撐不住了。她很可憐韓信，連著幾天給韓信帶來飯食。韓信感謝老婦，說：

「我以後一定要報答你。」老婦人生氣地說：「我可憐你幾天沒吃到一頓飯，哪裡指望你的報答？但願你成為一個有用的男子漢吧！」

韓信聽了老婦人的話，心裡不是滋味。他悻悻地向城裡的街上走去。忽然，有人高聲喊道：「韓信，站住，不許過去！」

韓信一看，前面有一群人在街上談天，其中有一個神態驕橫的少年，叉著腿，伸著胳膊，擋住韓信的去路。

韓信不想理他，那少年竟更狂妄起來，指著韓信背上挎的那口劍說：「別看你身軀高大，帶著寶劍，其實是個膽小鬼，沒有什麼出息！」這時候，好多人已經圍上來看熱鬧。只聽那少年說：「韓信，你要有膽量就用劍刺死我；如果不敢刺我，就只許從我兩腿間鑽過去！」說完，又把腿叉開，擺出架勢。眾人出於好奇，一齊盯著韓信。韓信呆呆地站了好久，緩緩地俯下身子，小心翼翼地從那少年胯下鑽了過去，引起了一片喧鬧和譏笑的聲音。

十年過去了，韓信參加了推翻秦朝的農民起義，先在項羽手下，後在劉邦部下任將軍。他被劉邦重用之後，統兵百萬，屢戰屢勝。劉邦平定天下之後，論定韓信軍功最大，封為楚王。楚王韓信於是又回到了當年流浪受辱的故鄉，打探當年老婦人及侮辱他的那個少年的下落。當地百姓聽說，紛紛議論道：那位老婦人該富貴了，那位少年的末日到來了。

韓信終於找到了老婦人和那個少年，還召來了附近的鄉親。他賜給老婦人很多金子，讓她度過晚年。輪到那個曾經侮辱過韓信的人了。只見那人已經成為一個身強力壯的成年人，膽怯地跪在韓信面前。

韓信指著那個男子漢對左右說：「這是一個壯士。當年侮辱我時，我當然能夠殺死他。但殺死一個無知的少年有什麼用呢？因此我一直忍了下來。今天，我任命他為中尉，掌管捕捉盜賊的事情。」

出人意料的決定，使那男子不敢相信自己的耳朵，也引起了百姓的驚

奇和讚嘆。而韓信的部下也更加信賴和效忠他們的主人了。

不計前仇，以德報怨。韓信表現了一個有氣度、有機謀的大將的胸懷。由此，人們也便不難理解，為什麼韓信能駕馭千軍萬馬，成為足智多謀的常勝將軍了。

■ 聖賢處世

孟子說：「本人不依道而行，道在妻子兒女身上都行不通；使喚別人不合於道，要去使喚妻子兒女都不可能。」

貉稽說：「我被人家說得很壞。」孟子說：「沒有關係。大家都厭惡這種多嘴多舌。《詩經》說過，『煩惱沉沉壓在心，小人當我眼中釘。』孔子可以說是這樣的人。又說，『不消滅別人的怨恨，也不失去自己的名聲。』這說的是文王。」

孟子說：「賢人教導別人，必先使自己徹底明白了，然後才去使別人明白；今天的人教導別人，自己還模模糊糊，卻用這些模模糊糊的東西去使別人明白。」

孟子說：「口對於美味，眼對於美色，耳對於好聽的聲音，鼻對於芬芳的氣味，手足四肢對於舒服，這些都是人的天性使然，但是得到與否卻屬於命運，所以君子不把它們認為是天性的必然，因此不去強求。仁對於父子之間，義對於君臣之間，禮對於賓主之間，智慧的對於賢者，聖人的對於天道，能夠實現與否，屬於命運，但也是天性的必然。所以君子不把它們認為是屬於命運的，而努力去順從天性，求其實現。」

■ 屈原死而含怨

屈原被楚王放逐，披散著頭髮在淚羅江畔邊走邊吟詩。他的臉色憔悴，容貌枯槁。漁父見到他就問道：「你不就是三閭大夫嗎？怎麼會落到

這般地步呢？」

屈原說：「整個世界混濁不堪，只有我一個人是清白的；世上的人個個爛醉如泥，只有我一個人是清醒的，所以被放逐到這裡。」

漁父說：「聖人做事並不拘泥刻板，能夠同世道一起前進。整個世界混濁，你何不隨波逐流呢？世上的人都爛醉，你何不也跟著痛飲呢？為什麼還要固執地守持自己的美德，以至於被放逐呢？」

屈原說：「我聽說洗過頭的人一定會扶正帽子，洗過澡的人一定會揮淨衣服。哪一個人肯讓自己清潔的身體被蒙上汙垢呢？我寧可投入長河，葬身於魚腹之中；又怎麼能以潔白之身而蒙受俗世的塵埃呢？」

後來，他寫下了《懷沙》這首詩，抱起石頭跳進了淚羅江。

■ 你殺得完嗎

戰國時，齊國宰相崔杼專權，施計殺了國君齊莊公。然後，召太史進宮，問：「今天的事，你打算怎麼寫？」太史（負責記錄歷史的官員）從懷裡掏出早已寫好的竹簡遞給他，只見上面赫然幾個大字：「×年×月，齊崔杼弒其君。」崔杼冷笑一聲：「你把罪過歸於我，這怎麼行？必須改掉！」太史回答：「南山可移，事實不能更改！」崔杼大怒，拔出寶劍殺了太史，劈碎竹簡。古時，史官是世襲的，太史有兄弟四個。於是崔杼又接連召見了他的二弟和三弟，想叫他們按照自己的意願撰寫這段歷史，兄弟倆和他們的大哥一樣，剛直不阿，堅絕不從，結果全被殘暴的崔杼殺害了。殺紅眼的崔杼用劍指著最後被召進宮的太史的小弟弟說：「你三個哥哥都不知通權達變，把性命都斷送了。你小小年紀，要為自己的前程著想，不要學你哥哥那樣執迷不悟。」小弟連話都不說，揮筆就寫「×年×月，齊崔杼弒其君。」崔杼氣得跳起來吼道：「難道你們都不害怕殺頭？」小太史義正辭嚴地回答：「殺了我，還會有人接著寫；即使太史不寫，天

下也會有人記載的。你殺得完嗎！」崔杼無可奈何，這才只好自找臺階：「也罷，為了國家我是不得已而為之，天下人會原諒我的。」便把竹簡丟給了小太史。

司馬遷寫《史記》

司馬遷寫《史記》的時候，有個朋友前來探望，兩人寒暄幾句後，司馬遷便又伏案書寫，手不停筆。朋友就拿起司馬遷的書稿，讀起來……

那位朋友讀著李廣列傳，見司馬遷在傳記裡描寫李廣退敵、脫險、射虎，件件寫得神采飛揚，惟妙惟肖。字裡行間，充滿了敬佩之情。

朋友讀完後，說：「你那麼愛戴李廣，為什麼還寫這個呢？」司馬遷停住筆，湊過來一看，原來朋友是指他在文中寫了李廣公報私仇等缺點，司馬遷還沒回答，朋友又開口了，他說：「這樣寫將軍的缺點，流傳後世，豈不有損將軍的形象嗎？」

「我寫的是歷史，信，是第一條，怎能以個人愛憎去歪曲歷史真相呢？」司馬遷反問道。

「啊，原來如此！」朋友明白了。果然，司馬遷同情項羽，卻也詳細地寫出了項羽必然失敗的命運；司馬遷厭惡劉邦，但也寫出了他必然成功的條件。朋友點點頭，望著正在寫作的司馬遷，暗自稱讚：「他真是個實實在在的人啊！」

剛正的畫家

周純是宋徽宗時的著名畫家。一次，開封府尹盛章辦了桌酒席，請他作畫。因周純當過和尚，盛章說：「大師善於丹青，我慕名已久，請替我畫幅畫吧。」周純見人辦席招待，便說：「蒙大人厚愛，敢不從命。請出個題吧。」

盛章沉吟一會兒，說：「我有兩句詩，『遙知不是雪，為有暗香來。』詠的是梅，就請用這兩句詩的意境，畫幅梅花吧。」

周純一愣：這兩句不是王安石的詩麼？盛章怎麼說是自己的呢？他氣呼呼地說：「這不明明是荊公的詩麼？怎麼成了你的新作呢？你要我畫，就請您自己寫一首吧。」盛章沒想到周純敢當面揭露他，臉都氣青了。

事後，好心的朋友勸周純說：「他是大官，你怎能撐過他呢？他說是他寫的就算他的吧，你給他畫了就算了。不然，你可吃不消呀！」周純感謝朋友的關心，說：「事實總是事實，怎能歪曲呢？不管盛章的權勢多大，我寧可充軍，也不違心地說瞎話！」

朋友嘆息著走了。後來盛章果然找個藉口把周純充軍到惠州去了。周純坦然處之，毫不後悔。

■ 陳壽寫《諸葛亮傳》

簷前瓦雀啁啾，院裡花香四溢。史學家陳壽顧不得欣賞明媚的春色，只在書房裡撰寫《三國志》。

「諸葛亮傳」，他在紙上寫了這幾個字後，不禁躊躇起來，下面怎麼寫呢？他感到為難了。因為諸葛亮是三國時蜀國的丞相，曾向劉備提出占據荊州（今湖南、湖北）、益州（今四川），以及和西南各族和好，東聯孫權，北伐曹操的方略，確定了三國鼎立的局勢。他任丞相期間，勵精圖治、賞罰嚴明，推行屯田政策，做出了有益的貢獻，應該把這篇傳記寫好。然而，陳壽的父親是諸葛亮手下的一員將官，因犯了錯誤，受到諸葛亮的貶罰，鬱悶填胸，憂愁死去。他思索一會，自言自語說：「撰史書必須求實，不能因私歪曲歷史。」

「對，按事情的本來面目寫！」陳壽拿起筆，蘸飽墨水，手不停揮。他以公正的態度，尊重事實的精神，把諸葛亮的高風亮節，「鞠躬盡瘁，

死而後已」的品德，滿懷熱情地寫出來。後人認為《三國志》裡的《諸葛亮傳》，寫得生動詳實。

◢ 錢徽燒信

錢徽是唐朝中期人，在京城長安做禮部侍郎。一年春天，皇帝分派他擔任選拔進士的主考官。在當時，讀書人參加考試是做官的主要途徑，所以賄賂和走後門的現象很嚴重。對於這種風氣，錢徽下決心從自己做起，加以抵制。他對管理考試的屬官們表示：不管是誰來走門路，也不能徇私舞弊。 彷彿要考驗一下錢徽的態度和決心，有人派專差送信來了，信裡說，自己有個親戚家的孩子參加今年的進士考試，希望給以關照和錄取。寫信者來頭不小，是當朝的宰相段文昌。

錢徽對段文昌這種做法，很不以為然。後來，又查看段家親戚孩子的試卷，實在也太差，於是，他不顧別人的勸阻，毅然地把這個人的名字從準備錄取的名單中一筆抹掉了。

段文昌說情沒成功，有些惱火，怪錢徽不買自己的帳。正值他出任劍南節度使，趁向皇帝辭行的機會，說了錢徽一些不根不實的壞話，還說錢徽取士不公，屈沒了人才。皇帝聽信一面之詞，降了錢徽的職位，讓他去遠地做地方官。

錢徽的屬官們對這事心中都很不平，聚在一起議論，數落段文昌做人不地道。有的給錢徽出主意，把段文昌托門子的信交給皇帝，讓段文昌下不了臺。

錢徽笑了笑，平心靜氣地說：「只要做的事問心無愧，丟官貶職又有什麼關係？要的是永遠站得直坐得正，哪能把別人寫給自己的私人信件拿出去搞報復呢？」說著，將那封信撿出，當大家的面點火燒掉了。

杜甫不受禮

成都西南浣花溪一帶景色宜人，杜甫在朋友的協助下，在此地蓋了幾間茅屋，暫作安身之處。

一天，有個客人提了一個包裹來拜訪杜甫，詩人熱情地接待了他。兩人寒暄了一會，客人打開包裹，抖出一條叫做「織成褥」的毛毯，說：「子美先生，您的詩名滿天下，我有一條毛毯送給您，不成敬意。」

杜甫在成都，同當時任成都府尹兼劍南節度使的嚴武是好朋友，同時又與高適、裴冕等西南的重要人物詩酒往來，關係融洽。他在嚴武家裡見過這種「織成褥」，有人說這種毛毯出自天竺（印度），有的說產於南海或大秦（東地中海一帶），是一種很珍貴的「進口貨」。杜甫想：我與嚴武關係好，為自己，為朋友，都不能接受這種貴重的禮物。他連忙握手，說：「不敢當，我一個窮書生，用不起這麼好的毯子，請您拿回去吧。」在杜甫一再真心地推辭下，客人只好收了毯子，說：「子美先生不受禮，我就告辭了。」

「急什麼呢，坐坐，吃了飯去。」杜甫熱情地留客。他把粗蓆子拾掇乾淨，請客人坐下，嚐嚐他用灰灰菜做的湯，說：「飯菜不好，但我的心是真的啊！」

客人飯後拿了毛毯走了，他不但沒生杜甫的氣，相反更敬重詩人了。

均分潤筆

楊億中進士後，任翰林學士，因為他的文章好，受到宋真宗的寵幸。一切重要的詔令、報告、批文，宋真宗總讓他起草，一時紅得發紫。但楊億並不因皇帝寵幸就驕矜自是，相反他對自己要求更嚴格了。每次寫公文，他更加字斟句酌，總想把它寫得像詩文一樣的精粹。因此，即使他寫的一份簡單的公文也會被人們看作是文學珍品。

那時朝廷裡的官員，凡屬碰到升遷轉調的事，總希望批給自己的公文是楊億寫的。所以他們在楊億當班的那天就紛紛前去拿公文。按宋朝的慣例，翰林批示公文是要收錢的，名為「潤筆」。公文是誰寫的，那份潤筆就歸誰拿。這樣一來，楊億得的「潤筆」就比別的翰林多很多。這可把他愁壞了，他看著眼前一摞摞銀錢，急得直搓手：「拿這麼多，有傷廉潔⋯⋯」

「這是您的汗水換的，快別那麼想。」同僚勸告他，說：「您就拿了吧，誰會說您呢？」

「不行，不行。」楊億極力推讓，他把錢分成幾份，說：「均分，均分，一人一份。這樣我就心安了。」他次次如此，傳為佳話。

■ 歐陽脩署名

歐陽脩奉詔參加《新唐書》撰寫工作時，這部書的編寫工作已近尾聲，詩人宋祁已經寫完了主要的列傳部分，歐陽脩只擔任了《紀》、《志》方面的工作。書成之後，呈送給皇帝。皇帝認為兩人合寫體例不一，命令歐陽脩重寫《列傳》部分。歐陽脩領命之後，仔細閱讀了《列傳》部分，發現宋祁的寫法雖與自己有所不同，但有特點和長處。他想，何必要別人的文章一定同自己雷同呢？於是決心照留原樣，一字不改，並向皇帝陳述理由，徵得了同意。

在送給御史府審驗時，一位官員對歐陽脩說：「按照慣例，修撰史書，不管有多少人執筆，書寫成後只署其中官位最高的作者的名字，至少應該把你的名字放在前面，你比宋祁官高，為什麼不署你的名字呢？」

歐陽脩嚴肅回答說：「我怎能奪人之功為己有呢？」於是，他只在《紀》、《志》兩部分署自己的名字，《列傳》則仍署宋祁的名字。

追回賣掉的烈馬

清晨，宋代的諫議大夫陳省華像往常一樣在庭院散步，他路過馬廄時，忽然發現那匹烈馬不見了，問餵馬的僕人道：「咱家的那匹馬呢？」

「翰林學士賣給一個生意人了。」

陳省華聽了，大聲地說：「太不像話！」說完，急步向屋裡走去。他找到當翰林學士的二兒子陳堯諮，說：「誰叫你把馬賣了？你是翰林學士，家裡人多，能馴馬的人也有，都制服不了牠，一般生意人怎能養得起呢？你把馬賣給人家，豈不是移禍於人嗎？做人要心正，心不正，算什麼人呢？去把馬拉回來！」

翰林學士聽完父親的訓斥，連連說：「你老人家責備得對，我馬上去辦！」他退出來後，派人找到那個生意人，說明原委，退了錢，把馬取回來了。那個生意人買了馬後，不能駕馭，正在發愁，見賣主竟主動地退錢，非常感動，說：「我真碰了好人，不然這次賠得我都回不了家啦！」

王安石問妾

王安石（封荊國公）任知制誥，吳夫人給他買了一妾。王見後問：「什麼人？」女子說：「夫人要我在您身邊服侍。」王問：「你是誰家的？」回答：「我丈夫是軍官，監運米時船沉了，傾家蕩產仍不夠賠償，只好把我賣掉。」王傷感地問：「夫人花多少錢買你？」「九十萬。」王把她丈夫找來，令他們夫婦團聚，並又將錢賜給他們。

文天祥討死

風沙漫天，日色暗淡，文天祥身帶刑具，神色自如地挺立在北京柴市的刑場上。

文天祥自兵敗被俘，坐了三年土牢，銳氣不減，還寫了悲壯的《正

氣歌》，激勵百姓抗戰；前幾天，元世祖忽必烈親自來勸降，許以丞相之職，他不為所動，反而斬釘截鐵地說：「唯有以死報國，我一無所求。」現在他站在刑場上，看著身邊的劊子手，問道：「怎麼還不動手呀？」

監斬官湊近來，說：「文丞相，你現在回心轉意，我去奏明聖上，不但可免一死，還依然可當丞相。」

文天祥怒道：「死便死，還說什麼鬼話！」他仰頭看看天，天空灰濛濛的，他問：「哪兒是南方？」

監斬官給他指了指。

文天祥嚴肅地轉身向南，凝望一會，點點頭，然後把他三年來一直沒向敵人跪過的兩腿，齊齊跪在地上，望空拜了幾拜：拜別宋朝列代皇帝、死難將士、受蹂躪的國土和人民，然後站起來，對劊子手喝道：「快動手吧！」

■ 悲鴻大師的悲哀

一九二九年的一天，徐悲鴻應幾位朋友相邀，去參觀在京舉辦的一個中國畫展覽。

寬敞的大廳裡，一幅幅裝裱精緻的畫令人眼花繚亂。徐悲鴻看了一陣子，感到很不痛快。由於不少作畫者墨守成規，閉門造車，致使畫面死板，毫無新意。他正思忖著，忽然一幅掛在角落裡的畫引起了徐悲鴻的注意。他仔細端詳品味著畫面上那幾對蝦子，只見牠們體若透明，搖鬚擺尾，生動逼真，筆法嫻熟。這位曾經觀賞過世界許多藝術珍品的畫壇巨星，以他那善識人才的慧眼，發現了一位出類拔萃的人才。想到這裡，徐悲鴻暗自點了點頭，隨即嘆了一口氣。

「徐先生，這齊白石是個六十歲的老頭，聽說他以前是個木匠，畫得是不是不怎麼樣？」

「不，我是為這個懷才不遇的人感到惋惜，真沒想到在這角落裡還藏著一位傑出的國畫大師啊！」

「哈哈，您真會開玩笑，把一個性格怪僻、土裡土氣的鄉巴佬當大師！」

徐先生的臉色嚴肅起來：「我不是在開玩笑，我不僅要去拜訪他，而且還要聘請他當教授，這樣的人才不重用，實在可惜。」

「什麼，請齊白石當教授？」友人望著離去的徐先生感到不可思議。

徐先生拜訪齊白石回來，興奮地對人說：「齊白石真是一個難得的人才，我要盡一切力量幫助他。」

幾天後，徐先生果真聘請齊白石任北平大學藝術學院（徐悲鴻任該院院長）教授，他並親自乘車接齊白石到校上課。一年後，由徐悲鴻親自編集作序的《齊白石畫集》問世了。它似一陣春雷，震撼著當時保守勢力猖獗的中國畫壇。

■ 不願把自己的照片印在書上

瑞典的一位出版家興沖沖地朝科學家諾貝爾（Alfred Nobel）的家裡走去。他要發行一部瑞典名人傳，這次是專程來向諾貝爾索取照片的。

他見了諾貝爾，寒暄幾句，便說明了來意。

「唉，遺憾，我沒有照片。」諾貝爾攤開雙手，顯出為難的樣子。

出版家說：「那好辦，就馬上照一張吧。」

「別登我的算了吧。」

「那怎麼行呢？」出版家笑了：「你是瑞典的大名人，名人傳怎能沒你呢？」

「我哪是什麼名人啊！」諾貝爾連連搖手，謙虛地說：「我沒有上照片的價值。」

出版家反覆懇求，諾貝爾還是不同意。當他送出版家出門時，他說：「你們要出版瑞典名人傳，這是有意義的工作。我很喜歡訂購這樣一部有價值有趣味的書，不過 ——」諾貝爾緊緊地握著對方的手，說：「我請求你們不要刊登我的小照。」

出版家只好悻悻地走了。

■ 我不要求任何獎賞

恩格斯七十歲生日來臨了，許多朋友前來祝壽，像雪片似的飛來的賀電和信件，使恩格斯十分不安。他表示說：「我主要是靠馬克思才獲得的信譽！」他對來人誠懇地說：「我遠沒有祝壽的情緒，而且這完全是不必要的熱鬧，我無論如何不能忍受。」第二年，他七十一歲生日前夕，他聽說倫敦德意志工人共產主義教育協會歌詠團將在他生日晚上為他舉行音樂會，就立即發了信件，強烈勸阻。信中寫道：「我們尤其反對在我們生前為我們個人舉行公開的慶祝活動。」

愈謙虛愈受到人們的敬重。七十三歲高齡的恩格斯到維也納、柏林訪問時，兩個城市的群眾歡迎氣氛之熱烈是罕見的，恩格斯在維也納的歡迎大會上的演講中說道：「如果說我在參加運動的五十年中確為運動做了一些事情，那麼，我並不因此要求任何獎賞。我的最好的獎賞就是你們！」

■ 愛因斯坦在榮譽面前

愛因斯坦的一個朋友見到他時說：「你的名聲太大了，達到了令人難以置信的地步。我聽說有兩個美國大學生打賭，從美國發出一封信，信封上只寫『愛因斯坦收』，看能不能寄到，後來聽說你收到了。」

「對！」愛因斯坦笑著答道：「信收到了，而且是按時收到的，這只能說明郵局工作得好，與我的名聲無關。」

一九二九年三月十四日，愛因斯坦五十歲生日。這天，柏林的住宅中，裝了整整幾籃子各地寄來的祝壽照片，全世界的報紙都發表讚揚愛因斯坦的文章。而他自己呢？最反感這一片頌揚聲，生日前幾天，他就悄悄地離開了柏林，到近郊的一個花匠家裡躲起來了。

一九五五年，他的「狹義相對論」已創立了五十週年，各國都組織了紀念會，愛因斯坦收到了許多邀請信，但他想，這種巡迴旅行對科學有什麼價值呢？顯然是徒勞的，他對一個會議的發起人說了這樣一段意味深長的話：「一切哪怕與個人崇拜稍有瓜葛的東西，對我來說總是痛苦的。」

■ 我畫不出，我還得努力啊

列賓（Repin）是世界著名的現實主義畫家，他的代表作品《伏爾加河上的縴夫》、《庫爾斯克省的宗教行列》、《拒絕臨刑前的懺悔》等作品早已成為世界畫廊裡的珍品。

列賓獲得巨大成功，但為人極為謙遜。

一次，列賓接到一位文學家寫來的信，信上說：「列賓，你以自己傑出的作品證明，你是一位偉大的畫家……」

「偉大？談不上，太誇張了。」列賓竟像一個受表揚的小學生，臉立刻紅了，他自言自語著，似乎感到無地自容。他馬上給文學家回信，寫道：「我是一個很平凡的普通人，您是知道的，可是您卻要把我送到一個宏偉的高臺上去，假如我真爬上了高臺，您看見了這麼一個渺小的人站得那樣高，也會發笑的。」

這是真情的流露。因為列賓從來不滿意自己的作品，而他參觀其他藝術家的作品展覽會時，總是一邊細心觀摩，一邊喃喃地說：「這幅畫太好了，我畫不出，我還得努力啊！」

■ 托爾斯泰三十八頁的回信

羅曼・羅蘭（Romain Rolland）想有所作為，但是選擇怎樣的生活道路把他難住了。他給蜚聲世界的俄國大文豪列夫・托爾斯泰寫一封信，訴說自己的苦衷，請他給以指教。

信是九月發出的，幾個星期後，羅曼・羅蘭幾乎忘了那件事。但是十月二十一日晚上，羅曼・羅蘭意外地收到了一個寄自俄國的小包裹。打開一看，原來是大文豪托爾斯泰的親筆回信。信是用法文寫的，居然長達三十八頁！

托爾斯泰稱讚羅曼・羅蘭的用心思考，分析了羅曼・羅蘭的思想矛盾，提出了一個人如何選擇自己道路的原則。托爾斯泰寫道：「一切真正的職業的前提條件，不是對這個職業如何愛好，而是看這個職業能否對人類有益……」

列夫・托爾斯泰的真摯感情和深刻道理深深打動和教育了羅曼・羅蘭。他決心從事文學事業，效法托爾斯泰。羅曼・羅蘭先寫了幾部傳記和幾部詩劇，然後開始創作長篇小說。

羅曼・羅蘭終生不忘托爾斯泰對他的激勵和指導，因為那長達三十八頁的回信決定了他的文學生涯，端正了他繼續前進的方向。一九一二年，他終於因完成了長篇名著《約翰・克利斯朵夫》的寫作，進入世界傑出作家的行列。

■ 法拉第和大衛長凳上的談話

法拉第（Faraday）能進入英國皇家學院工作，介紹人是大衛爵士（Sir Humphry Davy）。他倆第一次談話是在學院實驗室窗邊長凳上進行的。

大衛：很抱歉，我們的談話姑且可能被打斷。不過你還幸運，此時此刻儀器沒有爆炸。法拉第先生，信和筆記本我都看了，你在信中好像並沒

有說明你在哪裡上的大學。

法拉第：我沒有上過大學，先生。

大衛：噢？但你做的筆記說明你顯然是理解這一切的，那又怎麼解釋呢？

法拉第：我盡可能去學習一切知識，還在自己房間建立了小實驗室。

大衛：年輕人，我很感動。不過，可能因為你沒到實驗室做過，所以才願意到這裡來。科學太艱苦，要求付出極大的勞動，而只有微薄的報酬。

法拉第：但是只要能做這件工作，本身就是一種報酬啊。

大衛：哈哈哈，你在看我眼邊的傷疤，這是氫和氮實驗引起的一次爆炸留下的。我想，你裝訂的那些書籍總不曾將你打痛，讓你出血或把你打昏吧。

法拉第：是的，不曾有過。但每當我翻開裝訂的科學書籍，它的目錄常常使我目瞪口呆、神魂顛倒。

談話的結果，大衛讓法拉第當了自己的助手。儘管大衛在一段時間裡曾大力反對及壓制過法拉第，但最後有人要大衛填表列舉自己對科學的貢獻，他在表的最後寫著：最大的貢獻 —— 發現法拉第。

巴羅讓賢

巴羅（Isaac Barrow）是牛頓的老師，是劍橋大學數學講座的首任教授。

巴羅發現牛頓是一個很有希望的學生，就把牛頓請來當自己的助手，使牛頓得到進一步的深造。經過巴羅兩年多的精心培養，牛頓已對當時科學前沿陣地的情況瞭若指掌。

又過了兩年，牛頓在學業、知識、創造性的新理論研究等各個方面，

都已有了長足的進步和發展。巴羅看到自己學生的進步，並真正地超過自己，感到十分高興。這時他已經把牛頓當作自己的朋友了。

如何幫助牛頓更好地發揮自己的才能，做出更多的貢獻呢？巴羅又動了一番心。為了給牛頓創造獨立工作和晉升的條件，年僅三十九歲的巴羅，在任職六年之後，毅然決定讓賢，推薦剛獲得碩士學位的牛頓當上「盧卡斯自然科學講座」的數學教授，牛頓時年二十七歲，從此在劍橋一待就是三十年。

■ 蕭邦遺囑

一八三〇年十一月初，蕭邦決定到外國深造。出發前夕，朋友們為他舉行了一個送別晚會。蕭邦滿懷感激之情，接受了朋友們贈送的滿裝著祖國泥土的銀盃，表示永遠不忘記可愛的祖國。

蕭邦輾轉維也納、倫敦、巴黎等地，透過他的藝術，增進西歐人民對當時正在受難的波蘭民族的同情和了解。可是，在不安定的生活中，他得了重病。

一八四九年秋天，蕭邦的姐姐柳德維卡從華沙趕來，陪著他度過了他生活中的最後幾天。蕭邦臨終告訴她，波蘭反動政府是不會允許把他的遺體運回華沙的，他要求：「至少把我的心臟帶回去。」

蕭邦的心臟，按照他的遺願被送到華沙。

■ 牛頓臨終的心聲

燈光熒熒，照著床上奄奄一息的老人，這老人便是牛頓。自從他躺倒後，親戚、朋友、學生便絡繹不絕地來探望，有人輕輕地啜泣。

「不要哭……」牛頓喘著氣。

「你是我們這個時代的偉人，我們不願你離開這個世界。」

牛頓搖搖頭。

的確，牛頓是一代傑出的學者。他發現了萬有引力定律，建立了成為經典力學基礎的牛頓運動定律；在光學方面，出版了《光學》一書；在熱力學方面，確定了冷卻定律；在天文學方面，創造了反射式天文望遠鏡，考察了行星運動規律，解釋潮汐現象，說明地球不是正球體；在數學方面，他是微積分學的創始人……可是聽到朋友稱他為「偉人」時，牛頓謙遜而真誠地說：「不要那麼說，我不知道世人會怎麼看我，不過我自己只覺得好像一個孩子在海濱玩耍的時候，偶爾拾到了幾隻光亮的貝殼。但是對於真正的知識大海，我還沒有發現呢。」

—— 這就是牛頓臨終的心聲。

愛因斯坦的葬禮

一九五五年四月十三日，愛因斯坦心臟病發作，被迫住進了醫院。

愛因斯坦自知這一關是不容易過去了，他向人們談起了後事，再三囑咐兩件事：

一是千萬不要把他的住所變成人們「朝聖」的紀念館，二是他在美國高等研究院的辦公室一定要讓給別人使用。

他熱切地希望，除了他的科學理想和社會理想，他的一切都將隨著他一起死去。

這位物理學家在他生命的最後一天，還再三地叮囑自己的親屬：「不要為我舉行葬禮，不要設立墳墓，也不要建立紀念碑。」

他的遺體被悄悄地送到特倫頓附近火化。送靈時沒有出殯的儀仗，沒有花圈和樂隊，沒有悼詞和演說。只有漢斯、阿爾伯特、瑪果特、杜卡斯等幾位生前友好緊隨在靈車後面。

人們遵從這位科學巨星的生前願望，他的骨灰保存地點沒有向世人公布。

　　正因為這樣，世界上沒有留下供後人瞻仰的紀念愛因斯坦的殿堂 —— 當然，除了科學殿堂。

人才「癖」貝吉里斯

　　瑞典化學家貝吉里斯（Berzelius）特別愛惜人才，每年他都要多方尋找那些鋒芒初露，有培養前途的青年，「請」到自己家裡來住下。他將自己的實驗室分給徒弟一半或一角，每人分發一套化學儀器：白金坩堝、天平、洗瓶、吹管等，配備得和自己用的完全一樣。徒弟只需自備酒精、燈油，其他一切免費。師徒們每天同在一個實驗室實驗研究。徒弟有問題隨時可問，師傅發現問題隨時指導。一些青年化學家在這裡先後就學，年復一年從這裡「飛」出一位又一位翅膀硬朗的化學家。

　　維勒（Friedrich Wöhler）就曾經在他二十歲左右的時候，一面好學敏求，發奮苦讀；一面騁目四方，物色師傅。經朋友指點，一八二三年冬，維勒來到貝吉里斯門下拜師。師傅熱情歡迎，維勒就這樣被貝吉里斯領進了門。從此師徒二人耳鬢廝磨，日有所獲。後來，貝吉里斯發現了硒、釷、矽等多種元素，發展了原子理論；維勒發現了鋁、鈹元素，從無機物合成有機物，動搖了唯心主義的「生命力學說」。

涅克拉索夫發現《窮人》

　　俄國年輕的作家杜斯妥也夫斯基嘔心瀝血完成了他的處女作《窮人》，卻因多年得不到出版而深感苦惱。

　　一個偶然的機會，詩人涅克拉索夫（Nekrasov）讀了這部小說，很興奮地將它推薦給傑出的文學評論家別林斯基。

　　這時，別林斯基正在病中。他抱病讀完了書稿，心情非常激動，竟不顧病弱的身體，連夜趕到杜斯妥也夫斯基的家裡，緊緊地擁抱著杜斯妥也夫斯基說：「祝賀你，寫出了一部成功的巨作。」

由於別林斯基的賞識，無名的杜斯妥也夫斯基終於成為俄國文壇上的一位著名作家。

巴爾札克批評雨果

巴爾札克對維克多‧雨果是極為敬佩的，當他在一八三九年決定向法蘭西學士院申請作為候選人的時候，得悉雨果也要被提名為候選人，便主動地撤銷了自己的候選人資格，他說：「雨果更有權力被選入學士院。」

可是，有一天，巴爾札克讀雨果寫的《修道院所見》的詩篇時，發現其中第十四節第十四行寫道：「……壁虎，浴著月光，在大糞池裡跑著。」

「喲，雨果會這麼寫麼？」巴爾札克先是一愣，又仔細地看了一遍，沒錯，雨果真這麼寫的。他嘆息了，說：「這是違反事實的，錯得太不應該了。」

後來，他在一篇文章中批評道：「雨果先生在潮溼的地方找得到壁虎，是一種寶貴的發現，值得送到博物館，而博物館還非當新種看待不可。實際上壁虎喜歡太陽，生活在乾燥的地方。我指出這個錯誤，是因為艾絲梅拉達在《鐘樓怪人》已經拿麵包餵過燕子。」在這裡，巴爾札克作為批判現實主義的作家批評浪漫主義作家雨果不太注意細節。《鐘樓怪人》是雨果的代表作，其中女主角把麵包屑裝在杯子裡餵燕子就已經違背了生活常識。

我們不能這樣辦

一個星期日的早晨，皮埃爾‧居禮看了一封從美國來的請求指導製鐳的信以後，對妻子瑪里‧居禮說：「我們要在兩種決定中選擇一個。一種是毫無保留地敘述我們的研究結果，包括提煉方法在內……」

瑪里‧居禮說：「是，當然如此。」

皮埃爾繼續說：「另一種是取得製鐳的專利權，不隨便公開技術祕密。」

瑪里·居禮想了幾秒鐘，然後說：「我們不能這樣做，這是違反科學精神的。」

皮埃爾強調說：「我也這樣想……但是我不願意我們這樣輕率地作出決定，我們的生活很困難……這種專利代表很多的錢，代表財富，有了它我們一定可以過得舒服，可以去掉辛苦的工作，也可以有一個好實驗室。」

瑪里·居禮立即接著說：「物理學家總是把研究全部發表的。我們的發現不過偶然有商業上的前途，我們不能從中取利。再說，鐳將在治療疾病上有大用處……我覺得似乎不能借此求利。」

妻子的話，說到了丈夫的心上。

晚上，皮埃爾寫信給美國技師，把製鐳的技術告訴了他們。

▪ 面對死神的「化學之父」

被稱為「化學之父」的拉瓦錫（Lavoisier），遭到馬拉的攻擊，並被誣陷犯有勒索罪。拉瓦錫對此提出抗議，結果以對抗政府的罪名被關進死牢。

拉瓦錫知道這一切都是馬拉的私人報復，他並不追悔。在寫給他表弟的信中說：「我已經度過了足夠長且愉快的一生，可以不必讓我去消磨一個諸多不便的晚年。我在身後留下一點點知識，也許還留下一點點榮譽。在世上，誰還能指望比這些還高貴的東西呢？」

一位辯護律師呼籲法官注意拉瓦錫的科學貢獻，但得到的回答是：寧要「正義」，不要科學家。

「親愛的，請妳保重身體，記住，我已完成了我的工作。……」這位

第七章　修身之道

天才的科學家寫完了給妻子的訣別信，從容不迫地上了斷頭臺。拉格朗日（Lagrange）對此感到惋惜：「砍掉他的腦袋只需要一刹那，可是，也許我們要等上一個世紀，才能出現他這樣一個腦袋。」

第八章　治學之道

　　無論你做什麼，要想做得更好，總離不開學習，還要有毅力和方法。

■「一江水」與「半江水」

仲秋時節，杭州清風嶺上，白鶴高飛，紅葉遍野。一行人馬直奔嶺上而來，這是高適前往浙東巡察，路過此地。

當晚，高適便在清風嶺的一座寺廟裡歇息。嶺上的秋夜景色更是幽雅宜人，高適不禁詩興大發，提筆就在寺牆上寫了一首：

絕嶺秋風已自涼，鶴翔松露溼衣裳。
前村月落一江水，僧在翠微閒竹房。

第二天，高適重又啟程趕路，途中，他仔細觀賞錢塘江的壯美風光，發現江水比昨晚少了許多，只剩下半江了，原來這江水是月升時隨潮而漲，月落時隨潮而退的。自己詩中說「前村月落一江水」，顯然不符合事實，真恨不得馬上回去將詩句改過來，無奈公事在身，只得繼續前行。

過了月餘，高適巡察歸來，專程取道清風嶺，來到僧房，將「一江水」改成「半江水」。於是，「前村月落半江水」這一千古名句，便一直流傳至今。

■ 顏真卿練臂力

槐花如雪，芳香四溢。

唐代書法家顏真卿正在槐蔭下練習體操「五禽戲」，僕人報告：「客人來了。」顏真卿邊做操邊說：「請他們去書房。」他做完操，抹著額上的汗水，匆匆走進書房。

客人是些書法家。顏真卿同他們寒暄幾句，就談起書法來了。談得高興處，他舉起胳膊，說：「寫字，手腕得有力，能舉千斤，那麼，寫出來的字才能遒健、蒼勁！」說罷站起身，抓過兩把高背籐椅並排放好，自己站在中間，手扶椅背做雙臂屈伸，邊做邊說：「各位幫忙數數。」

「一、二、三、四……」客人歡笑著數起來。

顏真卿每次屈伸都做得一絲不苟，說：「如果我哪個動作做得不到位，你們別記。」

「三百、四百……」客人搖頭咋舌，嘖嘖連聲，因為顏真卿一口氣竟做了上千次。當顏真卿挪開籐椅，站起來擦汗的時候，客人圍過來，讚嘆道：「好臂力！」

的確，顏真卿平日注意鍛鍊，尤其愛做雙臂屈伸，所以很有臂力。而這又為他的筆力創造了重要條件。顏真卿聽到別人的讚揚，笑了笑，說：「沒什麼，只要苦練，誰都可以做到的。」

■ 李賀覓詩

長安郊外的一片亂葬崗，晚風蕭瑟，幾隻暮鴉站在枯枝上「哇哇」哀鳴，路上人跡杳然。

只有李賀一個人還在這亂葬崗裡轉來轉去，尋覓詩句呢？李賀的作品馳騁奇想，別具心裁。他創作時特別注重獨創性，為了搜集素材，他經常背著個錦囊早出晚歸，騎著一頭驢子遊歷在荒郊野外，留心觀察各色各樣的事物，以捕捉靈感，一旦觸景生情想出了一個好的句子，立即就扯一張紙條記上，然後投入背上的錦囊之中。晚上回到家裡，再把錦囊中的紙條倒出來，分門別類加以整理，寫成一首首的詩篇。

李賀如此嘔心瀝血地進行創作，終於成了中國文學史上的一位奇才。雖然他二十七歲就離開了人世，但他的許多詩篇至今還在為人們傳誦。

■ 正午牡丹

歐陽脩得到一幅古畫，畫的是一叢牡丹花，花下有隻貓。他想掛在客廳裡，但不知這幅畫的真假，拿不定主意。

「吳丞相來了。」家人前來通報。吳丞相即吳正肅，他是歐陽脩的親家。歐陽脩連忙迎了出去。

吳正肅進來，看見桌上的畫，說：「好畫，畫的是正午牡丹，作者功力不淺啊！」

「你怎麼知道畫的是正午牡丹呢？」歐陽脩驚異了。

「親家，你過來看看！」吳正肅指了畫上的牡丹，說：「花瓣是張開的，中午陽光強烈，花的顏色有些發乾。」接著他又指了牡丹下的貓說：「再看貓眼吧，瞳孔瞇成一條縫，正是貓在正午的瞳孔。如果畫的是早上，那麼花上帶露水，色澤就滋潤，貓眼的瞳孔也會是圓的了。」

「好畫，真是好畫！」歐陽脩點頭同意，說：「畫家觀察仔細，畫出了正午牡丹和貓的特點。他一定是位嚴肅的畫家。」說到這裡，歐陽脩嘆息一聲，說：「唉，現在有些文人，東西寫得不少，但常常連事實也不顧，缺乏崇實的精神，哪能畫出生命力長久的作品呢！」

歐陽脩說完，連忙叫人把畫掛在客廳裡，早晚欣賞。

詩中無人

黃宗羲鑑賞詩時，一直以「詩中有人」為標準。有次某人拿自己做的詩請他看，他初閱之後，說：「杜詩。」再看一遍後又連聲說：「杜詩，杜詩。」那人聽了喜形於色，但黃卻慢慢地說：「詩是像杜詩，但不知你的人在哪裡，這不是詩中無人嗎？」那人感到爽然若失，便虛心刻苦地學習了二年，然後再拿詩去請黃看。黃看後點頭說：「這次是你自己的詩了。」

環滁皆山也

「文章不厭百回改。」歐陽脩有一個老習慣，經常把寫好的作品貼在牆壁的顯眼處，朝夕出入，邊讀邊改。

他寫《醉翁亭記》時，僅開頭一段，就寫了好幾十個字，把東、南、西、北各有什麼山都描繪了一番。落筆之後，自己覺得很不滿意：文章本是寫「醉翁亭」的，而開頭用這許多的篇幅來寫滁州山景，豈不是喧賓奪主了嗎？為了把開頭這段文字改得更精練一些，所以他就將文章貼了起來。

數日過後，歐陽脩來到滁州城外散步，仔細環顧了城四周的景色，忽然靈機一動，覺得只須五個字便可將滁州山景描繪出來，而且含意深廣，簡潔凝練。於是，他急忙奔回家來，將原文的第一段統統勾去，又重新寫下了短短的一句話：「環滁皆山也。」

孔雀上土堆先邁哪隻腳

孔雀上土堆先邁哪隻腳？有誰注意過？擅長繪畫的宋徽宗趙佶就注意了。

一天，宣和殿前栽的荔枝成熟了，孔雀爭著啄食掉落的果實。趙佶看了高興，立即傳旨：宣畫家前來圖寫。皇帝一聲令下，圖畫院裡的畫師全來了，他們使出全部本領，畫出了一幅幅生動、富麗的孔雀荔枝圖。

趙佶一張張審閱，看完後，說：「畫得雖不錯，可惜把個細節都畫錯了。」

「錯了？」畫師們你看我，我看你，臉上露出驚疑的神色。

「孔雀上土堆是先邁左腳的。」趙佶指著一幅幅畫，說：「你們都畫成先邁右腳了。」

畫師們反覆觀察，果然像趙佶說的，個個鬧了個大紅臉。趙佶開口了，說：「畫畫要形神兼備，要神似，先要形似。而要做到這點，非嚴謹不可啊！」

歐陽脩一日千里

宋代的錢惟演鎮守洛陽，建了一座驛舍。驛舍落成之日，錢惟演邀請好友歐陽脩、謝希深、尹師魯三人為驛舍撰寫一記文。

三個文人，苦思冥想，終各成一篇。他們相互交流、比較著。

寫得最長的是謝希深，全文七百字。

歐陽脩用五百字寫成。

可還有更短的，三百八十多字，敘事清晰，結構謹嚴，遣詞造句，恰到好處，作者便是尹師魯。

「寫得好，寫得好！」歐陽脩拜讀尹文，讚不絕口，他心悅誠服，甘拜下風。

晚飯後，歐陽脩提著酒壺，誠懇地向尹師魯討教。尹師魯說：「作文最忌格弱字冗，你的文章不錯，可就是文字欠簡練。」

兩位摯友一邊飲酒、一邊談論，話一投機，如膠似漆，直到一輪紅日東升，方盡興而歸。歐陽脩便按好友講述的要領，重新撰文。這一篇文章更完善、精粹，較尹師魯少了二十個字，真是更高一籌。

尹師魯讚揚他說：「歐陽脩進步真快，真是一日千里啊！」

歐陽脩晚年曾自己編定平生所寫文字，費盡心思。夫人嗔笑勸阻他說：「何必自找苦吃，難道還怕先生責怪嗎？」歐陽脩說：「不怕先生責怪，只怕後生恥笑啊。」

王安石追求學問

劉放以前與王安石過從甚密。後來王任參知政事時，一日劉去拜訪，正值王在吃飯。侍從請劉入書房，劉見硯下有草稿，取來一看，是一篇論兵法的文章。劉善於強記，過目不忘，讀完後仍放回原處，轉念想到自己是普通官員，擅入參知政事的書房不好，便退出書房，在廂房等候。

王吃完飯，邀劉入座，問劉近來有何新作，劉說：「寫了一篇《兵論》。」王問其概要，劉以剛看到的草稿內容作為自己的見解回答。王不知他窺見自己的文章，沉默良久，最後拿出草稿撕毀了。因為王平日議論一定要出人意外，如果別人見識與他相同，就認為是流俗之見了。

蒲松齡白話

蒲松齡，字留仙，號柳泉，《聊齋志異》的作者。年輕時久試不舉，只得在鄉間開館授徒，白天多閒置時間，便獨自鋪張蒲席在大樹下，放置了菸茶，手搖葵扇，終日蹲著。見到行客，無論是樵夫、漁翁，都必定攔道邀請他們飲茶抽菸，談話打諢，即使是有關床第的粗鄙語言，市井上的荒唐流言，蒲也仔細傾聽，毫無倦容。人們因為他易於接近，所以樂於親近他。開始他還效法蘇東坡勉強別人講話，後來就不必再勉強了，甚至有人憑空捏造些奇聞來取悅他。

晚間歸來，蒲在燈下將聽到的材料加以組織，或者合數人的話為一件事，或者合數件事組成一個故事，只求首尾完整，能取悅讀者。他的文章不是一天寫成的，記敘的事情也不是短時期收集到的，經歷了二十年，稿子也修改了三、四遍，才完成了不滿一寸厚的著作。他的文章遣詞用語，運用典籍，全無抄襲造作的痕跡，完全得到了唐人小說的真諦！

陸機想用《三都賦》蓋酒罈

西晉太康年間，一個名叫左思的人寫了一部《三都賦》，在京城洛陽像風一樣的傳開。人們交口稱讚，爭相抄寫傳誦，一下子使得紙價都貴了起來。後來，竟然高價難買，不少人只好跑到外地買紙，拿到洛陽抄寫《三都賦》。這就是「洛陽紙貴」的由來。

然而，從左思寫成《三都賦》到受到重視，卻經歷了十年磨練和曲折。如果不是遇到識貨重才的伯樂，他的名作也不過是一疊廢紙而已。

左思是山東臨淄人。父親左雍原來是一個小官吏，作到御史。左雍很看不起自己的兒子。因為左思身材矮小，面目醜陋，說話吞吞吐吐，顯得呆癡癡的。左思已經到了成年，左雍還經常向朋友們說：「別看左思已經成年，可他所了解的知識和道理，還不及我小的時候呢！」

　　左思不甘心別人的鄙視，發憤讀書學習。他看過東漢班固寫的《兩都賦》和張衡寫的《二京賦》，雖然氣魄宏大，文辭華麗，卻寫出了東京洛陽和西京長安的氣派，但總有虛而不實的感覺。他決心依據事實和歷史的發展，寫出一個新的《三都賦》，把三國時的魏都鄴城、蜀都成都、吳都南京寫入賦中。

　　為了寫好《三都賦》，左思收集了大量的歷史、地理、物產、風俗人情的資料，力求筆筆都有著落，有根據。他閉門謝客，書、紙堆滿了屋子、走廊以至於廁所，常常好幾天才推敲出一個滿意的句子，十年過去了，一部凝滿甘苦心血的《三都賦》終於寫了出來！

　　但是，左思辛苦的工作受到了外人的嘲笑和譏諷。當時著名的文學家陸機也曾有過寫《三都賦》的念頭，聽說左思動筆寫《三都賦》，挖苦地說：「這個野小子不知天高地厚，妄想超過班固、張衡，太不自量力了。」他還給弟弟寫信說：「京城有個狂妄的傢伙想寫《三都賦》，等他寫完之後，我用它當廢紙來蓋酒罈子吧！」

　　《三都賦》脫稿之後，左思拿出來請文學界品評，那些高談闊論的文人們根本沒細看《三都賦》是寫的什麼，只見作者是一個無名小輩，就搖頭擺手，說得一無是處。左思不服，找到了著名文學家張華。

　　張華詳問了左思寫作《三都賦》的動機和經過，深為所感。他一字一句地閱讀《三都賦》，細心體察其中的含義和韻味。他越讀越愛，連聲稱好。他安慰左思說：「文章非常之好！因為你在洛陽沒有名聲，那些世俗文人自然看不起你。皇甫謐先生名聲很大，為人正直，我和他一起為你的

文章鳴鑼開道，向大家推薦！」

皇甫謐看了《三都賦》，和張華的評價完全相同，他親自為這篇文章寫了序言，又請了著作郎張載為《三都賦》中的魏都賦作注，請中書郎劉逵為蜀都賦和吳都賦作注。劉逵在為左思寫的說明中感慨地說：「世人常常重視古代的東西，而輕視現在的成就，不肯用心去研究新的事物，這就是《三都賦》開始不傳於世的原因啊！」

有了名人作序推薦，《三都賦》很快風靡京都，原來譏笑左思的陸機聽說，趕忙找來了抄本，認真地閱讀了一遍，不禁點頭稱是，連說：「出人意料，寫得太好了！」他斷定自己再寫《三都賦》絕不會超過左思，於是停筆不寫了。

■ 為人之師

孟子說：「聖人是百代的老師，伯夷和柳下惠便是這樣的人，所以聽到伯夷風操的人，貪得無厭的人清廉起來了，懦弱的人也有獨立不屈的意志了；聽到柳下惠風操的人，刻薄的人也厚道起來了，胸襟狹小的人也寬大起來了。他們在百代以前發奮而為，在百代而後，聽到的人沒有不為之感動奮發的。不是聖人，能夠像這樣嗎？百代之後還如此，何況親自接受薰陶的人呢？」

孟子說：「『仁』的意思就是『人』，『仁』和『人』結合起來說，便是『道』。」

■ 師文學琴

傳說瓠巴奏琴時，鳥在空中舞，魚在水中躍。鄭師文聽說後，便離開家跟著師襄遊學。師襄把著手指教他調弦，鄭師文三年也沒有奏出一曲樂章。師襄說：「你可以回家了。」鄭師文放下琴，嘆息道：「我並非不能

調琴弦，也並不是不能彈奏樂曲。我所留心的不在於如何調弦，心中的志向也不在聲調上。在內不能得之於心，在外不能應之於樂器上，所以我不敢放手去撥動琴弦。暫且過一段時間吧，看我日後如何。」

　　沒過多久，鄭師文又去見師襄。師襄問：「你的琴彈得怎麼樣了？」鄭師文回答說：「我已經有所領悟了，請讓我試著彈一下。」於是，面對春景，鄭師文撥動商弦奏出秋天之聲。忽然涼風吹了過來，草木結出果實，對著這秋景，他又撥動角弦激發出春日之聲，暖風輕輕地迴旋，草木開始開花。到了夏景，他則撥動起羽弦奏出冬日之聲，頓時天上霜雪交加，大河水池突然都結了冰。對著這冬景，他又撥動征弦奏出夏日之聲，太陽馬上發出熾熱的光芒，堅冰立刻融化，當整部樂章要奏完之時，他彈奏宮音總括四弦，只見和風輕輕地吹拂著，祥雲飄浮在天空，甘露自天而降，甘如甜酒的清泉從地下湧出。師襄拍著胸脯高興得手舞足蹈，說：「妙啊！你的琴彈得太妙了！即使是師曠彈奏的《清角》之曲，鄒衍的吹律，也無法超過你彈出的聲音，他們只配拿著樂器跟在你的後面當學生了。」

■ 紀昌學射

　　甘蠅是古代善於射箭的人，他一拉開弓，那些野獸就趴在地上，鳥也從空中掉下來了。甘蠅的弟子名叫飛衛，飛衛向甘蠅學習了射箭，他的技巧超過了老師。紀昌又在飛衛那裡學習射箭，飛衛說：「你要先學不眨眼睛，然後才可以談到學射箭。」

　　紀昌回家後，仰臥在妻子的織布機下，用眼睛盯著織布機一上一下的腳踏板。兩年以後，即便是錐尖刺到他的眼皮上，他的眼也不會眨動。紀昌把這些告訴了飛衛。飛衛說：「還不行，一定要先練習眼力，然後才能談到射箭。等你把小東西看得像大的一樣，把模糊的東西看得十分清晰，然後再來告訴我。」

紀昌用犛牛的長毛拴了一隻蝨子掛在窗戶上，面向南邊望著牠。十天的功夫，這個蝨子漸漸顯得大起來了。三年以後，這個蝨子看起來就像車輪一樣大。然後再看別的東西，都像小山一樣了。於是，紀昌便用燕地牛角做成的弓，用北方蓬竹做成的箭桿，射那隻蝨子。箭穿過蝨子的心，而懸掛蝨子的牛毛卻沒有斷。

紀昌把這些情況告訴了飛衛，飛衛高興得跳了起來，用手拍著紀昌的胸脯說：「行了，你已經真正掌握射箭的門道了。」

◆ 造父學御

造父的老師名叫泰豆氏。造父開始跟隨泰豆氏學習駕車時，要按照行路禮節行事，十分謙卑，而泰豆氏三年都沒有告訴他如何駕車。於是造父更加謹慎地按禮節辦事。泰豆氏才告訴他說：「古詩說：『好弓匠的兒子想學好作弓，一定要先學好作簸箕；好鐵匠的兒子想學好冶煉，一定要先學好縫皮衣。你先觀看我快步走路，等你的動作像我這樣了，然後你就能手拿六根馬韁繩，駕馭六匹馬的車了。」造父回答說：「我一切都按照您的話去作。」

泰豆於是立上一根根木樁作為道路，木樁的大小僅僅能夠容下一隻腳，並且按照步子的間隔距離設置。泰豆踩在上面，快速地跑來跑去，不曾失足摔倒。造父學著泰豆的樣子，三天便完全學會了這一技巧。

泰豆感嘆地說：「你多麼聰穎呀！這麼快就掌握了這門技巧。大凡駕車，也是這樣的。剛才你在那些木樁上的行走，得力於腳，配合於心。把這一道理推及到駕車上，便是馬韁繩與馬嚼子要配合默契，掌握韁繩要急緩和諧，駕車的分寸掌握在心中，控制在執馬鞭的手裡。這樣，對內是自得於心，對外也順應了馬的心性。因此，無論是進退，都能合於駕車的準繩，旋轉拐彎也能合於駕車的規矩。這樣，即使跑了遠路，馬也還有餘

力。真正掌握了駕車的技術，就是要掌握好馬嚼，配合於馬韁；掌握好馬韁，配合於雙手；掌握好雙手，配合於內心。達到這樣的境地，駕車時便用不著眼睛去看，用不著鞭子去鞭打，心情悠閒，身體端正，六根馬韁繩不亂，每匹馬的腳步也都不會出現差錯。無論轉彎還是前進後退，自然沒有不合乎節奏的。然後車輪碾過的轍道以外可以不需要更寬的轍道，馬蹄所踏之處以外可以不需要空地。就是到了山谷也不會覺得有什麼險阻，與行駛在平坦的路上感覺一樣。我駕車的技術就這些了，你記住它吧。」

■ 獄中學《尚書》

　　一縷陽光透過窗欄投射到監獄裡，慢慢地在牆根下移動，從西往東，消失了。一天又過去了。看著時光過得如此快，身體因受牢獄之災而極度虛弱的黃霸（西漢大臣）情不自禁地向在監獄東頭坐著的一個人跟前爬去。

　　那人叫夏侯勝，是西漢著名的學者，尤長於解讀《尚書》。漢宣帝即位，想頒詔書，宣傳漢武帝的功勞，別的大臣齊聲附和，唯獨夏侯勝認為武帝窮兵黷武，不惜民財，不宜大肆宣傳。於是落個誹謗「先帝」的罪名，關進監獄。黃霸因對夏侯勝的意見表示贊同，也被關了起來。

　　黃霸爬到夏侯勝的跟前，說：「我拜您為師，您給我講《尚書》吧。」

　　「唉！」夏侯勝嘆息一聲，悲切地說：「我倆犯的是死罪，活不了幾天啦！還學什麼《尚書》啊！」

　　「人生短暫，時光本來就不多，怎能讓它白白過去呢？」黃霸指著沿牆根移動的陽光，「您看，光陰如箭，此言不虛啊。」

　　夏侯勝看著牆角，漠然地說：「那也沒法呀。」

　　「怎麼沒法呢？」黃霸懇求道：「古人說，早上聽了有益的道理，晚

上死了也值得。這不就是叫人重『道』，叫人抓緊時間學習嗎？您就收下我這個學生吧！」

夏侯勝很感動，就開始教黃霸學《尚書》。一晃三年過去了，黃霸學業大進。當他倆被赦免出獄時，黃霸也成了一位對《尚書》研究有很高造詣的人。

■ 梓慶為鐻

梓慶刻削木頭做鐻，用它來懸掛鐘磬等樂器，鐻做成後，看見的人都驚訝它有如出自鬼斧神工。魯國國君見鐻後問梓慶說：「你是用什麼法術做成的呢？」

梓慶回答說：「我不過是一個工人，那裡有什麼法術呢！不過，我還是有一點可以說說的。我將要製作鐻的時候，從來不敢分散一點精神，一定透過齋戒，排除雜念，使心寧靜下來，齋戒三天，心裡就不敢存有希望別人慶賀賞賜的念頭。齋戒五天，就全然不敢把別人的毀譽、評議放在心上，齋戒七天，就達到了出神入化的境界，連自己的四肢形體都通通忘掉了。到了這個時候，心裡再沒有這是為了朝廷製作鐻的想法，只是專心於雕刻的技巧，外界的一切干擾都消除了。然後我才進入山林，觀察鳥獸的天然性情與外在形態，並得之於心，一個精良的鐻的形態已存在於我的心中了。

到這時，我才開始動手製作，如果不是這樣的話，我就不做。做，就要使心中的鳥獸形象與天然的鳥獸形象相符合。我做成的鐻之所以被人懷疑有鬼斧神工之助，大概就是這個緣故吧。」

■ 薛譚學歌

薛譚在秦青那裡學唱歌，還沒有完全學到秦青唱歌的技巧，卻自以為已經全部學到了，於是辭別秦青準備回家。秦青沒有阻止他，而在郊外的

大道旁為薛譚設宴餞行。在宴會上，秦青擊著節拍唱起悲壯的歌，歌聲震撼了樹林，天上飄動的雲彩也被歌聲吸引住，停下不動。於是薛譚向秦青認錯，要求重新回到秦青身旁繼續學唱。而後，薛譚一生再沒有說過要回家的話。

孔子問駝背老人

　　孔子到楚國去，經過一片樹林，看見一位駝背老人用竹竿黏蟬就像用手拾東西一樣容易。孔子說：「您的手真靈巧啊，有什麼竅門嗎？」

　　老人說，「我有竅門啊。我用五、六個月的時間練習在竹竿上迭放兩個小球而不掉下去，蟬就很少跑掉了；迭放三個小球而不掉下去，十隻蟬最多跑掉一隻；迭放五個小球而不掉下去，黏蟬就像拾東西一樣了。我站著就像一截樹樁，拿竿的手臂就像一乾樹枝。儘管天地那麼大，世上萬物那麼多，而我的心裡只想著蟬的翅膀，我不轉身，不傾身，不因萬物分散我對蟬的注意力，這怎麼能捉不到蟬呢？」

　　孔子對學生說：「用心專一，就會達到神妙的境界。」說的大概就是這位駝背老人吧。

張良拜師

　　有一天，張良（漢代軍事家）到橋頭散步，見一位老人端坐在那裡。張良走近老人身前時，老人把腳一縮，鞋子掉到橋下去了。

　　「年輕人，下去把我的鞋撿上來。」老人對張良似乎有點命令式地說。

　　張良一打量，這位老人氣度不凡，看來很有點學問，就毫不猶豫地跑下橋，到河岸邊撿起了這隻鞋子。

　　老人並不滿足，又把腳一伸說：「給我穿上！」張良跪著給老人穿好了鞋子，那老人捋著鬍子，含蓄地笑了笑，便拂袖揚長而去。

　　張良一心想向這位老人請教學問，便尾隨而來。走了近半里路，老人轉身對張良說道：「你這小子還真有出息，我倒樂意教教你。」張良聽了倒頭便拜。老人囑咐道：「五天以後天一亮，你到橋頭來跟我會面。」「是！」張良欣喜若狂，趕緊施禮作答。

　　五天後，張良起了個大早，哪知老人比他更早，說他「姍姍來遲，心不誠矣！」讓他過五天再來。隔了五天，張良聞雞鳴起身，還是來遲了。只得又推遲五天。第三次橋頭會見，張良於更深夜半，迎著寒風，佇立橋上，老人見他確有真心求學之意，便贈他《太公兵法》一書，他日夜攻讀，勤苦不懈，終於成了一名中國歷史上卓越的政治家和軍事家。

吳道子寫生

　　唐玄宗很嚮往四川嘉陵江山水的秀麗風光，便派吳道子去寫生。吳道子自幼刻苦用功，善於繪畫，對於家鄉的山水景物又有濃厚的興趣，這次欣然遵命重遊舊地，飽覽蜀中山川之美，將所見所感銘記在心。

　　回到長安，唐玄宗觀賞心切，便要吳道子拿出畫稿，吳道子回答說：「我沒有畫什麼稿子，要畫的都記在心裡了。」唐玄宗感到疑惑不解，命他當場在大同殿作畫。吳道子早已胸有成竹，舉筆揮毫，只用了一天的工夫，就在大同殿壁上畫成了一大幅嘉陵江三百餘里的旖旎風光圖。唐玄宗看後，把這幅壁畫與以前李思訓畫了幾個月才完成的同一畫幅相比，結果不得不讚嘆說：「李思訓數月之功，吳道子一日之跡，此極其妙。」

施耐庵「虎癖」

　　崇山峻嶺，古樹參天。林中陰森森的，使人覺得有點毛骨悚然。施耐庵（中國元末明初小說家）來到一棵大樹前看了看，就順著樹幹爬上去，坐在樹枝上，機警地觀察著四周，像是在等待什麼。突然，一隻梅花鹿

「嗖」地從眼前竄過，緊接著，一聲雷鳴般的虎嘯，從林中跳出一隻斑斕猛虎。下面是一場餓虎撲食和驚鹿逃生的驚心動魄的搏鬥，施耐庵看得如癡如呆，直到老虎走去多時，他才從樹上溜下來，又轉到別處觀虎去了。

原來，施耐庵正在構思寫作《水滸傳》，為了突出英雄的神威，他計畫要在作品中多處寫到打虎的場面。但自己從來沒有見過山中活虎，對老虎的習性、生活動態和捕食情形，都只憑傳說和想像了解一個大概，更沒有見過獵人打虎的場面，這樣寫作品，怎能實際地表現老虎的凶猛和英雄打虎的神威呢？為了彌補這個不足，他就到深山裡觀察虎來了，並且找了許多有經驗的獵戶，了解他們獵虎以及與虎搏鬥的情況。所以後來施耐庵在寫到解氏兄弟獵虎，李逵沂嶺殺虎，武松景陽岡打虎時，都寫得繪聲繪色，栩栩如生。

秋水時至

隨著秋天的到來，大大小小的流水都注入黃河，水勢之大，兩岸以及河中渚洲之間，連牛馬都辨認不清。於是河伯非常高興，認為天下一切美好的東西都匯聚在自己這裡來了。它順水流向東而行，一直到了北海，向東面一望，看不見水的盡頭。於是河伯才改變了自己洋洋自得的面容，望著大海對海神感嘆道：

「俗話說：『聽說了很多道理，便以為誰都不如自己。』說的就是我呀！我曾聽說有人看不起孔子的學識，輕視伯夷的節義，起初我不相信。現在我看到你的浩瀚無涯，倘若我不是來到你的面前，可就危險了，我將永遠被懂得大道的人所嘲笑。」

◆ 養由基善射

楚國一位名叫養由基的人，擅長射箭。他站在離柳葉百步遠的地方射柳葉，百發百中，在旁觀看的人都為他連連稱好。只有一個過路的人看了說：「你射得不錯，現在可以教你射箭的技術了。」

養由基說：「人人都說我箭射得真好，你卻說可以教我射箭了，你為什麼不來射一箭看看呢？」

過路人說：「我不能教你具體的射箭姿勢，但我可以告訴你，射柳葉百發百中，而不會善於休息，射一會兒，弓就不正了，箭也會射偏。一箭射不中，就會前功盡棄。」

◆ 齊白石畫蝦

齊白石的案頭上擺著一個大碗公，老人正趴在碗旁仔細地看著什麼。

碗裡養著幾隻鮮蹦活跳的小蝦，此刻牠們正在進行一場「短兵相接」的搏鬥哩！開始，小蝦兩軍對峙，雙方緩緩挪動，彷彿都在尋找對方的薄弱環節作為突破口；接著，一隻只都舉起雙鉗，撲上去勇猛格鬥，廝殺得難分難解。白石老人被這奇趣的「蝦戰」深深吸引住了，越看越覺得津津有味。

白石老人為什麼對蝦如此有興趣呢？是業餘愛好嗎？不！他專門在案頭上養了一碗蝦，是為了隨時觀察蝦的生態特徵，以便在作畫時對蝦的造型特點把握得更準確。

原先，白石老人畫的蝦，長臂和軀幹變化不多，長鬚也大都是畫成平擺的六條長線。在長期耐心細緻的觀察中，他發現蝦在破水沖躍時，是雙鉗閉合，軀幹伸展，長鬚是急甩於後的；蝦在輕浮慢浮時，是雙臂彎曲，長鬚是緩緩擺動的。所以，後來他畫蝦時都一一作了改正，作品也就更加神態多變、生動傳神了。

梅蘭芳尊師

　　梅蘭芳不僅在京劇藝術上有很深的造詣，在琴棋書畫上也是妙手。他師從名畫家齊白石，虛心請教，總是執弟子之禮，經常為齊白石磨墨鋪紙，全不因為自己是個名演員而自傲，老師對這個「學生」十分喜愛。

　　有一次，齊白石到一位朋友家做客。這天賓朋雲集，來者皆社會上的名流，個個長袍馬褂，西裝革履。齊白石較之這些人，穿著自然寒酸，不引人注目。正在這時，主人高興地上前迎接梅蘭芳，客廳裡的人蜂擁上前，把他圍了起來，並一一同他握手。可梅蘭芳已得知齊白石也來赴宴，他四下環顧，尋找老師。「怎麼，難道齊老沒來？」他暗暗地想。忽然，他看到了冷落在一旁的白石老人，他就避開別人一隻只伸過來的手，擠出人群，向孤零零的畫家恭恭敬敬地叫了一聲「老師」，和他寒暄問安。

　　在座的人見狀都很驚訝，齊白石為之深受感動。隔了幾天，特向梅蘭芳饋贈《雪中送炭圖》，並題詩道：

　　記得前朝享太平，布衣尊貴動公卿。

　　如今淪落長安市，幸有梅郎識姓名。

我要用筆征服全世界

　　一八二八年四月的一天，在巴黎貧民區凱西尼街的一座四面透風的小屋子裡，搬來了一位新房客。不久前，他因經營出版印刷業破了產，已經欠下了九萬法郎的巨額債務，每年單是利息，就要付出六千法郎。債權人半夜三更來敲門，警察局發了通緝令，要把他拘禁起來。實在沒有辦法了，他才隱姓埋名，躲進了這所不為外人所知的小屋子。

　　他租用了三間屋子，一間作為書房。他簡單地布置了一下，坐在書桌前，認真地思考著：多年以來，自己遊移不定，根本就沒有集中精力從事自己所喜愛的文學創作。現在是重整旗鼓的時候了！他驀地站了起來，在

書房的壁爐架上，立上一座拿破崙的小雕像，在雕像的底部，貼著一張紙條，上邊寫道：「彼以劍鋒創其始者，我將以筆鋒竟其業。」就是說，拿破崙想用武力征服全世界，沒有做到，而我卻要用筆征服全世界。

這個雄心勃勃的青年，就是巴爾札克。

■ 托爾斯泰反省以後

列夫‧托爾斯泰在青年時期，曾有一段放蕩的生涯。他不好好讀書，考試不及格，教師把他降了班。他賭博、借債、鬼混，足有一年的光陰在不務正業中送掉了。

但不久，他立即醒悟了，對自己表示十二分的不滿。他認為，自己的放蕩行為等於禽獸，真不是人了。他又把錯誤的原因，詳細地總結出來，寫在日記本上，計有八點：①缺乏剛毅力；②自己欺騙自己；③有少年輕浮之風；④不謙遜；⑤脾氣太躁；⑥生活太放縱；⑦模仿性太強；⑧缺乏反省。這一次反省猶如一個霹靂打在他的身上。他決心結束放蕩的生活，跟著他的哥哥尼古拉來到高加索，在炮兵部隊裡當一個下級軍官，並邁步走上文學創作之路，成為十九世紀俄國偉大的文學家。

■ 拉斐爾構思聖母

「『聖母』到底應該畫成什麼樣子呢？」拉斐爾冥思苦想了好久，但始終無法下筆。

有一天，拉斐爾在花園中散步。走著，走著，忽然看到一位美麗、健康、淳樸而溫柔的女子，在鮮豔的花叢中剪枝。女子這一富於魅力的形象深深吸引了拉斐爾，他立即拿起畫筆，畫下了他的優美的形象。後來，他又以此為模特兒，創作一幅著名的畫像 —— 《花園中的聖母》。

因為這個女子是園丁的女兒，《花園中的聖母》又常常被人叫做《美

麗的女園丁》。在這幅畫中，聖母已經沒有宗教傳說中的神祕氣息，而像一個美麗的、洋溢著幸福和青春活力的母親，體現了拉斐爾的人文主義思想。

哥白尼追求真理

古希臘的托勒密（Ptolemaeus）認為，地球處在宇宙中心不動，日月星辰都環繞著地球運行。這種地心體系學說流傳了一千多年，到了中世紀後期，成為維護教會黑暗統治的重要理論支柱。誰要是不同意這種看法，誰就是異教徒，就要把他送往地獄去。

可是，年輕的哥白尼（Copernicus）對這種傳統的觀念產生了懷疑。仰望天空，他想到：要是地球果真不動，遙遠的恆星要跑得多快才能每天繞地球轉一個圈子呀！這簡直不可想像。他看了好多書，發現古代有一個叫畢達哥拉斯的人就說過，地球是環繞太陽旋轉的。哥白尼覺得這種理論比托勒密的學說有理，便不顧《聖經》的權威、教會的處罰、人們的反對，而去追求真理。

從年輕的時候起，經過近四十年的深入研究、認真寫作、反覆修訂，哥白尼完成了《天體運行論》這部偉大的著作。明知道這部著作的公開發表，他就要遭到迫害，哥白尼還是把著作付諸出版了。當學生把剛裝訂好的一本《天體運行論》送到哥白尼的床前，七十歲的老人，撫摸著書的封面，安詳地閉上眼睛，離開了人間。

馬夫候客

一個身著華貴衣服的紳士悠閒自得地邁下馬車，年輕的馬夫連忙迎上前去，拉住馬匹，繫好韁繩。待到戲開始了，前來看戲的紳士們都進入戲院，馬夫終於閒下來。他趕忙貼在戲院的門縫上或找一個小窗洞，興致勃

勃地觀看著臺上的演出。

這個馬夫，就是後來聞名於世的莎士比亞。一五八七年前後，他才二十歲出頭，隻身來到倫敦，對戲劇發生了濃厚的興趣。每當他從戲院門口走過時，總是羨慕地望著那些從裡面走出來的演員，不肯離開。他想：「如果在戲院找個工作多好啊！」後來，他果然在戲院裡找到了一個差使；不是演員，而是馬夫，專門等候在戲院門口，伺候那些看戲的紳士。

年輕的莎士比亞想終身從事戲劇事業，便暗暗地發憤讀書，利用一切閒暇時間學習各種知識。但一當馬夫，許多時間都浪費在等客中了，怎麼辦呢？後來，他終於找到一種利用這段時間的辦法 —— 有機會就偷偷看戲，借此琢磨劇情和其中的角色。

曾是學徒工的法拉第

一九一二年十月，大名鼎鼎的英國化學權威大衛教授，準備在倫敦大不列顛皇家學院講座。而當時正在學裝訂的徒工法拉第知道後，回到店裡又把筆記一筆一畫地抄寫清楚，還不厭其煩的做化學試驗。

法拉第這樣做，引起店主的不滿，說他整天不務正業，胡思亂想，並下令不許他再在店裡看科學書籍，否則就得開除他，突然的打擊，曾一度使法拉第非常苦惱，後來他索性給大衛寫了一封信，說明自己對化學發生了濃厚的興趣，並希望在他身邊做一點事情。幾個月後，他出乎意外地得到大衛的答覆，同意他到皇家學院當一名實驗室的助手。

翌年十月，大衛教授要帶著剛結婚的夫人離開英國，去歐洲大陸旅行，並讓法拉第隨行。大衛夫人是個傲慢的女人，她待人苛刻，旅行的路上，把法拉第當僕從使喚，有時還不給他飯吃，氣得法拉第好幾次想中途離去。可是，為了事業他只好忍氣吞聲。就這樣，他雖然在旅途中受了大衛夫人的欺凌，但卻大大地開了眼界，認識了當時歐洲不少科學家，學到

了在試驗室裡學不到的許多知識。

回到倫敦，他依然勤勤懇懇地說明大衛做化學實驗，久而久之，法拉第從大衛教授那裡學到了一手精湛的實驗技術。後來他在物理學、化學方面做出了許多重大貢獻。

■ 能撬動地球的人

「只要給我一個支點，我就可以撬起地球。」古希臘大數學家阿基米德對國王說。

「哈哈，你太吹牛啦！」國王大笑說：「你且先替我撬一樣東西，看你講的話怎麼樣。」

當時，國王造了一隻很大的船，可是沒法推到水裡去。即使把全城的人集合起來，恐怕也推不動。國王對阿基米德說：「就請你來幫幫忙吧，把這條船推到水裡去，我的吹牛家。」

阿基米德滿口答應。他精心設計了一套複雜的由槓桿和滑輪組合成的機械，末端留著一條拉繩。然後請國王來看表演。

這一天，海邊，人山人海。那艘大船，長幾十公尺，有幾層樓那麼高，確實是一個龐然大物。阿基米德將一條小繩交給了國王，說：「請你拉一下吧，一切都解決了。」

國王半信半疑，手裡拿著繩子，先看了看，然後這麼輕輕一拽。哎呀，奇蹟出現了：大船移動起來，漸漸地向海裡滑去，就跟耍魔術一樣。國王驚得瞪大眼睛，張著嘴，半天才說：「這，這，這是怎麼回事，莫非鬼神相助？」

頓時，岸上爆發出一陣歡呼聲……

用奇蹟構成一生

被尊為「世界現代雕刻之父」、「二十世紀雕刻藝術最明亮的星辰」的布朗庫西（Brancusi）說過這樣一句話：「我的一生，是由一系列的奇蹟所構成！」

他是一個農民的孩子，從小就具有奔放無羈的思想和奇異的藝術稟賦。他對石頭有一種特殊的偏愛，他的學校在鄰村，上學路上，他經常仰臥在綠草如茵的比斯特裡塔河邊的草地上，凝視著藍天裡鷹隼的飛翔，或是戲弄著小河裡的魚群，觀賞著河灘上斑斕的鵝卵石。

二十五歲那年，他在藝術學校以第一名的成績畢業了。他沒有被學校雕塑工作室的優渥條件所誘惑，而是再次背起行裝，到老百姓中間去。從一個城市走到另一個城市，從布加勒斯特走到布達佩斯，從維也納走到慕尼克。人們看見一個奇怪的年輕人，全身是羅馬尼亞農民的裝束，拄著拐杖，打著綁腿，穿著半筒靴，完全靠兩隻腳長途跋涉，晚上就睡在樹林裡，農家的穀倉裡……看見美麗的景色，就隨時坐下來寫生。就是這樣，這個腰無分文，衣衫襤褸的青年以卓越的藝術才能進入了巴黎藝術學院這座藝術宮殿。

他在巴黎活動了半個世紀，但他始終以羅馬尼亞人自居，晚年時，他的身上的衣著依然是一頂喀爾巴阡山牧民的小帽，一件羊皮大氅和一雙半筒的皮靴。

一切重新開始

寂靜的夜晚月光如水，人們都已進入了甜蜜的夢鄉，只有愛迪生還在伏案工作。

突然，實驗樓火光沖天，最後被燒成一片瓦礫，愛迪生研究有聲電影的所有資料和樣片也都統統化為灰燼。他的老伴米娜難過得差點要哭出

來，傷心地說：「多少年的心血，叫一場火燒了個精光。如今你已年邁力衰，這可怎麼辦啊！」愛迪生也很傷心，但他絕不會遇到一點挫折就趴下。發明電燈時，他先後試驗了七千六百多種材料，失敗了八千多次，仍不氣餒，終於獲得成功，眼下一場火災也同樣不能使他後退。

愛迪生寬慰地對米娜說：「不要緊，別看我已經六十七歲了，可是我並不老。從明天早上起，一切都將重新開始，我相信沒有一個人老得不能重新開始工作的。」

■ 向空白卷進攻

夜闌人靜，德國物理學家海森堡（Heisenberg）的窗戶還閃著燈光，他還在鑽研原子理論問題。他的老師玻恩（Max Born）暗暗讚賞：「這年輕人真是勤奮不懈呢！」

當時，海森堡只有二十三歲，正在德國物理學家玻恩手下當助手。玻恩寫了一本有關原子理論的書，介紹丹麥物理學家波耳（Bohr）的理論。玻恩的書明明包含了所有的內容，作者卻偏偏只標為第一卷。那麼，第二卷在哪裡呢？似乎還是空白。原來玻恩看出波耳原子理論遇到了無法克服的困難，必將由一種新理論取而代之。他將第二卷預先空著，留作將來描述新理論用。

新理論在何處？玻恩自己暫時提不出，而他的助手海森堡卻奮勇地朝空白的第二卷進攻了。不久，他便跳出了波耳模型的框框，直接從反映原子內部情況的光譜實驗規律著手，進行理論分析。第二年，海森堡的方格表就出現了。

玻恩聽了海森堡的敘述，看了他創造的方格表，欣喜若狂，肯定地說：「好呀，這個小夥子的發現，就是我所期待的第二卷的內容。」

讓人家說去吧！

兩百多年前的一個秋天，英國牧區的一個縣醫學會正在開會。

詹納（Edward Jenner）興沖沖向大家報告用牛痘接種可以使人免除天花。

一聽完詹納的報告，會場馬上像開了鍋。

一個醫生站起來說：「詹納先生認為人是從牛的身上傳染牛痘，那他就是把人當作下賤的牲口了。」

另一個醫生接著嚷起來：「什麼種牛痘，這簡直是褻瀆神明！」

這種情況並不使詹納感到意外，他早已領教過了。可是事情比他想的還要糟。

「如果詹納堅持自己的觀點，那麼，他還有沒有資格從事外科和行醫，就值得懷疑！」一個醫生冷冷地說。

另一個醫生馬上附和：「如果他繼續在這方面進行研究，就應該把他開除出縣醫學會。」

「對，我提議投票表決，立刻開除詹納！」

多虧會長說了幾句公道話，才把這場騷動平息下去。

情況是險惡的，但是沒有使詹納屈服。「讓人家說去吧，我走我的路！」詹納沒有理會這些世俗的偏見和惡意的攻擊。事實證明：正是由於他的發現，才拯救了無數人的生命，打開了免疫學的大門，全世界都感謝他！

什麼都想看一看的左拉

酒吧裡，怪腔怪調的叫聲喊聲，時而嘈雜時而纏綿的音樂聲，還有舞女那風騷裡含著悲切的歌唱聲，空氣一片汙濁。左拉（Zola）在這裡觀察了很久，才抬腿離開。

剛走到大街上，忽見前面吵吵嚷嚷，圍了一大群人，原來是一個妓女在和員警打架，左拉趕忙擠進人群，又看了好一陣子，直到人群散去。

他一路走著，到小酒店去坐一會兒；到洗衣房去和洗衣女工聊聊天；遇上泥水匠和鐵匠，也要拉呱幾句。當他來到一家門面較大的商店時，正巧有幾位女顧客在和老闆討價還價，他便立在一旁，津津有味地觀察了一陣。

左拉就是有這麼個怪癖，什麼都想看一看。他常到煤礦去，與礦工們一道採煤，一起喝酒；他也到集市上去，看商販們怎樣做買賣。假如他坐火車，便去找乘務員了解火車發生事故的情形；假如他路過打過仗的地方，便興致勃勃地去尋找戰爭的遺跡和線索。

教堂，他去；學校，他去；甚至流氓·出入的地方，他也去。他恨不得將法國的整個社會都看過一遍。

正是由於左拉注意廣泛地調查研究法國社會的情況，觀察生活中各色各樣的人物，才寫出了由二十部長篇小說組成的巨著《盧貢─馬卡爾家族》。

■ 比薩斜塔的實驗

「落體的速度與落體的重量成正比」── 長期以來，人們對古希臘亞里斯多德的這條定律深信不疑。但是，義大利比薩大學的教授伽利略卻對它提出懷疑。因為他透過鐘擺的實驗發現：在可以忽略空氣阻力的條件下，落體的速度與重量無關。

為了證實不同於亞里斯多德的看法，伽利略和學生在室內做了各種實驗。一五九〇的一天，二十六歲的伽利略讓他的學生登上比薩斜塔，去做一個公開實驗，來推翻亞里斯多德的「定律」。

伽利略的學生分別登上斜塔的二層、三層、五層和塔頂，在伽利略的指揮下，學生依次讓不同重量的物體同時往下掉。出乎人們意料的，每一

次，不同重量的物體從同樣高度落下來，都是同時到達地面。

亞里斯多德的「定律」被推翻了，年輕的伽利略勝利了。

這次比薩斜塔的有名實驗，也就成了近代物理學的開端。

■ 形影不離的小紙條

這間房子的主人如果不是瘋子，就是一個有特殊怪癖的人。你看，眼前都是些什麼呀！窗簾上、衣架上、櫃櫥上、床頭上、鏡子上、牆上，到處都貼著形形色色的小紙條。

但是，常到這裡來的，竟沒有一位是治療精神病的醫生，全是出版商或其他神情完全正常的年輕人。原來，這房間的主人是著名的美國作家傑克・倫敦（Jack London）。面對這些紙條，到這間房屋來做客的人總是發出感嘆：「哎，這真是獨一無二的裝飾品！」

傑克・倫敦卻十分偏愛這些紙條，幾乎和它們形影不離。這些小紙條並不是空白的，上邊寫滿各式各樣的文字：有美妙的詞彙，有生動的比喻，有五花八門的資料。傑克・倫敦從來都不願讓時間白白地從他眼皮底下溜過去。睡覺前，他默念著貼在床頭的小紙條；第二天早晨一覺醒來，他一邊穿衣，一邊讀著牆上的小紙條；刮臉時，鏡子上的小紙條為他提供了方便；在踱步休息時，他可以到處找到啟動創作靈感的語彙和資料。不僅在家裡是這樣，外出的時候，傑克・倫敦也不輕易放過閒暇的分秒。這時候，他早已把小紙條裝在衣袋裡，隨時都可以掏出來看一看，想一想。

■ 越學越發現自己無知

笛卡兒是一位知識淵博的偉大學者，但他越學越發現自己的無知。

一次，有人問這位大數學家：「你學問那樣廣博，竟然感嘆自己的無知，豈不是大笑話？」

笛卡兒說：「哲學家芝諾（Zénon）不是解釋過嗎？他曾畫了一個圓

圈，圓圈內是已掌握的知識，圓圈外是浩瀚無邊的未知世界。知識越多，圓圈越大，圓周自然也越長，這樣它的邊沿與外界空白的接觸面也越大，因此未知部分當然顯得就更多了。」

「對，對，你的解釋真是絕妙！」問話者連連點頭稱是，贊服這位學問家的高見。

成功的公式

有一位畫家，要給愛因斯坦畫像。

愛因斯坦夫人說：「你如有辦法讓他同意畫倒是一件難得的事，他是最怕出風頭的。上星期有人在報紙上印了他的照片，捧了他一下，他不舒服了兩三天。」

經畫家反覆請求，他才同意畫像。畫完後，愛因斯坦又反覆叮嚀畫家說：「有一句話你不要忘記，這張畫請不要登在什麼報上，把畫像登在報上，那是演藝界人士要做的事，我是用不著的。」

這位畫家帶著畫像向大科學家告別了，臨行時，請教了愛因斯坦這樣一個問題：「人生有成功的公式嗎？」

科學大師思索了一下，說：「有，有，這就是：$A = X + Y + Z$。」

畫家問：「這是什麼意思？」

愛因斯坦解釋說：「A 代表成功，X 代表工作，Y 代表休息，Z 就是少說廢話！」

俄國科學始祖羅蒙諾索夫

一七三〇年冬，十九歲的羅蒙諾索夫（Lomonosov）離開家鄉，來到兩千公里之外的莫斯科求學。開始，因為他不是貴族子弟，接連跑了幾家學校，都被拒之門外。但是羅蒙諾索夫並不甘休，後來他裝成貴族的兒

子，混入了斯拉夫一間拉丁學院學習。

這是個貴族教會學校，全部是用拉丁文講課，羅蒙諾索夫連一個拉丁字也不識。在上第一堂課的時候，老師嫌他不懂拉丁文，叫他坐到最後一排去。他剛剛坐在座位上，教室的小傢伙們一面叫嚷，一面指手畫腳地說：「看呀，一個大傻瓜來學拉丁文啦！」（因為班上大都是十三、四歲的孩子）老師的冷淡，同學的譏笑，沒有使羅蒙諾索夫灰心喪氣，他裝作沒聽見似的，只是用心聽講，刻苦學習。不久，他就學會用拉丁文造句。老師對他的學習成績很滿意，他的座位也就一天天向前移動，不久就坐到第一排位置上了。

一七三五年，學校選「大有希望的少年」到彼得堡科學院學習，已經二十四歲的羅蒙諾索夫被選中了，之後又因為他卓越的才能和優良的拉丁文知識，被派到德國去學習。就這樣，他硬是由一個打魚的青年，慢慢成長為一名具有廣泛才學的著名科學家，被譽為「俄國科學的始祖」。

阿基米德稱王冠

敘拉古一年一度盛大的祭神節即將到來。希艾羅王請金匠做了一頂純金的王冠，準備去參加祭神典禮，但是不知道金匠是否偷工減料，用其他的金屬代替黃金，在王冠裡面摻雜別的金屬。他要阿基米德設法查出來。這實在是一個難題，阿基米德苦苦地思索著。一天，他去洗澡，進澡盆的時候，水開始往上升起來，他再坐下的時候，水漫溢到盆外。同時他覺得入水愈深，則他的體重愈輕。他豁然開朗：如果王冠放入水中，所排出的水量沒有同樣大小的純金屬所排出的水量一樣輕重，則金匠替國王所製的冠冕，一定夾雜有其他金屬（因為黃金的密度較大）。想到這裡，他連忙穿上衣服，一直衝上人來人往的大街。嘴裡喊著：「我有辦法啦！」他的妻子愣愣地站在一旁，不知道自己的丈夫又有什麼新發現。

牛頓失學以後

牛頓十五歲那年，他的母親把他從學校中叫回來，要他去學習經商。每星期派一個可靠的老僕人陪著牛頓外出做一次買賣。牛頓對這些商賈瑣事既不擅長也不喜歡。所以全部交托老僕人去辦，自己卻偷偷地跑到一所小房間裡讀書。有時索性叫老僕人獨自去經營，躲到路旁的籬笆邊埋頭讀書。

一天，他正在籬笆邊興高采烈地大誦其書，卻被他的舅舅看見。舅舅以為他偷懶，想上前去責備他。近前一看，發現牛頓讀的是數學書，舅舅大為感動，專程趕到牛頓家裡，成功地勸說牛頓的母親同意牛頓繼續上學讀書。

達文西「磨洋工」

「達文西，這是怎麼搞的？一天到晚往外跑！」米蘭某修道院的副院長滿肚子不高興。他憤憤地跑到上司那裡告了一狀：達文西在繪畫中三天打魚兩天晒網，八成是在「磨洋工」呢！

這件事發生在達文西創作名畫《最後的晚餐》的過程中。為了畫好這幅畫，達文西真是費盡了心血。畫面要表現耶穌和他的十二個門徒，其他人物都畫好了，最後只剩下猶大這個叛徒的形象久久難以下筆。怎樣才能更深刻、更傳神地刻畫出猶大的卑汙、奸詐呢？達文西整天鑽到米蘭最骯髒的角落去尋找理想的「典型」，所以他不得不將工作一停再停。

大公將達文西和那位副院長叫來，一起查問事情原因。達文西把情況原原本本地講了一遍，並說：「有資質的人，在他們工作最少的時候，實際上是他們工作最多的時候，因為他們是在構思，並把想法醞釀成熟，這些想法隨後就透過他們的手法表達出來。」

最後，達文西表示：如果副院長硬讓我馬上畫出來，在我至今還沒有找到猶大理想的模特兒的情況下，只好就把這位副院長的尊容畫上了。大公聽了連連點頭稱讚達文西做得對，那位副院長只好紅著臉溜走了。

■「狂熱症」門采爾

「看什麼呢？看什麼呢？」路邊聚了一大群人，都在望著遠處一個地方，嘰嘰喳喳地議論著。

遠處的一條臭水溝旁，有一個人低著頭坐在那裡，坐了許久還不走。為什麼要坐在臭水溝旁休息呢？過往行人覺得很奇怪。後來有人跑近一看，原來是門采爾（Menzel）在畫畫呢！門采爾是個異常勤奮的人，他總是隨身帶著鉛筆和畫紙，遇上他覺得有意思的東西，就立即將它畫下來。剛才他跨過水溝時，不小心弄髒了鞋子，便坐下來專心致志地畫他那滿是汙泥的鞋子了。

門采爾就這樣無論在何時何地都手不離開畫筆，所以有人對他開玩笑說：「你大概是患了繪畫『狂熱症』吧？」

門采爾興奮而詼諧地答道：「我希望這個病永遠治不好！」

■ 記在你的袖子上

四周的牆腳擺著裝滿各種儀器的木櫃，屋子中間的長條桌上，也放著玻璃盆、燒杯和其他奇形怪狀的東西，空氣中充滿了酒精、硫磺和其他藥物混雜在一起的怪味。這是一間典型的化學實驗室。

盧瑟福（Rutherford）和他的助手正在做實驗。他是一個嚴肅認真的人，為了爭取時間，往往忘了自己的一切。他同助手忙了一陣，實驗做成了。盧瑟福讀著硫化鋅的閃爍讀數，對助手說：「快，把我的讀數記下來。」

「實驗記錄本？」助手跳起來惶然四顧。他忽然記起了記錄本還在另一個房間，他正想去拿，盧瑟福生氣了，厲聲叫道：「記在你的袖子上。」

驚慌的助手便真的在衣袖上寫起來了。

事後，盧瑟福看見助手弄髒了的衣服，說：「真對不起！但有什麼辦

法呢？我們得抓緊時間呀。若是當時不記在袖子上，我們的實驗還得從頭做，那浪費的時間就太多啦。」

助手點點頭，臉上露出信服的表情。

■ 當學生超過自己時

弗雷米（Edmond Frémy）與他的學生莫瓦桑兩人情誼很深、交往密切，常常在一起討論學術問題，猛攻科學難關。

一次，他倆各自都在提煉「氟」，弗雷米首先製成氟化氫，多次試驗就是不能釋出氟。真是踏破鐵鞋無覓處啊，正在這時，他的學生化學家莫瓦桑製出了氟，並請求法國科學院審查，而科學院偏偏派弗雷米同另外兩個人組成三人委員會去審查莫瓦桑的發現，真是無巧不成書了。

「嘿，弗雷米這下可難受啦！半輩子研究，想發現新元素，結果沒發現得了，倒被他的學生揀了便宜了。」

人們議論紛紛。

當弗雷米等人組成的三人委員會到了莫瓦桑那裡審查時，實驗正在進行，時間在飛逝，急得莫瓦桑直冒汗，連一個氟的氣泡也沒有，頭次實驗失敗了。

弗雷米說：「莫瓦桑，別急，我們明天再來審查吧。」他並不因學生的失敗而欣喜，反而勸慰，叫人冷靜。

第二天，實驗成功了，莫瓦桑果然離析出了氟。人們看到，莫瓦桑是在弗雷米的基礎上成功的，都為弗雷米惋惜。認為他同莫瓦桑的關係從此便會告「吹」了，誰知弗雷米坦蕩地說：「看見自己的學生青出於藍而勝於藍，永遠是作老師的一件樂事啊！」

這件事不但沒有影響他倆的關係，反而使他們更加尊重對方，因此更加親密了。

卡秋莎的婚事

托爾斯泰讀完了《復活》的初稿，不禁眉心皺起了個疙瘩。他對卡秋莎的結局很不滿意。初稿中是這樣描寫的：貴族老爺聶赫留朵夫的懺悔，使卡秋莎深為感動，於是她不念舊惡，欣然與聶赫留朵夫結了婚，並雙雙移居國外，建立了幸福美滿的家庭。

「這怎麼可能呢？」

「一切都虛假、杜撰、拙劣。」

托爾斯泰意識到自己這樣安排太彆腳了，這樣大團圓的結局是違背生活真實的。他推翻了原稿，重新精心構思，決意要為卡秋莎「物色」一個合適的對象。最後將作品改為：在流放西伯利亞的過程中，卡秋莎在思想上、道德上都逐漸成長起來了。她斷然拒絕了聶赫留朵夫的求婚，而與政治犯西蒙松相愛。這一改動，不僅使作品更符合生活真實，而且使主題更為深刻、鮮明。

卡秋莎的婚事妥善解決了，托爾斯泰的臉上露出了滿意的神色。

蘇里科夫尋狗

蘇里科夫（Vasily Surikov）創作《女貴族莫洛卓娃》時，畫面上需要塑造一個帶著狗的流浪人的形象。可是，他畫了幾十張草圖，都不理想。特別是那條狗，怎麼畫都不滿意。

蘇里科夫見過不少的狗，但都上不了這張畫。他於是整天在街頭、巷尾、廣場和劇院門口閒晃，細心地調查狗的品種、體型等。大耳朵的警犬、尖牙利齒的獵犬、賣藝人帶的小花犬和貴婦人懷抱的金毛巴兒狗，他都細細地觀察一番，描在速寫本子上。他搖搖頭，說：「這些狗都不行。」

一天，蘇里科夫在一條小街上看見一個老太太牽著條微跛的小黑狗，

那狗的形體把他吸引了。他趕上前去素描，哪知老太太發現有人跟蹤，以為碰見了壞人，就驚慌地跑起來。蘇里科夫一直趕了兩條街才把她追上，向她說明原委。老太太才知道是怎麼回事，說：「您去畫好了。」說完，她喘著氣，坐在路邊的臺階上揉腿去了。

蘇里科夫連忙畫了幾張速寫。這就是《女貴族莫洛卓娃》裡那條狗的形象的來歷。

■ 貧民窟的新「難友」

倫敦東區的貧民窟是世界上有名的窮苦人聚居的地方，這一天，又新來了一個窮漢。

此人衣衫襤褸，自稱是流落異鄉的美國水手，別看他那副寒酸模樣，可對人特別熱情誠懇，他一來就和許多人交上了朋友。他很喜歡到工人家裡串門，也常常出沒於難民收容所。該領麵包了，他和難民們一起排隊，吃飽了就和窮漢們一起躺在僻靜的地方閒聊，只要一聊起來就沒完沒了，他好像對什麼事情都感興趣，老聽不夠。人們都覺得這個水手會體貼人，心底裡有什麼話都願意對他講。

可有時候這位水手就不露面了，誰也不知道他躲到什麼地方去了。他躲藏起來之後，就將耳聞目睹的一切都在紙上記下來。

過了幾個月，記錄的材料裝了滿滿一手提箱，他就提著這個箱子告辭窮朋友們回國去了。事後人們才知道這位窮水手就是大名鼎鼎的傑克‧倫敦。那部轟動世界的名著《深淵居民》，就是憑著他手提箱裡的素材寫成的。

第九章　識才之道

　　傳說姜太公釣魚用的是直鉤，願者上鉤。不過，他後來沒有繼續釣魚，而是被人接走，幫別人打天下，得八百年江山。劉邦少時「無賴」，只有岳父瞧得起他。劉備也只喜歡孔明那把扇子，去搧天下風和天下火。一切成功者莫不如此。

三訪渭水得天下

姜太公姓呂名尚，後因封於姜地，號為姜太公。他是西周文、武兩代君主的軍師。當初周文王訪太公於渭水時，還有一段很有趣的故事呢！

周文王名叫姬昌，是商紂王屬下的西伯侯，封地在岐山一帶。他見紂王無道，決定起兵造反，但是，他覺得身邊缺乏一個深謀遠慮、運籌指揮的助手，於是悉心查訪，搜羅人才。

春光明媚，周文王帶了文武隨從到渭水邊遊玩。花紅柳綠，春草萌生，景色宜人。文王正在高興的時候，忽然聽見了遠遠傳來清晰的歌聲，歌聲唱道：

「我曹本是滄海客，洗耳不聽亡國音，日逐洪濤歌浩浩，夜觀星斗垂孤釣。孤釣不如天地寬，白頭俯仰天地老。」聽那歌詞，包含了商朝將要滅亡，乾坤必定更替，隱者避世逍遙的意思。文王大為驚異，命左右把唱歌的人找來。只見那幾個人是打魚的，文王問道：「你們唱的是什麼歌，誰編的？」

漁民回答道：「我們是打魚的，不識字，哪會編歌呢？這是一個叫呂尚的老翁，天天在渭水邊垂竿釣魚唱的，他每天唱這些歌，我們聽熟了，也都會唱了。」

文王聽了，心裡暗暗佩服那位釣魚的老翁，決定親自拜訪。

文王一行順著磻溪走了一裡多路，看見一個白髮老翁正穩坐河邊釣魚，文王已經走到他跟前，只見老翁仍然專心垂釣，旁若無人。文王看那老翁的魚竿，真是有點奇怪：一根長線上繫著一個直鉤，鉤上也沒有魚餌，更奇怪的是，那魚竿向上翹起，魚鉤離水面懸空三尺，這樣釣魚，哪能釣得著呢？

文王欠身向老翁施了一禮。呂尚握著釣竿說：「來者何人？」文王說：「我是西伯姬昌，今日出外遊獵，聽說你是一位賢才，特來拜訪。」

呂尚頭也不扭，說道：「你是出獵遊玩，賞玩風景，並不是真的為了訪賢而來。況且，我只不過是一個釣魚的老朽，年紀已經八十歲了，還妄想取什麼功名？我恐怕會妨礙你的遊興，請你回去吧！」說完，收起魚竿，走進蘆葦叢中。

文王見老翁在自己面前高傲自尊，更覺得呂尚是個氣度不凡的人。他心想，這是怪我還不夠恭敬。我應該鄭重嚴肅地請他，哪能借遊獵之機把他帶走呢！於是，文王回去齋戒了三天。第四天，特地帶著文武官員和車駕來到了磻溪。

這時候，呂尚仍然坐在河邊，唱著自己編的歌，那歌聲唱道：「短竿長線守磻溪，這個機關那個知，只釣當朝君與臣，何嘗意在水中魚？」原來，呂尚已經看清文王禮賢下士，極有風度，就想出來輔佐他。現在，文王二次又來了，呂尚的雄心壯志就要實現了。

文王見了呂尚，連忙施禮問候，呂尚答了禮，兩人來到呂尚的茅屋，討論起天下大事。

文王問：「現在紂王無道，民聲沸騰，我有心興兵伐紂，安邦立國，您能助我一臂之力嗎？」

呂尚說：「老臣不才，但已經看透了天下形勢，有心為天下人做些好事。我在渭水垂釣，並非釣魚，只是想釣賢明君主。大王不嫌老臣年老貧寒，兩次相訪，老臣一定捨生忘死，為大王效力。」呂尚接著分析了天下形勢，勸文王再進一步積蓄力量，爭取民心，以待時機。文王聽後十分高興，於是請呂尚上車，接回府中。以後，呂尚先後為文王和武王當軍師，為武王伐紂平定天下建立西周，創立了不朽功績。

◆ 淳于髡薦人

齊宣王號召臣下推薦賢才，淳于髡一次就把七個賢士推薦給他，宣王懷疑說：「人才難得，百里之地挑出一個都不容易，你一下子推薦七個

人，可靠嗎？」

淳于髡說：「物以類聚，人以群分，同類的鳥獸都聚集一起棲息。你去溼窪地裡找柴胡、桔梗這些草藥，永遠難見蹤影；若去梁父山北面去找，就可以車拉船載。人才也是互相聯絡互相往來的，找到一個，就會找到一群。我剛剛找到七個，你就嫌多了嗎？」

呂公嫁女

漢高祖劉邦年輕的時候，沒有正當職業，他借錢喝酒，到處遊蕩，雖然當了一個亭長（相當於現在的村長），但在人們心裡仍是一個無賴，很少有人看得起他。可是，劉邦性情豪爽，喜歡交遊和接濟別人。他還有一番雄心，想成就一番大事業。一次，劉邦看見了秦始皇出遊時威風凜凜、不可一世的氣概，十分感慨，說：「大丈夫就應該如此！」

有一個姓呂的老翁，同沛縣縣令是好朋友，有一回，縣令宴請呂公，沛縣的官吏、士紳，紛紛祝賀。蕭何當時是縣令的主使，為縣令操持酒宴事務。他宣布：「賀禮千錢以上的，可以坐在堂上；不滿千錢的，一律坐在堂下！」

賓客們根據主人的規定，有坐堂上的，有坐堂下的，不一會，差不多都坐滿了。

這時，來了一個大漢，高聲喊道：「我賀一萬錢！」眾人抬頭，原來是劉邦。蕭何知道他是一個一文不名的窮漢，剛要把他推到堂下，沒想到主客呂公從裡面出來了。

「請問，」呂公急切地說：「賀萬錢的是誰？」

蕭何說：「是劉邦，一個無賴！」

呂公抬頭一看，只見是一個身材高大，風度翩翩的年輕人，他早聽說過劉邦的名字，見他確實氣度不凡，便連忙把他請到堂上入座。劉邦也毫

不客氣，慨然就坐，旁若無人。眾人眼光盯住劉邦，多半是鄙視和嘲弄的神色。

宴會散後，呂公把劉邦留下，說：「我經歷好多事，見過不少人，還沒見過你這樣氣度不凡的。你前途無量，望多多保重。我有一個女兒，十分聰敏，願意許給你為妻！」

呂公嫁女的決定遭到了老伴的激烈反對，她生氣地說：「你常說我們的女兒有出息，將來要嫁一個有作為的人。沛公和你是好朋友，向你求婚你不答應，為什麼竟然嫁給那個劉邦呢？你難道沒聽人說他是無賴嗎？」

呂公說：「你們目光短淺，不會看人。劉邦將來怎樣，恐怕你們是想不到的！」呂公看到了什麼呢？他看到劉邦勇於藐視秦朝的法令制度，勇於藐視官僚和富紳，他也了解到劉邦的志向和豁達開朗的風度，知道他會成大事的。

劉邦後來果然率眾起義，取代秦朝天下，成了漢朝的開國皇帝，妻子呂后也成了顯赫的人物，而當時的蕭何、曹參這些秦朝小官也都成了他的臣下。呂公對劉邦不看小節，慧眼識才，招之為婿，是有知人之明的。

■ 有過失，用否？

劉邦和項羽在河南對抗。劉邦攻下殷城以後，激起了項羽的極大憤怒，他要處罰失守殷城的文官武將。正在這時，一個身體高大、儀容秀美的人偷偷離開了楚營，乘著夜色跑到了劉邦營中。

這個人就是陳平。他看到項羽對部下苛刻，不會用人，這才投奔劉邦的。他和劉邦部下的魏無知是老相識，並請魏無知向劉邦推薦自己。魏無知了解陳平的才學，在劉邦面前稱讚了陳平是一個很有計謀的人。劉邦很是高興，他問陳平：

「你在項羽那裡擔任什麼職務？」

「先是賜爵為卿，後又擔任都尉。」陳平回答道。

劉邦乾脆地說：「那就請你也擔任都尉好了。」劉邦拜陳平為都尉，並讓他負責監督眾將的事情。這一決定立即引起眾將一片譁然。他們紛紛找到劉邦，說：「大王今天得了一個楚霸王的降卒，也不知究竟有什麼才能，就用為親信，監督我們這些年長和有功的人，我們不服！」劉邦卻嚴肅地說：「既然我已經作出了決斷，你們還是服從軍紀為好！」那些將官們聽劉邦要以軍紀壓人，只得悻悻而退。

過了一段時間，周勃和灌嬰又來找劉邦，他們是和劉邦一起造反的弟兄，在漢營中有很高威望。他們見了劉邦，說：「陳平雖然外表瀟灑、漂亮，但胸中未必真有才學。我們聽說陳平在家與嫂嫂私通，名聲不好。他先投奔魏王咎，不受重用，逃到了項羽那裡，在那裡待不下去，又投奔大王帳下。你拜他為都尉，讓他監護全軍，他在這個職位上做了不久，便受了諸將不少賄賂，給他金子多的他就與人為善，給金子少或不給的就尋機報復。可見，陳平是一個反覆無常的亂臣和小人，請大王三思！」

劉邦不得不重視這兩位大將的勸誡，他當即把推薦陳平的魏無知叫來，問他究竟是怎麼回事。魏無知說：「我向大王推薦的是他的才能，大王問我的是他的品行，這是兩個問題。在今天爭奪天下的鬥爭中，如果只有好的德行而不懂得謀略，這樣的人大王能用嗎？我之所以推薦陳平這樣的人，是看到他的才學可以有益於大王的功業。如果他真的是一個棟梁之材，那盜嫂、受賄的事情，又何必抓住不放呢？」劉邦覺得魏無知的話有些道理，但仍有所懷疑，決定召來陳平，親自問他一番。

劉邦找來陳平，嚴肅地問道：「陳先生事魏不終投奔項羽，事楚不終又投奔這裡，為什麼這樣變幻不定、三心二意呢？」

陳平說：「臣先投奔魏王，魏王讓我擔任太僕，地位算不低了，但不能用我的計謀，所以又投奔項王；項王封我為都尉，賞過我金子，但項王

不能真正信任屬下；他所信任的不是姓項的宗族就是妻子娘家的兄弟，對傑出的人才他不會使用。我是聽說大王善於用人，才投奔了大王。我孑然一身，如不接受人家一點贈送就分文皆無。如果您覺得我提出的計謀有可行的，你就可以留下我；如果覺得我的主張無用，那我受的金錢俱在，可交給管錢的官吏，我回老家種田去好了。」

劉邦聽了陳平的敘述，很受觸動。他當即向陳平表示歉意，賜給了他很多金子，並提升陳平為護軍中尉，讓他名正言順地監督大小將官，包括周勃，灌嬰在內。眾將見劉邦這樣信任陳平，態度堅決，再也不敢說什麼了。

在楚漢兩家爭奪天下的鬥爭中，陳平為劉邦出了好多奇特的計策，最主要的是用反間計除掉了項羽的軍師范增，又協助劉邦掌權和任用了韓信。漢朝建立後，陳平歷任惠帝、呂后、文帝三代的丞相，參加了挫敗呂氏篡漢陰謀的鬥爭，成為中國歷史上最有名的智者與謀臣之一。

金無足赤，人無完人。對人才的缺點過於苛求就會埋沒他的長處。既看小節，更看大節，這才是對待人才的正確態度。

■ 漢文帝進細柳營

為了防備匈奴進犯，漢文帝派幾位將軍駐紮在北部邊塞，其中，周勃的兒子周亞夫率軍駐守細柳，即長安西邊渭水北面的地方。

為了鼓舞士氣，漢文帝決定親自勞軍。他先到了霸上和棘門兩個地方，車駕都是直人軍門，沒有人敢來攔阻。但到了周亞夫的細柳營外，只見軍旗飛舞，甲士持刀槍列隊，戒備森嚴，文帝先派人進營通報，說皇帝御駕勞軍。這時，營門軍士依然不動，說：「我們是軍營，只聞將軍令，不聞天子詔！」

過一會兒，周亞夫接見天子來使，才傳令開門。大門打開以後，傳令

長說：「將軍有規定，不許縱馬進軍營。」到了中軍帳裡，才見周亞夫全副武裝，披甲佩劍，過來迎接。他沒有像在朝廷那樣下跪，只行軍禮，文帝深受觸動，在車上扶著車幫，微微欠身向軍士致敬，周亞夫這時帶著軍士肅立兩旁，十分威嚴。

文帝離開的時候，周亞夫也不相送，並且立即關上營門，嚴整如故。有人對文帝說周亞夫對皇上無禮，文帝說：「這樣紀律嚴明，戒備森嚴，才是真正帶兵打仗的將軍。你看那霸上、棘門兩處軍營，鬆鬆垮垮，毫無戒備，如果突然遇到敵人襲擊，官兵都可能被人抓住，哪有周亞夫會治軍呢？」不久，就提拔亞夫為中尉，統領全軍。

人人都讚嘆文帝善用將才。後來，景帝時，吳王劉濞發動七國叛亂，就是周亞夫率領大軍，打敗了叛軍，安定了漢王朝的江山。

董宣的脖子太硬

東漢光武帝初定天下的時候，很注重以法治國。用法令管治天下百姓當然比較容易，但要約束皇親國戚就很困難。比如湖陽公主，她是光武帝的大姐，依仗權勢，十分驕狂。不但本人如此，連她的奴僕也狐假虎威，橫行無忌。

湖陽公主有個家奴行凶殺了人，躲在公主宮中不出來。當時的洛陽令名叫董宣，是個不徇私情的硬漢，他去公主家裡搜查凶手，但卻被擋在了門外。後來，董宣派人天天守在公主門口，下令只見那個奴僕出來，就趕緊報告捉拿。果然有一天，公主車馬外出，那個奴僕在後面跟隨。董宣聽說，立刻帶人去抓那個殺人的奴僕，正碰見公主車隊，於是迎頭攔住了車馬。

湖陽公主大怒：「好大膽的洛陽令董宣，誰給你膽子攔我的馬？」

董宣理直氣壯地說：「你的奴僕殺了人，當然要依法治罪！」他拔出

寶劍往地上一劃，責備公主不應該放縱和袒護奴僕，並命令衙役把凶手逮捕。那個凶手仗著公主的威風還想反抗，董宣大怒，命令左右把凶手當場斬首處死。

這一下子氣壞了湖陽公主，她馬上進宮向光武帝告狀，說董宣欺侮她。

漢光武帝聽說，召來董宣，當著湖陽公主的面，要責打董宣。

董宣說：「陛下是中興之主，應該法令嚴明，陛下讓公主縱容奴僕枉法殺人，對我這樣忠於法令的人竟然問罪，這樣何以治天下？不用你打，我自殺算了！」

漢光武帝覺得董宣有理，但為了照顧公主的臉面，要董宣向公主磕頭賠個不是。可是董宣說，寧可把頭砍下來，也不在公主面前把頭低下去。

站在旁邊的內侍上去硬要按下董宣的脖子，可董宣不服，依然直挺挺地站在那裡。這時，內侍已經看出光武帝並不想真的處罰董宣，就大聲地說：「回陛下的話，董宣的脖子太硬，按不下去！」

光武帝心中暗笑，命令：「把這個硬脖子趕出去！」

董宣出去以後，湖陽公主不滿地對光武帝說：「您從前在鄉間為平民，還敢抗拒官府；今天成了至尊天子，怎麼怕一個小小的洛陽令？」

光武帝說：「正因我掌了天下，要行法治，董宣又執法嚴明，當然不能處罰他了。」

結果，光武帝不但沒有治董宣的罪，還獎賞他不畏權貴，執法嚴明，賞錢三十萬。從此董宣得了個「強項令」的美號。光武帝劉秀知人善任的名聲，更傳於朝野了。

看來劉秀還是很懂得識別和保護人才，如果他是非不明，袒護皇親，那脖子無論多硬，也早被砍掉了。

外貌醜陋的龐統

　　龐統和諸葛亮是三國時代被稱為最有計謀、最有才學的名士，諸葛亮人稱「臥龍」，龐統稱為「鳳雛」，然而，諸葛亮一開始就為劉備仰慕、器重，而龐統起初並沒有被劉備重視、重用。其中一個原因，就是龐統外貌醜陋。

　　龐統是襄陽人，先被魯肅介紹給吳國的孫權。魯肅稱龐統是罕世之才，於是孫權便傳令召見。龐統進來之後，孫權見龐統面孔扁平，形容古怪，黑面皮，短鬍髭，兩眼深陷，鼻孔上翻，心中便不大喜歡。孫權問道：「龐先生平生所學，以什麼為主？」龐統說：「沒有專攻一門，隨機應變。」孫權又問：「你自己以為比周瑜怎樣？」龐統笑了笑說：「無法相比，大有不同。」孫權是最佩服周瑜的，見龐統眼裡沒有周瑜，又出言不謙遜，便不想任用他，說：「龐先生，等我需要你的時候再請吧！」於是，龐統悵然離開了吳國，去荊州投奔劉備。

　　劉備本是極為愛惜人才的，但看見龐統的長相，也不大高興，說：「現在戰爭緊急，沒有什麼閒散職務，離荊州一百三十里的耒陽縣缺一名縣令，勞駕你到那裡去坐鎮吧！」龐統聽了很不愉快，但劉備畢竟給了他一個職位，只好硬著頭皮上任去。

　　龐統到任之後，劉備派人了解龐統的情況。有人說：龐統到了耒陽，終日飲酒作樂，從來沒有升堂理事。劉備聽了很生氣，決定追查一番。他派張飛去耒陽，說：「你到耒陽巡視，如果確實如眾人所說，就把龐統查辦！」

　　張飛到了耒陽，官吏出城迎接，就是不見縣官龐統。官員們說：「縣官自到任至今，天天飲酒，今日酒醉未醒，故沒有親自接應！」張飛聽了大怒，直奔縣衙，找來龐統，劈頭就問：「派你到耒陽主事，為何整天飲酒，荒廢公事？」龐統哈哈一笑說：「請將軍指出我荒廢了哪些公事？」

張飛說：「你來了一百天，不升堂理事，怎麼說沒有荒廢？」龐統說：「百里小縣，政事甚少，百日之事，一日便可以處理清楚！」他當場喊手下官吏，拿來文書，處理公事，要獄官帶來案件材料和拘留的被告，一一發落，清晰明白，條條有理。轉眼間處理完畢，人人稱讚公正。張飛看了十分驚奇，佩服地說：「先生主持一縣，實在大材小用了，我一定向主公推薦。」

張飛回去向劉備稟報了情況，劉備很是後悔自己以貌取人，無知人之明，要張飛把龐統請回荊州。龐統還沒到府門，劉備就迎接出來，連連向龐統賠罪。龐統見劉備知過能改，態度誠懇，也很高興。不久，劉備拜龐統為副軍師中郎將，同諸葛亮共掌軍機大事。

真假曹操

曹操接見匈奴使者前，自覺容貌不夠神氣，不足以使匈奴人畏服，於是決定叫崔琰代替自己。接見時，崔端坐中央，曹握刀裝成侍衛站在坐榻邊。禮儀完畢後，曹操派人暗中去探問「魏王怎麼樣？」匈奴使者回答：「魏王非常風雅端莊；然坐榻邊握刀者才是真正的英雄。」曹操聽了，就派人追殺了匈奴使者。

射稽之歌

宋王與齊王結下冤仇，為準備打仗，宋王大修練武場。有個名叫癸的歌手在工地上唱歌，行人停步傾聽，築牆的人不感到疲倦。宋王得知，召見並賞賜給癸許多東西。

癸說：「我的老師射稽唱歌遠勝於我。」

宋王又召射稽來唱。射稽唱歌時，行人不停步，築牆的人感到勞累。

宋王對癸說：「你老師唱歌時，行人不停步，築牆的人感到勞累，他唱歌遠不如你，為什麼你卻說比你唱得好呢？」

癸回答說：「君王您還是檢查一下我們倆唱歌產生的效果吧。我唱歌時人們僅僅築了四板牆，我的老師射稽唱歌時，幹活的人築了八板牆，而且牆的堅固程度也不一樣，用東西砸一下，我唱歌時築的牆能砸進去五寸，射稽唱歌時築的牆只能砸進去兩寸。」

很多時候，我們的目光只停留在事物的表面，識人又何嘗不是如此？

曹操擇婿

曹操有一個聰明伶俐的女兒，選了好長時間也沒找到合適的夫婿。後來，曹操決定把女兒嫁給丁異，這使眾人大吃一驚，因為丁異「眇一目」，是個半瞎子。

有人問曹操為什麼。曹操說，比丁異長得好的有的是，但像他那樣品德、才能兼優的卻很難找。找女婿應該像選賢一樣，唯才是舉！

王羲之坦腹睡東床

「東床」是中國古代對姑爺、女婿的稱呼，為什麼要稱為「東床」呢？還得從王羲之睡東床說起。

王羲之是東晉時大司徒王導的姪子，也是中國最負盛名的書法家。他的字飄若浮雲、矯若驚龍、神韻俊逸、被人稱為絕妙。

王羲之年輕時候沉默寡言，不修邊幅，有一次，太尉郗鑒要為其女兒選一名稱心的女婿，想來想去還是與王導家結親比較合適。於是找到王導，說明來意。王導笑著說：「好哇，既然太尉不嫌棄，那我王家就高攀了。我家的青年子弟好幾個，有王承、王悅、王羲之這一幫呢！你隨便選一個好了。」

郗鑒聽了很是高興，於是派出心腹家人到王家，要他看一看王家幾位少爺的風度，然後再進行挑選。

家人到了王府，王府的幾位少爺聽說太尉府的人是來選女婿的，為了當上太尉家的乘龍快婿，各自作了一番準備：有的穿得整整齊齊，顯出很有風度；有的抱著書本攻讀，看起來很有學問；有的裝出嚴肅、恭敬的樣子，看起來很講禮節……唯有王羲之置若罔聞，躺在東廂床上，光著上身，呼呼大睡。家人回去向郗鑒報告說：「王家諸子弟都不錯，多數人有所準備，神態鄭重，唯有一個人光著上身，躺在東床睡大覺，就跟沒有知覺一樣！」

郗鑒聽後，十分興奮地說：「好啊！這個坦腹睡東床的年輕人，最應該做我的女婿！」

於是，郗鑒將女兒嫁給了王羲之。郗鑒所以獨選王羲之，是因為他在選女婿的客人面前表現了他坦率自若、毫無拘束的豁達風貌，正是這一點上，郗鑒看中了與眾不同的王羲之。果然郗鑒眼力過人，王羲之後來精心研究書法與文章，他的書法和文章都表現出他那種無拘無束、坦然自若的氣質，尤其是書法獨占鰲頭，稱為「書聖」，成為世世代代習字者效法的楷模。

不以私怨薦賢才

東晉時代，謝氏和郗氏都是朝中大家。謝安曾任宰相，郗超曾任中書侍郎。但是，兩家互相猜疑，矛盾很深。郗超曾經公開地說：「我祖父、父親都是本朝名士，地位應在謝安之上，但是謝安卻掌了大權，他有什麼資格？」其實，郗超實權也很大，他曾和桓溫一起策劃過廢立皇帝的大事。一次，謝安同王文度去訪問郗超，僕人通報之後，從中午一直等到傍晚，郗超都沒有接待，謝安恨恨而歸。從此，兩家隔閡越來越深。

那時候，占據黃河流域和長江上游的前秦強盛起來，前秦皇帝苻堅一心想消滅東晉，統一中國，派兵攻占了東晉控制的兩蜀一帶。秦軍聲勢浩大，步步逼近，告急文書很快傳到了東晉朝廷，朝野一片緊張氣氛。為了

加強防務，必須挑選良將抗禦前秦軍隊的進攻。最後，謝安出班保舉自己的姪子謝玄。郗超聽罷，高興地說：「謝安勇於薦舉自己的姪子，說明他有知人之明；謝玄必然不負推薦，因為他是一個有才的人。」但是，朝中不少人不以為然，郗超解釋說：「我曾和謝玄一起在桓溫手下任職，見過謝玄如何用人，即使是最普通的差役、傭人，他也能區別他們的專長，分別予以任用，做到各得其所，我們大家應該信任他。」由於郗超掌有實權，朝廷便命人把謝玄從老家召到朝廷，拜為建武將軍，負責江北的軍事指揮。此時，東晉的江山社稷都維繫在江北軍事的成敗上了。

　　謝玄剛一上任，就面臨著嚴峻的軍事形勢。西元三八三年，苻堅親率一百萬大軍南下攻晉，而東晉的軍隊不過八萬人。由於雙方力量懸殊，苻堅曾驕傲地說，「浩浩長江有何了不起？我大軍百萬，投鞭可以斷流」。謝玄和叔父謝安則不然，他們小心謹慎，仔細地分析敵我雙方的情況，尋找對方的弱點。謝玄的策略是：敵軍人多勢眾，不可力敵，應趁它還沒有到齊，腳跟尚未站穩的時候，迅速出擊，擊潰它的前鋒，攪亂它的陣營，如此百萬大軍就會潰散。

　　兩軍在淝水對峙，謝玄先派了人告訴秦軍，請秦軍稍稍後退，讓晉軍渡水決戰。苻堅想趁晉軍渡過一半的時候乘機攻擊，就答應了後撤。誰知秦軍隊伍龐大臃腫，一聽到後撤命令，大軍自相混亂，很快亂作一團。晉軍趁機渡水猛追，秦軍越發失去控制，節節敗退。秦軍士兵自相踐踏，死傷無數，一直退了數百里還驚魂未定，把風聲鶴唳和山巒草木都當作埋伏的東晉軍隊了。晉軍乘勝追殺，大獲全勝，演出了一幕以少勝多、威武雄壯的古代戰爭史劇，這就是歷史上著名的淝水之戰。淝水之戰從根本上轉變了北強南弱的形勢，保障了東晉王朝的安全。在這場戰爭中，謝玄也顯示了傑出的軍事才能。推薦謝玄的謝安以「內舉不避親」而揚名，而郗超，也因「不以私怨匿善」而受到人們的讚揚。

◆ 畫馬大師韓幹

王維是唐代的著名詩人，他多才多藝，對繪畫、音樂也有很深的造詣。他通常隱居在陝西輞川的別墅中，欣賞著明麗、幽靜的農村風光，寫詩作畫。他的詩與畫風格明麗、天然、含蓄、神韻，被譽為「詩中有畫，畫中有詩」。

這一天，王維正在別墅中的畫室作畫。他聚精會神，精心繪了一幅山水畫，然後掛了起來，揣摩，端詳，完全沉浸在其中，忘了休息，也忘了自己已工作了好幾個時辰。

突然，從院子裡傳來了粗暴的訓斥聲。王維一驚，出去一看，見家人正圍著一個十幾歲的小童，大聲斥責著。

「你真不知好歹，這是王右丞別墅，哪個許你胡寫亂畫？」

「你不過是個酒保，真是班門弄斧！」

王維走過一看，只見那少年在地上用碎石塊畫了一些圖畫，其中有些人物、車馬之類。王維問：「你是哪來的，叫什麼名字？」

那少年答道：「小人是酒鋪的學徒夥計，叫韓幹，奉主人之命來給大人送酒的。在這裡久等了一下子，閒得沒事幹，一時手癢，畫了一些，請大人原諒！」說罷，膽怯地低下了頭。

王維仔細地看地上的畫圖，見那些畫圖雖然粗糙幼稚，但卻很有生氣，心想它能出於一個酒鋪學徒之手是很可貴的。再看那少年，雖然衣著粗陋，但卻很清秀、精神，不禁十分歡喜。他把少年引到了自己的畫室，讓他看自己的畫，還同那少年攀談，問他出身和愛好。那少年說他出身貧苦，但很願意學習，尤其喜好學畫。王維聽了連連點頭。

後來，王維叫韓幹辭去了酒店學徒，搬到自己的輞川別墅，專心跟他學畫，他還負擔了韓幹的生活費用，從各方面關心他。韓幹得到了王維的幫助和指導，進步很快。後來，王維又把韓幹推薦給當時的名畫家曹霸，

讓他得以進一步深造。十年過去了，韓幹終於成了一個才華出眾的畫家，他畫的馬奔放灑脫，雄健有力，獨具一格，被稱為「古今獨步」，他的《牧馬圖》和《照夜白》流傳至今，成為價值連城的珍品。

◆ 伯樂韓愈

　　唐朝順宗永貞年間，長安傳說出了一個神童，七歲通讀百家之言，而且擅長寫詩，頗有一些奇特的情韻和詩句。消息傳開，有人懷疑，有人嫉妒。不想這消息驚動了文學家韓愈，他非常希望能親眼見一見這個兒童。於是，他約了朝中侍御皇甫湜，沒打招呼便到了那兒童家中。

　　那童子名叫李賀，祖上也是李唐王朝的宗室，可惜家道衰落，已經與平民百姓相差無幾了。在一個簡陋的院落裡，韓愈、皇甫湜這兩位文學名士見到了紮著一對髻角的李賀。李賀沒想到這樣兩位大人物會光臨他的「陋舍」，連忙表示歡迎和感謝。

　　韓愈、皇甫湜為了驗證李賀的才能，便要李賀以他倆來訪為題，寫一首七言詩。題目點過，只見李賀稍加思索，高聲朗誦即席而作的《高軒過》詩，詩中寫了韓愈、皇甫湜的來訪是「金環壓轡搖玲瓏，馬蹄隱耳聲隆隆，入門下馬氣如虹」；稱讚韓、皇二公是「東京才子，文章鉅公，二十八宿羅心胸，元精耿耿貫當中」。韓愈和皇甫湜聽罷大驚，連連讚嘆。從此，在韓愈的心目中，始終有那麼一個雙髻才童的突出的位置。

　　十年過去了。韓愈經過一番政海曲折浮沉，又回到了長安。有一天，他上朝回來十分倦懶，解衣臥榻，昏昏欲睡。門人報告說有個青年送來一部詩稿請韓愈指教。韓愈強打精神，草草觀看。當他看到《雁門太守行》一詩中的「黑雲壓城城欲摧，甲光向日金鱗開」的句子時，精神為之一振，猛然坐起，睏倦和睡意一下子跑到九霄雲外。他連聲讚道：「多麼色彩濃烈的奇句！快請，快請！」門人帶進一個身材修長瘦弱的青年，原來正是當年的才童李賀。韓愈連忙禮讓，連聲讚嘆李賀的才華。當他了解到

李賀家世貧寒和到處碰壁的遭遇時，深深為李賀惋惜，決心幫助這位初出茅廬的青年。

大考之年到來了。韓愈鼓勵李賀考取進士，李賀也躍躍欲試。憑著李賀的聲望和才華，考取進士是沒有問題的，但是，忽有流言傳來，說李賀考取進士是違犯了家諱，是不孝之舉。因為李賀的父親名叫「李晉肅」，「晉」與「進」同音，考進士便是大逆不道。這個十分荒唐的邏輯竟然得到了文學家元稹等人的支持，他們一起壓制年輕的李賀，使李賀受到了很大打擊。

韓愈聞訊之後，十分氣憤，他專門為此寫了一篇《諱辯》。他指出：「賀舉進士有名，與賀爭名者毀之。」他憤然反問那些道貌岸然者：「父親的名字叫『晉』，兒子就不能舉進士；如果父親的名字叫『仁』，他的兒子難道就不能做人了嗎？」儘管韓愈力排眾議，為李賀辯解，但是，文人相輕，嫉妒成風，「讒者百而愛者一」，李賀終究沒有考成進士，精神上受到了很大的壓抑和創傷。

李賀痛恨社會的黑暗，寫了許多有志不能伸的詩篇，特別是一連寫了二十三首《馬詩》，以千里馬寄託情懷，慨嘆時世。韓愈也因李賀的遭遇深感不平，他寫了關於千里馬的雜文，提出了「千里馬常有而伯樂不常有」的千古名言，為千里馬的遭遇大聲疾呼。韓愈所說的千里馬中，李賀當然是其中的佼佼者。

李賀二十七歲時便因不得志悲憤憂鬱而死，留下了怪誕迷離、風格獨特的詩篇，成為中國文學史上少有的多才短命的一位傑出詩人。

◆ 吳武陵怒薦杜牧

文宗大和二年，禮部侍郎崔郾到洛陽主持進士考試，公卿們在長樂驛為他餞行。吳武陵最後才來，對崔說：「先生正要為天子求奇才，我也做點貢獻。」說完，從袖中拿出一篇文章。崔拿來一讀，原來是杜牧所作的

《阿房官賦》，寫得詞采精拔，見解獨到，加上吳朗讀順暢，發音洪亮，在座的都大吃一驚。吳請求說：「杜牧正巧參加考試，請安排個第一名。」崔推辭說已定好人選。吳接著徵詢，直到第五名，崔還未答應，吳勃然大怒，說：「不行的話，把賦還給我。」崔忙說：「按您吩咐照辦就是了。」杜果然以第五名及第。

皇上點名韓翃

　　韓翃晚年時，宰相李勉任汴州刺史時又請他入幕。幕府中的同事大都是年輕後生，不了解韓，說他寫的是惡詩。韓聽了很不愉快，常常推託生病，躲在家裡。幕府中有位職位很低的韋巡官，也是知名之士，和韓意氣相投。

　　一天將夜半，韋巡官來敲門，一見面，就連聲祝賀：「員外已擢任駕部郎中、知制誥。」韓說：「不會有這種好事，你一定搞錯了。」韋坐定後說：「最近，進奏院報載擬定誥命的官員出缺，中書兩次擬了名單，皇上御筆不批。中書省請皇上點名委任，皇上批道：『韓翃。』現在有兩個韓翃在官任職，中書省又填寫二人履歷，進呈皇上。皇上又批道：『春城無處不飛花，寒食東風御柳斜。日暮漢宮傳蠟燭，輕煙散入五侯家。』給寫這首詩的韓翃。」說完，又道賀：「這不是員外寫的詩麼？怎麼會錯呢！恭喜，恭喜。」韓也欣喜地說：「不錯。」知道這個消息是可靠的了。

宰相晏殊

　　晏殊是北宋著名的文學家，他的「無可奈何花落去，似曾相識燕歸來」的詞句流傳千載。

　　晏殊是個老實忠厚之人。十幾歲的時候，因為文采出眾，被推薦到朝廷，宋真宗命令拿一個當時考進士的試題給他做。晏殊看了看，對真宗

說：「臣十日以前剛好做過這個題了，請陛下另出一道吧！」真宗非常讚賞晏殊的誠實。晏殊後來做了負責文書方面的官。有一次，皇帝當著滿朝文武說：「現在大臣幾乎沒有不遊宴嬉戲的，只有晏殊規規矩矩讀書做學問。」晏殊趕忙解釋說：「臣稟陛下，不是臣不喜遊宴，只是我還沒有那麼多錢用來開銷，如果有錢，我也會與眾人一起的，並不是我廉潔、高明。」真宗聽罷，越發欣賞晏殊的忠厚，命他為東宮太子師傅，後來又升到宰相的位置。

◆ 賈島撞駕：兩次倒楣，一次得意

　　賈島是唐代著名詩人，一生坎坷，經歷曲折。其中有過三次撞駕，影響到他的事業與人生的道路。

　　青年時代的賈島家境貧困，他喜愛詩文，幾次趕考未中，窮得一無所有。沒有辦法，他只好跑到寺廟，剃了頭髮當和尚，取名無本。

　　賈島雖然出家為僧，但他的心還時刻不忘在文學上取得成就，也沒有忘掉人間的生活，他閉門苦讀，琢磨詩句，每當全神貫注的時候，便忘了周圍的一切。一次，他牽著一頭小驢走在長安街上，於滿城秋色中醞釀詩句，不覺沉浸在詩情畫意的藝術境界之中。他看到秋風吹掉樹葉，灑在大街小巷，心裡忽然湧出一句「落葉滿長安」。這是一個妙句，賈島十分歡喜，可是，找一個什麼句子與它相對呢？他想了好久，想到了長安城外的渭水，構思出了「秋風生渭水，落葉滿長安」的句子。賈島正自我陶醉的時候，突然聽見頭上嚴厲地呵斥聲：「你是什麼人？竟敢撞了京兆尹老爺的大駕！」賈島如夢方醒，睜眼看時，自己的小驢差點撞碎了京兆老爺劉棲楚的轎子。京兆老爺的僕從一擁而上，不由分說，拉走小驢，把賈島捆綁起來，押到府上審訊關押了一夜，經過審問，問明賈島不過是一個喜愛作詩的窮和尚，並不是對京兆大人有什麼惡意，第二天才放了賈島。

賈島並沒有因此改了他的習慣。又有一次,他醞釀一首描寫古寺月色的五言詩,想出「鳥宿池邊樹,僧推月下門」的句子。全句意境新穎,但賈島不太滿意那個「推」字,想找一個更確切的字代替。他想到了一個「敲」字,覺得意思不錯,但又難以酌定。他騎著小驢邊走邊想,反覆吟誦比較,還不時用手比劃推和敲的姿勢,好像忘掉了世間的一切。突然,一陣車馬聲和吆喝聲在眼前響起,賈島一看,又撞了一位大人的車駕,嚇得不知所措。然而,那大人已不是劉棲楚,而是新的京兆尹韓愈了。

　　「你這個僧人,不好好走路,口裡叨叨嘮嘮說些什麼?」韓愈在馬上問賈島,響亮的聲音中並沒有盛氣凌人的味道。

　　賈島說:「我是僧人無本,喜好作詩,剛才得了一句『鳥宿池邊樹,僧推月下門,』不知後句用『推』好還是用『敲』好,故冥思苦想,神遊象外,望大人恕罪!」

　　韓愈聽罷「噗哧」一笑,他既欣賞那兩句詩,更讚許賈島認真的態度。他當即幫賈島參謀,想了一會,說:「還是『敲』字好些!」然後,他邀請賈島同他一道回府,討論起作詩之道來。兩人談得十分投機,成了莫逆之交。韓愈進一步指導賈島的詩文寫作,並勸他蓄髮還俗。賈島聽了韓愈勸告,參加了科舉,考中了進士,寫了大量有獨特風格的詩,創造了如「長江人釣月,曠野火燒風」、「流星透疏木,走月逆行雲」等精闢佳句。韓愈十分讚賞賈島的成就,因為賈島繼承和發揚了詩人孟郊的詩風。韓愈寫詩道:

　　「孟郊死葬北邙山,日月風雲頓覺閒,天恐文章渾斷絕,再生賈島在人間。」

　　就在賈島剛剛知名的時候,倒楣的事來了,他第三次撞駕竟冒犯了皇帝。

　　有一天,賈島同幾個朋友到一個寺裡遊玩,吟詩作樂,十分高興。當

時唐宣宗也穿了普通人的衣服偷偷到這裡遊玩，他聽見樓上有吟詩的聲音，就跑上去觀看，隨手從桌上拿起賈島詩卷來。賈島見有人翻他詩稿，心中不滿，又不認得眼前是當朝皇帝，把眼一瞪，說：「你這位客人哪懂得這個！」說著把卷稿奪了過來！這下子可得罪了皇帝，他把賈島貶斥到遂州任長江主簿，那是一個無權而俸祿極少的小官，賈島從此積怨成疾，鬱悶而死。

■ 上官婉兒選詩

唐中宗李顯有一年遊宮中昆明池，中宗賦詩，群臣紛紛奉命和詩，共有百餘篇。中宗下令在帳殿前搭上彩樓，命上官婉兒在樓上選一首最佳者為御製歌譜的歌詞。

群臣都集結於樓下，片刻間，紙落如飛，皆為落選之詩，群臣各自行取去，只有宋之問、沈佺期的詩篇沒有丟下。又過些時候，一張紙片飛落。大家競相取來觀看，乃是沈詩。上官評論說：「兩詩旗鼓相當，但沈詩結尾是『微臣雕朽質，羞睹豫章材』，詞氣已經枯竭。宋詩結尾是『不愁明月盡，自有夜珠來』，結尾仍然高昂有力。」沈才折服，不敢再爭辯。

■ 歐陽脩一劄薦三賢

歐陽脩是北宋中期著名的政治家和文學家，晚年曾任樞密副使、參知政事（相當於副宰相）等重要職務。神宗時，他上書推薦可以為宰相者三個人：司馬光、王安石、呂公著，但這三個人，都曾與歐陽脩有過很大矛盾呢！

先說司馬光，他在一〇六五年的「議濮」事件中與歐陽脩勢不兩立。「議濮」，是英宗為其生父，濮王趙允讓尊崇諡號時的一場大辯論。因為英宗是仁宗的養子，便產生了如何尊奉其生父濮王的問題。歐陽脩認

為「為人後者，為其父母降服三年為期，而不沒父母之名」，主張大力尊崇英宗生父濮王，而司馬光等人說歐陽脩是「邪議」，是「以枉道說人主」，要求罷歐陽脩的官，從而形成司馬與歐陽的隔閡。

再說呂公著。在范仲淹當權搞慶曆新政失敗後，呂激烈攻擊歐陽脩是范黨，把歐陽脩貶斥到了滁州，著名的《醉翁亭記》，便是歐陽脩在那裡不得志時寫的作品。

最後說王安石。起初，王安石不認識歐陽脩，曾子固建議王安石去進見歐陽脩，但王安石不肯。後來在一次見面時，王安石對歐陽脩說：「它日倘能窺孟子，此身安敢望韓公？」詩中自比孟子，將歐陽脩比作韓愈，不大禮貌。

歐陽脩愛三人之才，不以為嫌。所以，後人評論歐陽脩推薦司馬光、呂公著、王安石的事情說：「推薦司馬光而忘了那次辯論，推薦呂公著而忘了那次貶官，推薦王安石而忘了那次冷落。歐陽脩真是知人愛賢、胸懷寬闊啊！」

◀ 蘇軾的文章必獨步天下

歐陽脩主持禮部試，看到蘇軾《刑賞忠厚之至論》驚喜萬分，想取他為第一名，但懷疑是自己的學生曾鞏所寫，怕引起非議而抑為第二。

放榜後，歐陽脩問蘇軾，文中「皋陶曰殺之三，堯曰宥之三」出於何書。蘇答道：「事在《三國志·孔融傳》注。」歐陽查閱後，並無此記載。再問蘇，蘇說：「曹操滅袁紹後，把袁熙之妻賜給其子曹丕。孔融說：『昔武王伐紂，把妲己賜給周公。』曹操驚奇地問哪本經書中有此記載，孔融說：『拿今日之事看，想來就是這樣吧。』堯、皋陶之事，想必也是如此吧。」歐陽聽後大為驚奇，說：「此人可謂善讀書，善用書，他日文章必獨步天下。」

◆ 宋仁宗相見恨晚

蘇軾因作詩諷刺新法而下獄。一天，太皇太后曹氏對宋神宗趙頊說：「皇帝為何數日不悅？」答道：「改革幾樁事情尚未就緒，有個叫蘇軾的就加以譏謗，甚至付諸文字。」太后問：「莫非是蘇軾、蘇轍嗎？」神宗驚問：「您從哪裡知道的？」太后說：「我記得仁宗皇帝策試制舉人回來，興奮地對我說：『今天得到兩個文士，可惜我老了，用不著了，留給後人用吧。』這兩個文士就是蘇軾、蘇轍。神宗聽了很感動，有了寬大蘇軾的意思。

◆ 左光斗挖眼激勵史可法

這是一個嚴冬的黃昏，風吹著稀疏的雪花，打在行人臉上，一個面目端莊的老者帶著幾個從人騎馬趕路。他們匆匆來到一個荒涼的古寺，推門進去，只見廊下有一個長長的書案，放著幾卷圖書，一個書生伏案睡著了，這樣冷的天氣，旁邊又有人走動，那書生竟然毫不察覺。進門的老者見書生旁邊是一篇草擬的文章，拿起一看，大為讚嘆，他當即解下自己的貂袍，輕輕蓋在那書生的身上，並悄悄地掩上窗戶。他立即找到廟裡的僧人，問：「他是誰？」

「他叫史可法，一個貧窮的後生，是進京趕考的！」僧人答道。

這位老者便是左光斗，他是明代萬曆年間的進士，在士人中大有名聲。當時，他以左僉都御史的身分主持這次考試。這天，他是換了普通服裝，帶了心腹家人出外暗中察訪。

考試那天，左光斗神色嚴峻地坐在主考位子上，考生們一一交上考卷，當喊到「史可法」名字的時候，左光斗目光鑭爍地看著這位清瘦的青年。看過卷子以後，左光斗當即批史可法為第一名。

左光斗見到史可法，心裡非常激奮，因為他看到了一個志向遠大、才

學過人的人才。左光斗還把史可法召到自己家中，讓他拜見夫人，說：「我幾個兒子都碌碌無才，將來能繼承我的志向，成就一番事業的，恐怕只有這個後生了。」

不久，大宦官魏忠賢獨攬朝政、殘酷打擊主持正義的東林黨人，左光斗因為同楊漣一起彈劾魏忠賢而被捕入獄，被打得遍體鱗傷。史可法非常痛心他的老師慘遭迫害，日夜在獄外盤桓，希望能進獄中看望一下左光斗。但是，獄中戒備森嚴，無法進入。後來，聽說左光斗受炮烙之刑，命在旦夕，史可法便用五十兩金子買通獄卒，希望讓他再見恩師一面。在獄卒通融下，史可法換上一身破舊衣服，穿了草鞋，背一隻破筐，拿一隻長鑱，扮成一個打掃汙物的雜役被引進牢中。在那間黑暗的斗室角上，只見一個老人席地倚牆坐著，面目焦爛看不出模樣，左膝蓋以下的筋骨都綻開了。難道這就是堂堂的左僉都御史左光斗？難道這就是當年微服私訪，為自己解袍覆身的恩師嗎？史可法再也忍不住，跑過去抱住左光斗的膝蓋，大哭起來。

左光斗此時眼睛潰爛，看不見是誰進來，但憑耳聽他就知道來人是史可法。他愛惜這位深明大義的弟子，但是，他認為對他最好的報答是堅毅剛強，將來為國家出力，而不是做兒女狀態哭哭啼啼。於是，他一揮手用手指扒開膿爛的眼睛，射出威嚴的目光，憤怒地說：「你這無知奴才，這是什麼地方，你竟貿然進來？國家政事，如此腐敗，你難道不知道嗎？我是將死之人，死不足惜。而你，輕易闖進虎狼之地而忘記自己肩上的重任，算得上以身報國嗎？天下大事將來靠誰來支撐？不立即出去，無異於等待奸賊陷害把你處死。你再不走，我就砸死你！」說著，摸起地上的刑械，要打史可法。史可法心如刀割，只好忍住悲痛，諾諾而退。最後，左光斗終於死於獄中。

後來，史可法果然處處以左光斗為榜樣。清兵南進時，他奮起抵抗，

成為抗清的中流砥柱。史可法孤守揚州、城破被俘，英勇不屈，慘遭殺害，成為名垂後世的民族英雄。

■ 為批評者作序

為人作序，這在封建社會中是一種光彩、自得的事情。因為被作序的一般是後生晚輩，而前輩、名家的序言中，除了誇讚後生成就之外，免不了表露一番自己對後來者的栽培與恩德。但是，當年輕的孫詒讓把一部名叫《禮金迻》的著作送到俞樾面前請他作序時，可算給俞樾出了難題。

俞樾和孫詒讓都是清朝末年著名的學術家，在研究考證古文獻上都有很大的貢獻。俞樾學識淵博，道光年間中了進士，早已是享有盛譽的學者。孫詒讓比俞樾小二十七歲，是個初出茅廬的後生。他的《禮迻》是一部研究、考訂古文字的書，也是他的處女之作。可是，孫詒讓相當自負，他在自己寫的序中說，《禮迻》這部書條條有證據，絕無主觀臆斷。對於前代學者，他只推崇王念孫、王引之父子的成就，而對俞樾呢？則說他「論著尤眾」，「得失間出」，並在書中好多地方點名批評了俞樾的一些觀點。

俞樾看了孫詒讓的自序，感到孫詒讓對他遠不是那樣佩服。於是，一位七十歲、譽滿天下的學者，硬著頭皮仔細看起《禮迻》這部書來。俞樾治學是非常嚴謹的，他看到，孫詒讓的書中有一些以是為非、以非為是的明顯錯誤，有的論述缺乏證據，但是，其中確有一些駁正了自己以前的一些錯誤，還有不少地方對前人的論著作了很有意義的補正。俞樾很高興孫詒讓能有這樣的成績，他提筆作序，說孫詒讓的研究「蓋有甚於餘」，說他分析考證，援引古籍，「以正補訛」，每下結論，都文從義順，言之成理。最後，俞樾滿懷深情地說：「余老矣，未必能從事於此。仲容（孫詒讓的字）學過於余，而年不及余，好學深思。」說經典的研究正有待於孫詒讓，其前程是無量的。

當時，學術界都知道孫詒讓批評了俞樾的觀點，也都知道孫詒讓找俞樾作序，所以他們都認為這是孫詒讓給俞樾將了一軍，說不定會引起那位權威的勃然大怒。但是，俞樾「深疾固守家法，為學固無常師」，他給《禮迻》一書寫的序言，卻是熱情洋溢的，充滿對年輕人的容讓、鼓勵與信任。他從孫詒讓的好學中看到他的前途，大有老一代將重託付於後來人的胸懷與感情。因此，俞樾作序的事頓時傳遍國中，成為佳話。

孫詒讓果然不負前輩的期望。俞樾的高尚風格鼓舞了他，教育了他，後來，他學習、研究更認真、更嚴謹了。他「經史百家無所不窺」，完成了《古籀拾遺》等十幾種著作，在研究金文、甲骨文方面，在考證、整理古典文獻方面成為一代宗師，超過了前人俞樾的成就。應該說，孫詒讓的學術活動，是中國近代史上對古典文獻、訓詁、考訂方面最有系統、最有成就的研究；而俞樾呢，不愧為學術界最有眼力、有魄力和有寬闊胸懷的「伯樂」式學者。

九方皋相馬

秦穆公對伯樂說：「您已經上了年紀了，您的子孫中有沒有可以尋找千里馬的人呢？」伯樂回答說：「一般的好馬，可以從形貌筋骨看出來，舉世無雙的好馬，牠的特點卻若隱若現，難以捉摸。牠跑起來腳不沾塵，不留痕跡。我的子孫都是些才智低下的人，他們可以為您求得一般的好馬，卻不能為您求來舉世無雙的好馬。有一個當年和我一道擔柴種菜的人，叫九方皋，他相馬的本領絕不在我之下。請您召見他吧。」

秦穆公召見了九方皋，派他出去尋找天下最好的馬。過了一個月，九方皋回來報告說：「我在沙丘那裡已經找到了天下最好的馬。」秦穆公問：「是匹什麼樣的馬呀？」九方皋回答說：「是一匹黃色的母馬。」秦穆公派人到沙丘去取馬，卻是一匹黑色的公馬。秦穆公很不高興，召來伯樂對他

說：「真差勁。您推薦來的相馬人，連馬的顏色、雌雄都搞不清楚，哪裡還能找到什麼天下最好的馬呢？」

伯樂長嘆一口氣說：「九方皋相馬的本領已經達到這種地步！這就是他相馬之術超過我千萬倍還不止的地方啊。九方皋所觀察的，是馬內在的東西，得到了馬的精神，而沒有注意馬的皮毛；掌握了馬的根本，而忽略了馬的外在形貌。他觀察了他所要觀察的地方，並不注意他所不需要的地方。像九方皋這樣的相馬，比馬本身的價值更高。」

秦穆公聽了，忙把馬牽來，果然是一匹上乘的千里馬。

◆ 十四歲的院士莫札特

莫札特不僅是一位演奏名手，而且是位卓越的作曲家。他八歲創作交響樂，十二歲創作歌劇。

有些人不相信莫札特的天才，他們散布謠言說，這些曲調是他的父親代他寫的，德國波倫音樂科學院因此為他舉行了一次特殊的考試。他們把小莫札特帶到一個房間裡，交給他一個密封的紙包，紙包裡有一個題目，要他譜成鋼琴曲，限六小時交卷。

房門鎖上了，任何人也不准進去。誰知不到半小時，小莫札特就「嘭嘭」地敲門，要求主考官把他放出來，說樂譜已經寫成了。科學院的院士們大吃一驚，紛紛在門外議論起來：「是啊，即使是有經驗的音樂家，也不可能這樣快就做好的。」

房門打開了，小莫札特拿著寫滿音符的譜紙，從容地走出來了，他在半小時內完成了通常需要六到八小時才能完成的樂譜。波倫音樂科學院決定破格選拔莫札特為院士，那時候他才十四歲。

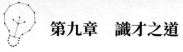

第九章　識才之道

第十章　用人之道

　　就算你渾身是鐵，又能打幾顆釘？劉邦運籌帷幄不如張良，安撫百姓不如蕭何，攻城掠地不如韓信，但劉邦卻成就了千秋霸業。這份榮耀來自於他善於讓能人為自己效勞的出色能力。

劉邦為什麼得了天下

　　劉邦打敗了項羽，登上了皇帝寶座。為了慶祝勝利，他在洛陽南官大宴群臣，鼓樂笙歌，十分熱鬧。當大家喝酒正高興的時候，劉邦突然大聲問：「諸位愛卿，今天歡聚慶功，大家可以盡歡，說話不必顧忌，你們說說，楚漢相爭，敵強我弱，為什麼我能得到天下，項羽反而失敗身死呢？」

　　大臣們一下子嚴肅起來，朝堂霎時一片沉默。後來，大臣王陵站了起來，答道：「人們都說陛下傲慢，不太尊重別人，項羽是比較虛心誠懇的。然而，陛下賞罰嚴明，每攻下一地，就賞賜有功者，使人得到鼓舞；而項羽怕別人立了大功，立功也不肯賞賜，手下人當然不肯替他賣命，因此丟了天下。」

　　劉邦笑笑說：「你說的有些道理，但只知其一，不知其二。我本是一個平民，有什麼了不起的本領？運籌帷幄，出謀劃策，決勝千里之外，我不如張良；鎮守後方，安撫百姓，籌集軍需糧草，我不如蕭何；統率大軍，攻城掠地，出奇制勝，我不如韓信。一個謀臣，一個文官，一個武帥，都是不可多得的一世之雄。而我能夠重用他們，讓他們竭盡忠誠為我服務，這才是我得天下的主要原因。項羽有個范增，是個足智多謀的人物，他最後都被排斥走了。項羽連一個范增都不能用，所以最後失敗。」

　　劉邦重用的不只是三個，而是一大批人才，許多出身低微的人都得到了信任和重用：陳平是遊客，並有貪汙和與嫂子私通的嫌疑；樊噲是殺狗屠夫；周勃是吹鼓手；灌嬰是布販子；婁敬是車夫；彭越是強盜；酈食其是說客，還當面痛罵過劉邦……但劉邦都能重用他們，形成一個爭奪天下的人才集團。這是劉邦取得天下的一個極其重要的原因。

百將易得，一帥難求

　　韓信出身窮苦，先是在項羽軍隊裡當兵，後來投奔劉邦，做了治粟都尉，權力不過是管管糧草。蕭何和韓信談過多次，認為韓信是個不可多得的帥才，就向劉邦推薦。劉邦開始不以為然，一再推脫，蕭何說：「有才不知，知而不用，用而不重用，怎能招徠人才，成就大事？」

　　韓信見漢王帳下不得重用，決定另投他處。一天凌晨，韓信騎馬帶著行李出門。蕭何接到手下的報告，大驚，等不及報告漢王，立刻帶上幾個從人騎馬追出東門。到了中午進了一個村莊，老鄉說韓信已經過去了三、四里。蕭何不顧勞累，繼續追趕，直到夕陽西下，月升東山，還沒見韓信的影子。但蕭何仍不甘甘休，乘著月色追趕，終於在河邊追上了韓信。

　　蕭何說：「韓將軍，你我一見如故，十分相知，為什麼不打招呼就離開呢？」

　　韓信說：「我忘不了丞相的好處。可是，漢王不肯用我，我留此何用？」

　　蕭何說：「我回去再向漢王推薦，拜你為大將，漢王如再不允，我願和你一起出走。」韓信被感動了，答應和蕭何一同回去。

　　漢王兩天不見了蕭何，以為他跑了，等到知道蕭何是追韓信去了，十分生氣，說：「逃走的將軍也有十幾個了，為什麼單追一個韓信？」

　　蕭何說：「將軍易找，帥才難求。只有韓信是獨一無二的人才，大王要安居漢中為王，可以不用韓信，若想奪取天下，非用韓信不可。」他接著介紹了韓信對軍事、政治形勢的見解，並表示如果不用韓信，他也要辭職不幹了。由於蕭何的力薦，劉邦終於答應拜韓信為大將。

　　劉邦要召韓信進宮，封為大將。蕭何阻止說：「拜大將是件大事，不可草率，要鄭重地擇選吉日，齋戒沐浴，修築將臺，舉行儀式，既表示對韓信的信任，也說明你禮賢下士，天下人才才會望風而歸！」

漢王覺得蕭何說得有理，便築了將臺，拜韓信為大將。以後漢王戰勝項羽的幾個主要戰役，都是韓信指揮的。

漢武帝的兵馬元帥的出身

漢武帝親政以後，發了一個很不平常的求賢詔書，上面寫著：「要建樹非常的功業，必須有非常才能的人。不管是否為出身微賤、受人譏笑的人，只要有特殊的才能，都可以用為將相和出國使臣……」

漢武帝說到做到。他重用提拔了很多下層出身的人才，最有名的是衛青和霍去病。

衛青母親叫衛媼，是平陽公主府裡的女奴，同男僕鄭季私通後生了衛青。後來，鄭季把衛青帶回家裡，後母不把他當人看待，放牛牧羊，挨打受罵，不久又送到平陽公主家當家奴。武帝派人救出衛青，提了官職，後封為車騎將軍。在抗擊匈奴的戰爭中，衛青先後七次出擊，終於解除了西漢初年以來匈奴在北方的威脅。衛青任大將時才二十多歲。

霍去病是衛青的外甥，母親是衛青的姐姐衛少兒，是一個歌女。霍去病也是一個沒有父親的人，小時也是家奴。西元前一二三年，霍去病十八歲就被武帝任為驃騎校尉，參加抗擊匈奴的戰爭，因英勇殺敵封為「冠軍侯」。西元前一一九年，又同衛青一起擊破匈奴主力，封為驃騎將軍，和衛青同為軍隊最高統帥，那時，他才二十四歲。漢武帝為他建造府第，他說：「匈奴未滅，何以家為？」

任命二十多歲的奴隸為將軍，讓他們當大將統領大軍，說明漢武帝很有見識和魄力，衛青、霍去病這兩個人也成了中國歷史上出身低微年紀最輕、功勞最大的大將。這是對門第觀念和以名望資歷取人的有力否定。

從買馬骨說起

燕昭王即位不久，為了報齊國曾經滅燕之仇，對相國郭隗說：「齊國掃蕩我國，毀了我祖上宗廟，我想報仇，請你多推薦一些人才。」

郭隗說：「我先給大王講個故事吧。古代有個國王派使者求千里馬，那使者途中看見一群人圍著一個死馬在嘆惜，忙問怎麼回事。回答是一匹千里馬，日行千里，奔馳如飛，死得十分可惜。那使者竟然以五百斤黃金買了那馬的骨頭，運回去見國王。國王一見大怒說：『我要你去找千里馬，你給我買付馬骨頭有什麼用？』那使者說：『大王愛千里馬，但人們並不知道，所以我故意用重金買了一付馬骨，讓人知道，你連千里馬的骨頭都珍惜，更會愛惜千里馬了。這樣，活的千里馬必會源源不斷地送上門』。果然，那國王很快得到了三匹千里馬。如今大王在招納人才，請拿我作一個死馬骨頭，引來大批千里馬吧！」

燕昭王覺得郭隗的話很有理，先為郭隗築了一個行宮，倍加優待，又在易水河邊築起了一座高臺，上面堆滿了黃金，專門招納四方賢士豪傑，名叫招賢臺，也叫黃金臺。不久，劇辛、蘇代、鄒衍等名士都相繼到了燕國。特別是趙國人樂毅，他先由趙國去魏國投魏昭王，不受信用，聽說燕昭王築黃金臺招賢士，毅然投奔燕國。燕王見樂毅好兵法，有謀略，拜樂毅為亞卿。不久，樂毅率燕軍攻齊國，勢如破竹，一直打到齊國首都臨淄，滅了齊國，為燕國報了仇。

齊景公獎勵羞辱他的人

齊景公很愛遊玩。一天中午，他披散著長髮，乘著馬車，拉著幾個美女從官裡衝出來，剛到門口，一個受過刖刑的守門人攔住馬車，揪住馬頭一邊打一邊對齊景公喊：「不准出去，看你這樣子，不配做國君！」齊景公又生氣、又沮喪，好幾天沒料理國事。

過了幾天，齊景公見到晏嬰，說：「前幾天，我駕車出宮，那個一瘸一拐的守門人竟把馬打回來，還辱罵我一頓。我身為國君，受一個殘廢了的守門人羞辱，有何面目上朝？」

晏子連忙向景公拱拱手：「我應該向您道喜！」

景公說：「我生了氣，你道什麼喜？」

晏子說：「您知道，君主聖明，臣下才敢講話；國君寬宏大量，百姓才能擁護。您披頭散髮出官門，是不太嚴肅，砍了雙腳的守門人都敢直言批評你，你雖生了氣但沒有再處罰他，說明你還比較寬宏大量，是可以得到百姓擁護的。因此，這是值得慶賀的好事。我建議賜那個守門人，獎勵他勇於給國君提批評意見，這可以幫助你得到更多的人才。」

齊景公聽晏子的建議，免除守門人的徭役，給守門人增加一倍俸祿，人們都由此知道齊景公能夠納諫和愛護人才，投奔他的人更多了。

■ 馮唐易老

漢文帝車馬路過中郎署的時候，看見一個白髮蒼蒼的老者，穿著一身小郎官的簡樸衣服，顯得十分寒酸。文帝心裡一動，把那老者叫來。

「你叫什麼名字，為什麼這樣年紀還是一個郎官？」

老者答道：「小臣馮唐，祖上是趙國人。伯父和父親都跟趙國的良將廉頗、李牧是朋友。至於老臣，也許是無才，也許是陛下不識才，所以不得重用！」

文帝說：「廉頗、李牧是古之良將，如果我今天能有這樣兩個人，北方匈奴再也不會使我擔憂了！」

馮唐搖搖頭說：「陛下，依臣之見，即使今天有廉頗和李牧，您也不可能用他們啊！」

文帝見馮唐當眾頂撞他，勃然大怒，揮手趕走馮唐，回到宮中暗暗生

氣。他左思右想，不明白馮唐為什麼那樣說他。最後，他派人把馮唐召來，要問一個究竟。

「你為什麼當著眾人的面羞辱我？」文帝問。

馮唐向文帝鞠躬行禮：「小臣生性耿直，不知忌諱，請陛下原諒。」

文帝又問：「那你為什麼說即使廉頗、李牧在世，我也不能用呢？」

馮唐抬起頭，莊重地說：「我聽說古代君王對將軍委以重任和權力，將在外時，軍功賞賜皆由將軍做主，回來再向朝廷奏報。廉頗、李牧就是這樣，有權自主，盡展其能，所以屢戰屢勝。現在，我聽說雲太守魏尚也是一個將才，他愛護士卒，把軍餉都發給戰士，從地方收入中拿錢補貼軍隊，每隔五天殺牛備酒犒賞全軍，深得全軍擁護，連打勝仗，匈奴喪膽。這些功勞，陛下沒有給予應有的賞賜，而僅僅因魏尚上報的殺敵數目與實際少了六個，您就讓文吏繩之以法，削去爵位，嚴加處罰。我認為陛下賞太輕而罰太重，怎能讓將軍們拚死效力呢？陛下連一個魏尚都不能重用，怎能重用廉頗、李牧這樣的良將呢？小臣愚蠢而且耿直，觸怒陛下，情願受死！」

文帝聽了馮唐的話，十分感動，深深感到自己的過錯。當天，文帝就命令馮唐為特使，拜他為車騎都尉，讓他持著皇帝的纓節赦免了魏尚，恢復了他的太守職位，並且提拔和任用周亞夫等人為大將。

■ 袁紹勢強為什麼失敗

官渡之戰是中國歷史上以弱勝強的有名戰例，在這次戰役中，曹操用兩三萬人的兵力擊潰了袁紹的十萬大軍。為什麼曹勝袁敗？除了天時、地利和戰略戰術條件之外，能否善於用人是戰爭勝負的決定性因素。

先看曹操方面吧，當袁紹十萬大軍壓境，兩軍在官渡隔河對峙的時候，曹操曾因軍力不足，糧草缺乏，打算放棄官渡撤退。他拿不定主意，

便派人帶著書信回許昌同駐守的荀彧商量。荀彧立即回信說：「我軍以弱對強，扼守了咽喉要道，如果一撤，必須全線崩潰，不可收拾。但如果堅持下去，就可能出現破敵的機會，機不可失。」曹操聽了荀彧的話，伺機截燒了袁紹的運糧隊伍，使袁紹軍心渙散，元氣大傷，創造了轉弱為強的條件。

再說袁紹，號稱謀士如雲，戰將如林，卻不會用才，甚至忌才、殺才。沮授和田豐都是袁紹手下很有遠見的謀士，可是，當他們向袁紹提出發兵攻曹操時機不對時，袁紹發怒說：「田豐、沮授慢我軍心，將沮授和田豐關到監獄，待我取勝回來，一起治罪！」

袁紹被曹操突襲擊潰以後，消息傳到田豐所在的獄中，有人向田豐祝賀，說：「主公大敗而回，證明你當初的意見是對的，主公從此會重用你了！」田豐嘆口氣說：「我恐怕死在臨頭了！」人們問他為什麼。他說：「袁紹心胸狹窄，十分嫉妒。如果他得勝回來，還可能乘著高興放了我；今兵敗自羞，惱羞成怒，一定會加害於我。」獄吏都不相信。誰知過沒多久，袁紹便傳來命令，要取田豐之頭。田豐長嘆說：「大丈夫生於天地之間，不能識別真正的主人，死而無怨！」於是拔劍自刎了。

還有一個許攸，也是袁紹手下的謀士。他曾勸袁紹說：「曹操兵屯官渡，許昌必然空虛，我軍要是分出一支隊伍攻打許昌，不但可以奪取許昌，還可以兩路夾擊曹操！」袁紹思索半天，忽然想到許攸年青時候與曹操是朋友，不禁起了疑心，問道：「你與曹操是朋友之情，大概是為曹操作奸細，有意搞垮我軍吧！論罪本該斬首，現且記下一過，以後再與你清算！」許攸見袁紹如此猜疑，一生氣，竟然真的逃到曹操營壘，為曹操出謀劃策去了。

再說張郃、高覽，是袁紹最得力的戰將。在率兵攻打曹營受挫時，袁紹竟然聽信讒言，說他們倆故意不肯用力，可能想投降曹操，逼得二人走

投無路，果真於兩軍對壘中投降了曹操。這樣，戰爭還沒有結束，袁紹營壘中的許攸、張郃、高覽竟都站到了曹操一邊。

曹操是怎樣對待袁紹那邊的人士呢？許攸投入曹營的時候，曹操聽說老朋友自袁紹那邊來，慌得來不及穿鞋，光著腳從床上跳下歡迎。許攸於是向曹操提出燒袁紹軍糧的建議，被曹操視為妙計，依計而行。張郃、高覽投降曹操後，曹操左右人提醒曹操：「張、高二人來降，可能有假！」曹操說：「我以真情待他，即使他倆原來有詐，也可以變假成真！」曹操立即封張郃為都亭侯，高覽為東亭侯，使得張、高二人下決心為曹操效力。

這樣，曹操由劣勢變為人才上的優勢，從根本上扭轉了戰爭的形勢。

曹操打敗袁紹以後，從袁紹帳中抄出一大捆書信。打開一看，原來是在此之前他手下人與袁紹暗中往來的密件，有的信中表示對袁紹的忠誠。

「怎樣處置這些信呢？」曹操的心腹問他。因為，按一般人的想法，曹操可能會一一追查、處置那些寫信人的，誰讓他們裡通外敵呢？

曹操的回答竟然使人大吃一驚！他說：「在袁紹那樣強盛的時候，連我自己都是泥菩薩過江，自身難保，怎能要求手下人不想他們自己的退路呢？」他下令，信件不許公開和傳看，全部當場燒毀。

火焰騰空而起，信劄化為灰燼。而那些原來動搖過和對曹操有二心的人也暗自感激曹操，甘願死心塌地為曹操效力了。

得人才者得天下，曹袁官渡之戰是一個很好的證明！

■ 鄉巴佬受到了齊桓公的厚待

齊桓公是春秋時期的第一個霸主，也是一位精明的國君。為了能得到天下賢士的贊助，他朝思暮想，費盡心機。

在一個星光燦爛的夜晚，齊桓公又是夜不能寐，他索性起身躞步到庭

院。藍幽幽的天幕上，掛著一輪潔白如玉的明月，四周繁星灼灼閃光，這一情景勾起齊桓公思賢的心緒。他感慨嘆息「群星閃爍，如眾多的賢士，何日為我所得？」

這時，一隊武士舉著火把巡邏，猶如一條火龍在夜幕中遊動。火光，叩開了他的心扉……「對！就這麼辦！」齊桓公興奮地大喊一聲，侍從大吃一驚，不知發生了什麼事情。

第二天上朝，齊桓公向百官宣布了自己想出來的招納賢士的好辦法。他命令在宮廷前燃燒起巨大的火炬，表示準備日夜接見各地前來投奔的賢能之士。

但事與願違，整整過了一年的時間，沒有一個人來求見，齊桓公很苦惱。

有一天，一個鄉下人想出了一個好主意，他大搖大擺地來到王宮前，自稱是賢人求見。

齊桓公不敢怠慢，立即傳令接見。他看來者是個衣冠不整、黃瘦乾瘦的鄉巴佬，但是仍然恭敬地問道：「先生有何見教？」

鄉下人拍拍自己的胸脯，故意挑起大拇指說：「我會念『小九九』算術口訣！」

齊桓公覺得又好氣又好笑，戲謔地問道：「先生難道不知道會『小九九』口訣乃是末流小技，也配稱為賢才來見國君嗎？」

鄉下人一本正經，嚴肅地說：「大王，您的過錯就在這裡！」隨即侃侃而談：「我聽說官前求賢的火炬點燃了一年，沒有人登門求見，這是因為大王是賢能的君主，各地賢能之士都覺得自己不如您高明，所以都不敢來。我會『小九九』，這是微不足道的，對我這個只會念『小九九』的人，大王如能以禮待我，還愁真有本領的人不來嗎？」他又接著說：「高聳巍峨的泰山是由顆顆礫石組成，江海浩瀚是因為聚集了涓水細流。《詩經》

上寫道：英明的國君有事能請教農夫，這樣才能集思廣益，治國有方！」

　　鄉下人的一席良言，說得齊桓公連連點頭稱是。他立即以隆重的禮節接待了這個鄉下人，並給他優厚的待遇。這件事很快就傳開了，不出一個月，四方賢士絡繹不絕，紛至遝來。

曹操的慶功會

　　建安二年，曹操打敗袁紹之後，準備北伐烏桓和遼東。決策之時，有的將領認為孤軍深入不利於作戰，堅決反對這次出兵。但曹操沒有採用反對意見，堅持北伐。結果打了大勝仗。

　　在開慶功大會時，曹操問：「出發前是哪些人勸我不要北伐的？」當時勸諫過曹操的那些將領都很恐懼，紛紛跪下請罪。曹操哈哈大笑，非但不予治罪，反而每人賜以重賞。他說：「這次北伐差一點全軍覆沒，僥倖取勝的冒險行為只能偶一為之。其實，當初你們的意見是正確的。」受賞者聽了無不感嘆，旁觀者也都非常信服。從此，部下獻計獻策的積極性更高了。

王安石不聽司馬光的勸告

　　宋代政治家王安石開始變法時，用了一大批恃才好勝的人。司馬光不解，便問王安石為什麼如此用人。

　　王安石說：「一開始要推行新法，需要調動這些人的才能，到了適當時候，再改用老成持重的人來接替他們。這是智者行法、仁者守成的一招。」

　　司馬光說：「此言差矣！君子在被聘請居於要職時，總是謙虛為懷，不輕易答應；當你請他辭退時，他便絲毫不眷戀地離開。而那些恃才好勝、愛出風頭的小人卻完全相反，他認為要職得來不易，所以想盡辦法保住高位；若你逼他下臺，他便懷恨在心，伺機報復。我想，你這樣用人，日後會出問題的。」

王安石對司馬光的勸說並不在意，只當耳邊風。果然，不出司馬光所料，就是這些當初受到王安石重用的人，最後全成了出賣他的小人。所以結論是：寧用庸人，不用小人。

◆ 孫武殺吳王寵妃

　　吳王對孫武說：「你寫的十三篇兵法，我都看完了，這些兵法可以教婦人練習嗎？」孫武說：「可以。」

　　吳王於是選派宮女三千人，分作兩隊，派兩名寵婦分任兩隊隊長。孫武詳細講解兵法，反覆申明擊鼓後一隊一律向左轉，宮女們卻掩口而笑。孫武又三令五申，要求擊鼓後另一隊一律向右轉，宮女們笑得更厲害了。

　　孫武問執法官說：「軍紀既然要嚴明，法令也已當眾宣布，隊長卻故意違犯，應該怎麼樣治罪？」執法官答：「應該將隊長斬首。」孫武立即喝令手下將任隊長的兩名寵妃斬首示眾。吳王聞訊趕緊派人來搭救，但兩名寵妃早已人頭落地了。

　　孫武接著另外指定兩名排頭的宮女擔任兩隊隊長。宮女們都嚇得雙腿發抖，老老實實地按照號令操練，無論前進、後退、左轉、右轉，都做得規規矩矩。

　　此後，孫武帶兵攻打楚國，將士們都很賣命。

◆ 意想不到的侮辱和恩寵

　　漢王劉邦派蕭何去遊說九江王英布歸順來降。當漢王坐在床上洗腳的時候，英布來了。漢王故意馬上召見他，他進去看見漢王正在洗著腳，十分生氣，認為漢王在侮辱他，後悔前來歸順，很想自殺。他懊喪地返回住所，忽然發現帷帳、車輛、飲食、隨從等生活設施，都按照漢王居住的地方布置安排，不禁轉怒為喜，非常高興。

這就是呂東萊說過的計策：「運用意想不到的侮辱和恩寵，使英雄豪傑為之顛倒，不知所措。」這也是劉邦能夠稱雄一世的原因。

■ 齊威王賺孫臏聲威大震

龐涓和孫臏兩人都向鬼谷子學兵法，結為兄弟。後來，龐涓去魏國當了大將，他怕孫臏去別的國家不利於魏國，而且特別嫉妒孫臏的才能高於他，決定設計除掉孫臏。

龐涓先寫信告訴孫臏，說魏國要請他為大將，把孫臏騙到魏國。到了魏國之後，龐涓卻陷害孫臏，說他私通齊國，把孫臏殘忍地處以刖刑，即去掉雙膝的蓋骨，使孫臏成為一個不能走路的癱子，讓他等死。

孫臏知道中了龐涓的毒計，很難逃脫毒手，於是裝瘋以麻痺敵人。他忽然大哭，忽然大笑，精神恍惚，舉止失常。龐涓開始不信孫臏會瘋，命令把孫臏扔進豬圈，孫臏披頭散髮倒在地上，滾了一身糞汙；有人給孫臏泥塊，孫臏毫不猶豫，張口就吞。龐涓認為孫臏真的瘋了，又見他行走不便，漸漸放鬆了警惕。後來，孫臏可以自由出入，爬到大街小巷上去了。

孫臏被處刖刑和得了瘋癲病的消息傳到了齊國，齊國大臣田忌立刻去見齊威王，說：「孫臏本是齊國人，很有才幹，如今在魏國遭到陷害，我們應該想法解救才是！」

齊威王問：「孫臏成了殘廢，又被逼瘋，這可怎麼辦？」

田忌說：「孫臏是孫武的後代，精通兵法，即使殘廢，才學仍在。他的瘋癲必是裝的，說明他有死裡逃生的大智，如果把他救出來輔佐大王，齊國一定強盛。」

齊威王連連點頭，說：「那趕快發兵魏國，把孫臏搶回來！」

田忌說：「不可。龐涓已經認為孫臏是真瘋，所以沒有加害他的性命。如果派兵去搶，反而害了孫臏。」

齊王想了想，同田忌商定一個偷孫臏的計畫。

齊國派了機智多謀的淳于髡和孟子的學生禽滑以拜訪魏王的名義出使魏國。到了魏國都城，獻上禮物，他們便在旅館住了下來。淳于髡應酬禮儀，禽滑上街遊覽，暗地查訪孫臏的下落。他看見孫臏蓬髮垢面，在市小巷裝瘋，於是，在一個夜晚，靠近了爬在井欄桿邊上的孫臏。禽滑偷偷對孫臏說：「齊國派我們出使魏國，目的是救你。要想逃出火坑，須要如此如此。」

第二天凌晨，天色還沒有放亮，齊國使臣的車輛悄悄來到了那個小巷，匆匆把孫臏扶上車廂藏了起來，派了另外一個人穿上孫臏的破爛衣服趴在井邊。這一切，都沒有引起人們的注意。於是，孫臏被齊國使臣偷出了魏國。過了幾天，龐涓不見了孫臏，還以為他掉進井裡死了，也沒有在意追查。

孫臏到了齊國，齊威王立即宴請孫臏，要封他為上卿。孫臏說：「我是殘廢之人，沒有多大用處了。」齊王說：「我們千方百計偷你回國，就是因為你是一個賢才。你還是屈尊了吧！」孫臏見齊王誠意，表示願為齊王獻出自己的一切。

孫臏上任以後，改革了齊國軍隊，加強了戰鬥能力。西元前二四二年，齊國出兵魏國，孫臏擔任軍師。在馬陵道，齊魏交戰，孫臏設計射死了龐涓，齊國於是聲威大震。

陸賈《新語》治天下

陸賈時常在漢高祖劉邦面前引用《詩》、《書》，一次高祖罵他說：「老子坐在馬背上得天下，哪用什麼《詩》、《書》！」

陸賈回答道：「您固然靠馬上得天下，難道也能靠馬上治天下嗎？」他又以商湯、周武王仁政治天下；吳王夫差、智伯以及暴秦的滅亡為例子，指出不能靠武力治天下的道理。高祖雖然不高興，但卻面有慚色。於

是要陸著書,探究秦亡漢興的原因及古時各國的成敗興衰。

陸賈依命著書十二篇,很得高祖讚賞。他的書被稱作《新語》。

齊桓公的良臣是他的仇人

管仲和鮑叔牙都是春秋時期齊國人,本來是非常要好的朋友。可是,由於他倆一個人是公子小白的師傅,一個是公子糾的師傅,兩個公子爭奪王位的鬥爭,使管仲和鮑叔牙也成了勢不兩立的仇敵。

事情是這樣的,西元前六八六年,齊襄公無道,國內形勢混亂,襄公的幾個公子也人人自危,管仲帶著公子糾逃到了魯國,鮑叔牙帶著公子小白跑到了莒國。

不久,齊襄公在內亂中被殺,新立的國君又死於內亂,齊國一下子群龍無首了。消息傳到了公子糾和公子小白那裡,他們倆都想趕回去做國君。管仲找到魯莊公說:「公子小白在莒國,比我們離齊國近得多,萬一讓他先回去登了王位,那公子糾就沒有位置了。情況緊迫,請讓我帶一支隊伍去擋住他!」

管仲帶一支隊伍趕到即墨縣,一打聽,說公子小白剛剛過去不久。管仲催車追趕,走了三十里終於追上了公子小白,旁邊還有他的老師鮑叔牙。

兩軍相對,怒目相視,因為這是一場爭奪王位的鬥爭。這時,只見管仲偷偷彎弓射箭,正中公子小白,小白怒吼一聲,倒在戰車裡。管仲以為小白已經被射死,放心地回到魯國,準備擁立公子糾登王位去了。

其實,公子小白並沒有死,管仲那一箭,恰好射在他的帶鉤上,小白是為了麻痺敵人才假裝中箭而死。他見管仲中計,趕忙同鮑叔牙一起晝夜兼程回到齊國,登上王位,這就是齊桓公。

齊桓公即位的消息震動了魯國和在魯國避難的公子糾和管仲,他們決定發兵討伐,奪回王位。在管仲請求下,魯國派兵攻打齊國,兩國交戰,

魯國被齊桓公打敗，齊國軍隊一直追到魯國都城附近。齊桓公提出兩個停戰條件，一是殺死公子糾，一是交出管仲。魯國沒有辦法，把管仲裝上囚車，連同公子糾的人頭，一起交給了齊國。

管仲幫助公子糾同齊桓公爭奪王位，特別是與齊桓公有一箭之仇，人們都料定他是必死無疑了。但是，囚車進入齊國境內，鮑叔牙竟然親自迎接，並打開囚車，同管仲一起登上馬車，直奔京城而來。這是怎麼回事呢？原來，鮑叔牙在齊桓公的面前保薦了管仲，齊桓公開始不肯，鮑叔牙說：「過去他是公子糾的師傅，為公子糾效力是人為其主嘛，怎能怪他？現在，他在你手裡，你可以讓他為你效勞。說到本領，管仲可以說是蓋世奇才，比起我來，要高明十倍呢？」

齊桓公聽了鮑叔牙的勸告，不但赦免了管仲，還拜管仲為相國，鮑叔牙自以為不如管仲，甘當管仲的副手。

在管仲治理下，齊國很快富強起來，齊桓公成了諸侯中的霸主，在歷史上留下了赫赫功績。

五張羊皮換來的百里奚

春秋時代，秦國和晉國之間有著傳統的婚姻關係。晉獻公把女兒嫁給了秦穆公，不但陪送了無數財寶、還陪送了一大群奴僕作奴役。當時在這些奴僕當中，有一個叫百里奚的老人，他本來是虞國的大夫，被晉國俘虜後作了奴僕，他不肯到秦國去為人服役，便邊走邊打著逃跑的主意。一天，他趁周圍人不注意，就從隊伍中逃跑了。

秦穆公迎接晉國的賓客時，看見陪嫁奴僕名單上有個百里奚，但喊了半天沒見這樣一個人，晉國使臣說百里奚是個老頭子，沒有什麼用，跑了算了。

秦穆公手下有個叫公孫枝的人，他知道百里奚的底細。他偷偷找到穆公說：「百里奚是個難得的人才，可惜不逢明主，無用武之地。」秦穆公

聽了，立即派人打聽百里奚的下落。過了好久，才聽人說，百里奚跑到了楚國，在一個地方當了「牛倌兒」。

秦穆公想馬上得到百里奚，他想派人去楚國，想用禮物把百里奚贖回來。公孫枝說：「不行，楚國人正是因為不了解百里奚的才學，才讓他放牛的，您要是重金去換，楚國就知道了他的重要，還能讓他走嗎？」秦穆公連連點頭。於是，他派了使者，帶上五張羊皮去見楚王，說：「敝國的奴僕百里奚，犯罪逃到貴國，我們想把他帶回治罪，希望得到你們的允許。」楚王見秦國用五張羊皮換一個老奴隸，滿口應允，派人抓住百里奚，裝上囚車，交給了秦國使臣。

囚車剛到秦國，秦穆公就派人迎接。穆公見百里奚鬚髮皆白，老態龍鍾，問他年紀，百里奚說：「已經七十歲！」穆公嘆口氣說：「可惜太老了。」百里奚回答：「大王，讓我衝鋒陷陣，同猛獸搏鬥，無疑是老了，可是，要商討國家大事，出謀劃策，那又何以談老呢？大王難道沒有聽說周文王訪姜太公嗎？那一年姜太公八十歲了！」

秦穆公見百里奚氣度不凡，十分機敏，便同他討論富國強兵之道，百里奚慷慨陳詞，分析形勢，指出秦國富強的道路，穆公十分高興，表示要拜百里奚為相。百里奚說：「我的朋友蹇叔，比我更強。」秦穆公於是叫百里奚寫信，派使者去晉國的鳴鹿村去請蹇叔，蹇叔於是帶著兒子西乞術和白乙丙一齊到了秦國。不久，百里奚的兒子孟明視也來到秦國。

這樣，五張羊皮不但換來百里奚，還讓秦國一下子得到五位文武人才。秦國以後漸漸強大，以至最後統一中國，都是從秦穆公招納人才開始的。

◆ 歡迎全軍覆沒的敗將回來

秦穆公是秦國一位寬豁納諫的開明君主，但他也有孤行己見、魯莽行事的時候。

當時，秦國日益強盛，為一方霸主。西元前六二八年，秦穆公趁晉國晉文公病死的時機，要派兵經過晉國山區攻打晉的盟國鄭國。當時，百里奚和蹇叔都表示反對，認為千里奔襲會走漏風聲，造成對方以逸待勞的局面，但穆公一心取勝，不聽勸告，執意派百里奚兒子百里孟明視為大將，西乞術、白乙丙為副將，率領大軍，從都城東門出發，踏上了征途。

大軍走到半路，遇見了一個鄭國販牛羊的商人弦高。弦高聽說秦軍要打自己的國家，非常害怕，他靈機一動，立即撥出肥牛二十頭贈給秦軍，編造了一番鄭國國君聽說秦軍出師特派他前來勞師的謊話。秦軍主帥孟明視聽說鄭國有了準備，於是改變了去鄭國的計畫。

說鄭國知道秦軍出動是假，但晉國新即位的君主晉襄公卻真的得到了秦軍出兵的情報。晉襄公非常惱怒秦國的舉動，暗地派了大軍埋伏在秦軍必經之路殽山山谷，正等著秦軍中計呢！

秦軍經過殽山時，只聽得山谷兩側金鼓齊鳴，殺聲大振，數萬晉軍從四面殺來。秦國長途跋涉，疲憊已極，而且山路崎嶇，戰車不易動轉，頃刻亂作一團。晉軍又放起火來，秦軍死傷無數。最後，孟明視、西乞術、白乙丙三人都被晉軍俘虜，秦軍落得個全軍覆沒的下場。

晉軍把孟明視等三員大將捆綁到晉襄公面前。如何處置這三個敗軍之將呢？最後，晉襄公聽了母親的勸告。他母親認為：兵敗者死，這是各國的慣例。孟明視、西乞術、白乙丙三人為秦國喪師辱國，即使他們放回去也難以活命，因此，晉國可以做個人情，不殺俘虜，借刀殺人，讓他們回國去死。於是，晉襄公放了孟明視三個人。

孟明視三人自己也覺得回去難以活命，但他們還是抱著不做異鄉野鬼的心情回到了秦國。沒想到，秦穆公親自出城迎接三個敗將，並為戰死的軍士和孟明視等人受辱而痛哭流涕。有人勸他說：「敗軍之將，理應斬首，為什麼您還對他們這樣禮遇呢？」

秦穆公說：「出師之前，蹇叔、百里奚都極力勸阻，但我沒有聽從，孟明視、西乞術、白乙丙都是傑出的將領，只是因為我的錯誤決策才兵敗被擒，這都怪我呀！再說，勝敗乃兵家常事，對於武將，不許他們失敗，打了敗仗就殺，哪能安定軍心，讓將士忠誠效力呢？」於是，秦穆公不但沒有處罰孟明視三人，反而好言安撫，仍讓他們三人統領全國軍隊。孟明視三人感激得嗚嗚大哭，發誓要為秦國報仇。

三年以後，即西元前六二五年，孟明視、西乞術、白乙丙三人又率大軍伐晉。大軍渡過黃河，孟明視即命令燒毀渡船，表示勇往直前的必勝決心。大軍長驅直入，打敗了晉國軍隊，奪取了王宮城。然後，孟明視又把軍隊帶到曾經全軍覆滅的殽山，收斂和埋葬了陣亡將士的屍骨，為秦國報了仇，雪了恥。

■ 劍啊劍啊，我們走吧

齊國有個叫馮諼的人，家裡很窮，聽說孟嘗君好客，便投奔孟嘗君門下。孟嘗君見他其貌不揚，破衣襤褸，就問他：

「先生有什麼愛好？」

「沒有。」

「先生有什麼才能？」

「沒有。」

孟嘗君手下的人看見孟嘗君不怎麼重視馮諼，就給馮諼粗茶淡飯。不久，馮諼彈起他的劍說：「劍啊劍啊，我們走吧。這裡吃飯沒有魚！」左右報告孟嘗君，說：「讓他和門下客一樣待遇。」過了不久，馮諼又彈起他的劍唱道：「劍啊劍啊，我們走吧，這裡出門沒有車！」孟嘗君聽說，又吩咐左右給馮諼配備車馬。不久，馮諼又彈劍唱起來：「劍啊劍啊，我們走吧，可憐馮諼無處安家！」孟嘗君於是詢問馮諼，知道他家裡還有一個老

母親，孟嘗君命令供應馮諼老母親衣食。從此，馮諼再也不彈劍唱歌了。

後來，孟嘗君要到薛地收債，問誰能去，馮諼自告奮勇，孟嘗君很高興說：「先生果然是有才幹的人哪！」

果然，馮諼在薛地替孟嘗君建立了很好的名聲，為孟嘗君罷相之後提供了一個絕佳的「窟」。

齊威王微服私訪

戰國時期，齊威王向文武百官了解地方官的情況，眾人異口同聲地說：「最好的是阿城大夫，最壞的是即墨大夫。」

齊威王沒有偏聽偏信，還是決定親自派員微服私訪，以明真情，然後再決定獎勵和懲辦。

調查後，齊威王召兩位大夫回朝。那一天，他先讓人在堂上燒了一鍋開水，然後把兩人叫上來，說：「即墨大夫，我派人到你管理的地方看了，你那裡莊稼長得好，老百姓能安居樂業，只是因你沒有給朝中官員送禮，他們就說你的壞話，我要獎你一萬戶的俸祿。」

隨後，齊威王又對阿城大夫說：「我也派人到你管理的地方看了，你那裡田地裡長滿野草，老百姓缺吃少穿，只因你給朝中的官員送禮，他們就說你的好話，我卻要你下開水鍋。」

客卿哪一點對不起秦國

戰國末年，正是秦國對六國兼併戰爭激烈進行的時候，秦國的宗室大臣給秦始皇提了一個建議，說從六國來的為秦國做事的文官武將，其目的都是為自己國家的利益危害秦國，應該把外來者統統驅逐出去！

事情的起因是這樣的：幾年以前，有個從韓國來的人名叫鄭國，他對秦王說，秦國只有發展水利才能富強，他說他考察過陝西一帶水利地形，建議開山挖渠，把涇水引向洛水，灌溉三百餘里流域的四萬頃土地。秦始

皇採納了鄭國建議，讓鄭國主持開渠工程。然而，工程剛剛進行了一半，有人向秦始皇揭發說，鄭國是韓國派來的間諜，他建議開發水利是為了讓秦國把人力、物力集中在水利工地而削弱軍事力量，使他們無暇進攻韓國。秦始皇聽了大怒，下令逮捕鄭國，並且聽了宗室大臣的建議，下令把各國來秦國任職的人一律驅逐，不論功勞和官職。

消息很快傳到李斯那裡，李斯原是楚國人，受秦始皇重用而為客卿，當然也在驅逐之列。他想，秦王驅逐六國客士，必然會削弱秦國的力量，但若上書阻擋，又有殺頭的危險。想了好久，他決心冒死諫秦王，說明六國人才對秦國的重要，痛陳利害關係。

李斯寫了《諫逐客書》，然後上朝見秦始皇。

秦始皇見李斯來了，先吃一驚，但還是威嚴問道：「你來幹什麼？」

李斯鎮定地說：「臣聞大王拘捕鄭國，又要下令逐客，先請問，鄭國有什麼罪？」

秦始皇說：「韓國間諜，妄想借修渠以弱秦國！」

李斯說：「秦國土地廣闊肥沃，只是缺少水利，鄭國辛辛苦苦主持開渠，眼見水到渠成，秦國農事肯定大大發展，國力可以大大加強，何言削弱秦國呢？國力加強了，大王方可以兵精糧足，無往不勝。怎能是有利於東方六國呢？大王請三思而行。依臣之見，應赦免和獎勵鄭國，讓他繼續主持水利工程，把渠鑿成。」

秦始皇覺得李斯的話有理，點了點頭。

李斯又接著說：「大王要把客卿統統趕走，臣以為再荒謬不過了。讓我們回頭看看先王的事蹟！當年穆公廣開才路，從西戎招來由餘，從東方的楚國以五張羊皮贖回百里奚，招來蹇叔，從晉國招來丕豹和公孫枝。這五個人，不是秦國人卻被秦穆公重用，他們幫秦國吞併了二十個小國，使秦國成為當時的霸主；孝公從衛國招來商鞅，開阡陌，廢井田，改革舊制，秦得以強盛；惠王重用魏人張儀，打敗了楚國，拆解了六國聯盟；

昭王重用魏國人范雎，進一步削弱了諸侯，為帝業奠定了基礎。這四代君主，難道不都是依靠外來之士成就大業嗎？如果當時拒絕和排斥東方來的這些人士，大王能有今日之強嗎？由此而看，這些客士有什麼對不住秦國的呢？人才的使用，不應按國別區分，大王只要信任重用，那將會有更多的人士紛紛來秦。如果驅逐他們，無異於為叢驅雀，為淵驅魚，只能是幫助敵國。臣是外國人，在被驅逐之列，冒昧直言，請大王決斷吧！」

秦始皇聽了李斯的話，很受感動，當即廢除了驅客令，並封李斯擔任了丞相之職。

魏文侯給樂羊的禮物

魏文侯統治魏國的時候，魏國日益強盛，在諸侯中頗有聲望。那時候，離魏國不遠的地方有個中山國，國家很小，但國君姬窟十分荒淫暴虐，殘害百姓。好多百姓跑到魏國找魏文侯，要魏文侯出兵中山國，為民除害。

魏文侯答應了中山國百姓的要求，可是，派誰當將軍出兵中山國呢？他首先想到的還是將軍樂羊，他是智勇雙全的帥才，但是，又想到樂羊的兒子樂舒當時在中山國當官，並且很受中山國君的信任，一時拿不定主意。

於是，魏文侯找來樂羊，說明了他的意圖。樂羊表示：「為國效力，絕不徇私情，如不能勝，甘願受罰！」魏文侯很高興，便派樂羊為大將，西門豹為副將，率領五萬軍士出兵中山國，很快把都城團團圍住。

中山國君姬窟自知不是魏軍的對手，便想出一個主意，讓樂舒登城向樂羊喊話，請魏國退軍。樂羊見兒子上城叫喊，大聲罵道：「你這敗類，助紂為虐，我要你馬上勸姬窟投降，不然，先殺你的頭！」樂舒請樂羊暫停攻城，容他去和姬窟商議。樂羊答應一個月限期，圍而不攻。

　　一個月過去了，中山國城裡毫無動靜，樂羊連續幾番放寬限期，眼看一年要過去了。此時魏國都城裡開始紛紛議論，說樂羊畢竟會袒護兒子。魏文侯聽了，不但沒有撤樂羊的兵權，反而為樂羊修了新的住宅，並不斷派人帶酒肉勞軍。樂羊的副將西門豹也著急了，樂羊對他說：「我們出兵中山不只是攻下城池，主要還是要收服人心，安撫百姓。我幾番寬限日期，而他們卻一再拖延，這就使他們民心喪盡，我們就可以既得城池又得民心。」

　　又過了一段時間，姬窟見樂羊無意退兵，便把樂舒吊在城牆上，揚言要殺死樂舒以脅迫樂羊退兵。樂羊彎弓搭箭，要把兒子射死，姬窟見樂羊不為所動，只好又把樂舒吊上去。最後，姬窟技窮，把樂舒殺死，煮成肉羹，派人送給樂羊，樂羊恨恨地說：「他侍候昏君，罪有應得，死如糞土！」接著，指揮大軍攻城。中山國抵擋不住魏軍的攻勢，城破國滅，國君姬窟畏罪自殺。

　　樂羊安撫了中山國的百姓之後，勝利還朝。魏文侯親自出城迎接，並舉行宴會為樂羊慶功。魏文侯稱讚樂羊是仁義之師，群臣也稱讚樂羊大義滅親，樂羊不免有得意之色。宴會之後，群臣散去，魏文侯叫住樂羊，說：「我賞給你一件東西。」樂羊一看，是一個密封的箱子，心想大概是金銀珠寶，誰知打開一看，都是樂羊攻中山時群臣寫的奏章。這些奏章調子說樂羊念父子之情，絕不會攻滅中山國，如不及早撤掉他，五萬大軍就要謀反……等等。

　　樂羊一下子明白了，他為魏文侯的信任流下眼淚。他說：「大王用人不疑，實是明主，沒有大王的明察和器重，不但中山國滅不了，連我樂羊都可能做刀下鬼了。大王這樣信任我，我一定肝腦塗地，以死相報！」

■ 晏子向越石父道歉

越石父是晉國一個很有才學的人，可是家裡很窮，只好給人家當奴僕。一次，越石父戴著破帽子，穿著破衣服，背著一捆柴走在路邊，正巧被出使晉國的晏子看到了。晏子聽說越石父是個有才學的人，就停車問話。

晏子問：「你來這裡做什麼？」

越石父說：「我給人家當奴僕，來這裡幹活，現在正要回去。」

晏子問：「你為什麼要當奴僕呢？」

「家裡太窮，一家老小無衣無食，只好如此，在這裡已經三年了。」

晏子很同情越石父，當時奴僕可以用錢贖身，晏子就解下車邊的馬為越石父贖了身，然後將他帶回齊國。

晏子到了家門口，也沒和越石父打招呼，徑直進去了，越石父扭頭就走。

晏子吃了一驚，趕忙叫人叫住越石父問：

「我與你素不相識，因為同情你，為你贖身，可算對得起你了，為什麼要走呢？」

越石父說：「一個人在不了解他的人面前受委屈可以，但不能在了解他的人面前受屈。你為我贖身，我以為你是了解我的。誰知你上車時候和到家以後對我一點也不謙讓。我認為，一個人對別人有恩，不能趾高氣揚；受了別人的恩德，也不能低三下四。因此，我想離開你。」

晏子連忙道歉，佩服越石父的見解，並且把越石父安排在貴客房間，請他在上座飲酒。越石父又說：「尊重人家不一定非要表面上客氣，請您不要這樣待我。」

晏子覺得越石父講得很有道理，他從心裡敬重這樣的人才，於是請越石父為上賓。後來晏子治齊很有功績，其中就有越石父對他的幫助。

明代謀臣多是元朝官吏

朱元璋作為元末農民起義軍的首領，他的鬥爭矛頭是直接指向元朝統治者的。可幫助他出謀劃策的謀士，多數是在元朝時受信用的官吏和知識份子。

朱元璋為了搜羅曾為元朝服務而又有才能的賢士，規定了「不以前過為過」的政策，他認為事元的人是各事其主，不能苛求，不但既往不咎，反而大加重用。

當時浙東有劉基、宋濂、章溢、葉琛等四位名士，都在元朝任過職。朱元璋聽說這四個人挺有學問，便把謀士陶安找來詢問：「劉基四個人的才能究竟如何？」

陶安回答說：「一言難盡。就以微臣相比吧，論出謀劃策，運籌帷幄，臣遠不如劉基；論經史學問，臣遠不如宋濂；論治理百姓，臣遠不如葉琛、章溢。如能得到這四人，則平定天下就有把握了。」朱元璋聽後大喜，連忙派人帶了書信和金銀去尋訪劉基四人，並把他們帶到了朱元璋所在的南京。

劉基四人雖然得到邀請，但並不知朱元璋究竟是何意圖，他們心懷疑慮地叩見朱元璋。朱元璋誠懇地說：「為了天下大事，我請四位先生屈駕於此，希望你們能有教於我！」他們從容談論天下大事，使朱元璋大為興奮，他很快任命宋濂為儒學提舉，讓自己的兒子跟隨宋濂受學；任命章溢、葉琛為榮田司僉事；讓劉基在自己身邊參與機密。劉基、宋濂等為明朝的建立，立下了很大功勞，成為開國名臣。

還有一個南陽人叫郭雲的，擔任元朝湖廣行省的平章政事。朱元璋手下的大將徐達率兵北伐中原，河南郡縣很快被攻克，只有郭雲死不投降，後來，徐達拚命攻打，終於活捉了郭雲。

兵士把郭雲綁到徐達帳前，徐達大喝一聲，要郭雲下跪，郭雲卻破口

大罵，說：「大丈夫頂天立地，豈能跪你這匪賊，但求一死！」

徐達把郭雲押到南京請朱元璋處置，朱元璋很讚賞郭雲的勇氣，他當即命令赦免郭雲，並賞給他金銀布帛。郭雲見朱元璋真心愛才，表示願為明王朝效勞。

應當給郭雲安排一個怎樣的職務呢？朱元璋考慮，讓他率兵打仗不合適，那樣可能傷害郭雲的自尊心和感情。當時，朱元璋正在讀《漢書》，他靈機一動，問道：「郭雲可會讀書識字嗎？」

郭雲點點頭，朱元璋遞給他《漢書》，郭雲捧書朗讀，十分流暢，並很熟悉書中的內容和道理。朱元璋是個沒什麼讀過書的人，見郭雲通習經書，非常興奮，當即任命他為溧水知縣，不久，又提拔他擔任南陽衛指揮僉事。

對於元朝遺臣，朱元璋說是「元朝送賢人給我」，因此，秦從龍、張昶這些在元朝作過大官的人都被朱元璋請出來，委以重任。

■ 馬皇后論國寶

明太祖朱元璋的妻子馬皇后，是一位很有見識的人物，特別對於任用人才問題有精闢、深刻的見解。

朱元璋即位之初，想大封一下馬皇后娘家的親屬，馬皇后知道後，嚴肅地勸阻說：「妾家親屬，未必有可用之才……若非才而官之，非妾所願也。」馬皇后還說，歷代王朝往往因國戚禍亂而亡，要朱元璋吸取教訓。

朱元璋攻下北京之後，左右紛紛把元朝宮中的珠寶玉帛獻給朱元璋，朱元璋不禁有些陶醉。馬皇后說這不是真正的寶，她說，元朝有這樣的寶，為什麼落到你的手裡？可見財寶不是真正的寶，賢才才是寶中之寶，國中根基。「但願得賢才，朝夕啟沃，共保天下，即大寶也。」她說。

■ 這樣有才能的人流落出走是我們的錯

　　武則天是中國封建社會中唯一登上皇帝寶座的女皇帝，在她參與和掌握最高權力五十年間，社會經濟文化都有較快的發展，政治也比較清明，這與她知人納諫，大膽提拔重用人才有著重要的關係。

　　武則天首先改革了科舉制度。因為負責挑選官吏的吏部常常從門第、親友、私人關係中選人，武則天下令考試時把考生的名字糊起來，實行閉卷考試，以防徇私舞弊。她還親自策問舉人，同他們討論政策與文章，從中選拔賢才。她提拔的狄仁傑、姚崇、宋璟，都是歷史上政績卓著的名相。

　　武則天自己當皇帝，受到了唐宗室和舊大臣的激烈反抗，最先起兵的是老臣徐敬業，從揚州起兵討伐武則天。徐敬業請唐初四傑之一的駱賓王為他寫了討伐武則天的檄文，文中把武則天罵得狗血噴頭，從政治、作風、到私人生活都加以攻擊。文中說武則天「狐媚惑主」、「豺狼成性」、「殺姊屠兄、弒君鴆母。」武則天手下的人把徐敬業散發的傳單遞給武則天的時候，武則天看著數落她罪惡的文章，只是微微一笑，當她看到文章中有「一抔之土未乾，六尺之孤何托？」「請看今日之域中，竟是誰家之天下」的精彩而有氣魄的句子時，不禁讚嘆起來。武則天對群臣說：「駱賓王這樣罵我，太過分了。然而這個人真有才學，這樣有才能的人流落出走，這是我們的過錯，應該把這樣的人招撫過來。」於是武則天要屬下想辦法找到駱賓王。駱賓王膽怯，隱姓埋名起來，但是，武則天愛才的名聲卻傳揚出去，許多有才幹的文人、志士紛紛來投，形成了一個群英薈萃、人才濟濟的局面。

■ 唐太宗的「鏡子」

唐太宗李世民是唐高祖李淵的次子，他雄才大略，戰功赫赫，他的哥哥李建成，聲望遠不如他，然而李建成是法定的太子，將來要繼承高祖的帝位，於是，皇子之間展開了爭權奪利的鬥爭。李世民和李建成手下都有一批文臣武將為他們效力，魏徵就是太子建成手下的謀臣。

西元六二六年七月二日，李世民先發制人，率大將尉遲恭等伏兵太極宮玄武門，發動突然襲擊，殺死了太子建成和齊王元吉，打敗了東宮的衛隊，奪取了太子的寶座。李世民接著搜捕太子建成、齊王元吉手下文武官員，把魏徵抓了起來。

唐太宗問魏徵：「你挑撥李建成，妄想加害於我，今日兵敗被擒，有何話說？」

魏徵身材短小，相貌平常，可是，他在太宗面前毫不怯弱，大聲說道：「我在太子手下，當然要為太子效勞。如果太子聽我的謀劃，不會死於今日之禍，勝負成敗尚未可知呢！」

魏徵的話，不但沒有把李世民激怒，反而覺得魏徵剛直不阿，深有謀略，是個人才，於是，不但不加罪，反而大為信任。後來，李世民登基為唐太宗，拜魏徵為諫議大夫。

魏徵當了諫議大夫後，不但提出了「民可載舟，又可覆舟」、「兼聽則明，偏信則暗」的至理名言，而且犯顏直諫，常常猛刺太宗，使太宗臉紅耳熱，下不了臺。

一次，太宗聽說鄭仁基的小女兒長得極美，又有文才，就讓皇后到鄭家，要娶鄭女為妃，而這時，鄭女已經許配人家了。魏徵聽說，找到太宗說：「你身為皇帝，要為臣民著想。住上了樓臺宮闕，要想到讓百姓有安身的茅屋；吃上了山珍海味，要想到百姓得填飽肚子；身邊有了嬪妃美女，要想到百姓娶妻成家。鄭家女兒已經許了人，你還想奪走，這樣做像

一個開明君主嗎？」太宗聽了，渾身出汗，但還是贊同了魏徵的意見。

唐太宗喜歡玩鷂子，但怕魏徵看見。一次太宗正抱著一隻鷂子玩耍，魏徵來了，太宗躲閃不及，慌忙把鷂子塞進袖子裡，魏徵故意和太宗講了一通玩物喪志的道理，太宗只好耐著性子聽下去。過了好久，魏徵說完走了，鷂子早已悶死，可太宗就是不敢拿出來。

魏徵的犯顏直諫，不留情面，有時也把太宗激得大怒。一次，魏徵批評了太宗，太宗回宮後怒氣未消，大叫道：「恨不得殺了這個鄉下佬！」

這聲音驚動了身邊的長孫皇后，皇后問：「陛下生誰的氣呀？」

「還不是魏徵這老傢伙，膽敢在朝廷罵我！」

皇后說：「那我倒正要為陛下賀喜了！」

太宗說：「有什麼可賀的？」

皇后嚴肅地說：「大臣勇於批評皇帝，無所忌畏，這是國家的幸運，魏徵這些人真是國家的良臣。而有這樣敢言的忠良，正是陛下開明的緣故！」唐太宗聽了，氣也消了。

魏徵一共給唐太宗奏事兩百多件，為唐初實現貞觀盛世起了重要作用，李世民從心裡感謝魏徵對他的幫助。西元六二三年，魏徵六十三歲，身患重病，臥床不起，唐太宗每天派人間詢病情，送來食物藥品。魏徵病危的時候，唐太宗親至病榻，當時，太宗已經把女兒衡山公主許給魏徵的兒子叔玉，公主也一同到魏府。太宗對魏徵說：「請你再看看你的兒媳吧！」魏徵已經不能說話，只是滿眼含淚，感謝太宗的知遇之恩。

魏徵死後，唐太宗大哭好久。他說：「我有三面鏡子：以銅為鑑，可以正衣冠；以古為鑑，可以知興替；以人為鑑，可以明得失。現在魏徵已死，這面使我明得失的鏡子再也回不來了！」

魏徵剛正直諫，唐太宗廣開言路，虛心納諫，重用人才，在中國古代史上都是光彩熠熠的篇章。

◆ 神龜之悟

宋元君半夜裡夢見有人披頭散髮在旁門窺視，說：「我來自宰路深淵，我為清江神出使河伯，漁夫余且捉到了我。」宋元君醒來後，叫人占卜這件事。占卜的人說：「這是一隻神龜。」宋元君問：「漁夫中有個叫余且的人嗎？」侍候在左右的人回答：「有。」宋元君說：「召余且，讓他朝見。」

第二天，余且朝見宋元君。宋元君說：「你打魚捉到了什麼？」余且回答說：「我用魚網捕到了一隻大白龜，龜背的圓周有五尺。」宋元君說：「把你捕的龜獻上來吧。」龜獻到朝中，宋元君幾次想殺了牠，又幾次想養活牠，心中猶豫不定，便又占卜決疑。卜辭說：「殺了龜，用牠占卜，吉利。」於是就把龜殺了，挖空牠的腸肚，用牠占卜七十二次，沒有一次不靈驗的。

孔子得知此事後，嘆息說：「神龜能托夢給宋元君，卻不能避開余且的網；其智慧能達到占卜七十二次而沒有一次不靈驗的，卻不能避免開肚剖腸的禍患。由此看來，智能總有受局限的時候，神靈也有辦不到的事情。縱然有最高的智慧，也需要大家一起來謀劃。」

◆ 祁黃羊外舉不避仇，內舉不避親

祁黃羊是春秋時期晉國的大臣，多年擔任中軍尉的職務。中軍尉的職權很大，平時掌握軍政，作戰時是主帥的參謀。

祁黃羊年邁的時候，向晉侯提出告老還鄉，晉侯挽留他，他說：「年歲老了，沒有辦法，還是讓年富力強的人來做吧！」晉侯於是讓祁黃羊推薦人才，說：「誰可以接替你的職務呢？」

「解狐可以。」祁黃羊說。

祁黃羊的回答使晉侯一驚，祁黃羊同解狐兩家有很深的私仇，於是問

他：「解狐不是你的仇人嗎，為什麼推薦他呢？」

祁黃羊嚴肅地說：「私仇不能代替公事，大王問我是誰有能力接替我的職務，並沒有問我誰是我的仇人。」

晉侯聽了點頭稱是，心裡暗暗稱讚祁黃羊的忠正無私，於是任用了解狐。解狐盡心盡責，受到了人們的好評。

過了一些時候，晉侯又找到祁黃羊說：「國中缺少可帶兵打仗的尉官，你看誰可勝任？」

祁黃羊說：「祁午可以。」

晉侯問：「祁午不是你的兒子嗎？」

祁黃羊理直氣壯地說：「大王，你問我誰可以勝任軍職，並沒有問我他是不是我的兒子呀！」晉侯聽了，覺得很有道理，於是任用祁午。祁午英勇善戰，受到了人們的稱讚。

與此同時，軍中還有一員大將叫羊舌職，建樹了不少戰功，羊舌職因病而死，祁黃羊見羊舌職的兒子羊舌赤，又名叔向，很有才幹，便推薦羊舌赤接替了羊舌職的職務。事有湊巧，過了不久，一場大災難偏偏落在了羊舌赤的頭上。

原來，羊舌職有三個兒子，羊舌赤是老大，老二叫羊舌肸，老三叫羊舌虎，是侍妾所生。羊舌赤、羊舌肸都是老實本分的君子，但羊舌虎卻是一個很有野心的人物。他串聯欒盈等妄圖謀反，正當他們準備起事的時候，晉侯派丞相范匄包圍了羊舌虎的住宅，抓住了羊舌虎。按照株連的慣例，晉侯命范匄也抓了羊舌赤、羊舌肸，理由是他們是羊舌虎的兄長。

朝廷要處死羊舌氏三兄弟的消息，不知怎麼傳到了正在老家養老的祁黃羊耳邊。這位老人家聽說抓了羊舌赤、羊舌肸兄弟，連夜坐車來到京城，找到丞相范匄和晉侯，劈頭就問：「羊舌虎謀反有真憑實據，可為什麼牽連了他的兩個哥哥？羊舌赤、羊舌肸兄弟多年在朝中任職，從來沒有什麼過錯，為什麼要治他們的罪呢？」

晉侯和范匄都拿不出羊舌赤和羊舌盻參與謀反的確實罪證。祁黃羊接著說：「舜的父親是個無賴，弟弟是個小人，但是堯並沒有因此不重用舜；舜也沒有因為禹的父親被處死而不用大禹。禹治水有功，舜還讓位於大禹。這說明，父子之罪不能代替，何況是兄弟之間呢？因為一個不屑子弟而殺了他的兩個哥哥，這不太荒唐了嗎？如此下去，誰還忠心報國呢？晉國也該滅亡了！」

晉侯和范匄都覺得祁黃羊的話有理，便下令釋放了羊舌赤和羊舌盻兄弟，恢復了他們的官職。後來，羊舌赤治理晉國政績突出，成為春秋時代有名的政治家。

解衣敬酒

周泰是東吳的大將，他膽氣逼人，忠貞勇敢，一次，孫權在宣城被山賊圍困，不得解脫，其他大將張惶失措，唯有周泰奮勇殺敵，全力以赴保護孫權，隻身同敵人搏鬥，身受重傷十二處，終於保護孫權殺出了重圍。

後來，朱然、徐盛等人不服在周泰部下，孫權於是置酒宴大會諸將。孫權親自捧著酒到周泰跟前，叫周泰解開衣服，露出滿身傷痕，孫權一一指著痕疤，問每處傷在何地所創，並要周泰述說當時情景。周泰每說一處，孫權都為周泰敬酒一盞，在場諸將深受感動。第二天，孫權又派人給周泰送去傘蓋，以示恩榮。於是，朱然、徐盛等人都尊重和服從周泰了。

三顧茅廬天下三分

劉備在東漢末年軍閥混戰中想建一番事業，但他起兵之後，連連被曹操所敗，率軍退到湖北新野一帶，很想請一些有真才實學的人輔佐他。後來聽說襄陽城外隆中地方有個名士叫諸葛亮，博通古今，深有韜略，才名極高，人稱「臥龍」，便拿定主意要請諸葛亮出山。

一天清早，劉備帶了他結拜兄弟關羽和張飛，騎著馬奔隆中而來。來到諸葛亮草廬前，向守門童子打聽諸葛亮是否在家，童子說：「先生早上就出了門，不知到哪去了。」

劉備問：「他什麼時候回來呢？」

童子說：「先生行蹤不定，或者三天，或者十天半月。」劉備無可奈何，只好敗興而歸。

過了幾天，劉備聽說諸葛亮已經回來，便又和關羽、張飛二人登門拜訪。到了諸葛亮門前，見著諸葛亮的弟弟諸葛均，諸葛均說：「哥哥昨天倒是回來了，可今天又跟崔州平出去閒遊了，不知何日回來。」劉備聽了，連連嘆氣。

其實，諸葛亮這兩次都沒有走遠，他是一個極為機警謹慎的人，在群雄紛爭、前景莫測的形勢下，諸葛亮絕不會貿然出山的，他要仔細觀察當世的各種勢力，看誰是有遠見、識人才，可以輔佐的英主。

劉備兩次拜訪撲了空，並沒有灰心喪氣，但性情急躁的張飛卻火了，他說：「一個普通儒生，誰知有沒有真本事？你是堂堂的漢家皇叔，寫一封信把他召來了不就完了？他要裝腔作勢擺架子，乾脆一根麻繩捆來算了！」

劉備說：「群雄紛爭，鹿死誰手？就看誰能招徠傑出的人才。昔日周文王三訪姜尚於渭水，禮賢下士，難道我就不能對賢士表示真誠嗎？」關羽、張飛只好應允，三人騎馬出門，剛好天色變黑，大雪紛飛，三人迎著風雪，直奔隆中而去。

到了莊上，敲門問話，童子說，諸葛亮今日碰巧在家，只是午睡未醒。劉備說：「既然先生未醒，不要打擾他，我們稍等一下，他睡醒以後再去通報！」

足足等了有兩個來時辰工夫，童子才告訴劉備說：「先生已醒，有請

諸位！」劉備、關羽、張飛才快步進堂，只見諸葛亮剛剛睡醒，兩眼惺忪，懶洋洋地問：「有什麼客人來訪？」

不等童子回話，劉備搶先一步說：「劉備在此等候！」孔明連叫失禮，說到裡面更衣一下。又等了好一會，孔明才從裡面出來。只見他二十多歲年紀，身材修長，眉目清秀，洋溢著智能的光彩，身披一件鶴氅，風度俊逸瀟灑，看上去滿腹才學。劉備行了大禮，說：「先生有濟世之才，通古博今，希望能對我進行開導、幫助，使我在亂世之中有所作為！」

諸葛亮推辭說：「我本是一個農人，整天和泥土打交道，怎敢談論天下事。不過，既蒙將軍三番來訪，請將軍先談談你的志向和打算吧！」

劉備說：「東漢天下分崩離析，奸臣掌權，天下大亂。人心不一，豪傑並起。我想伸張正義於天下，成就一番事業，可是才疏智淺，屢次失利，望先生多多指教！」

諸葛亮說：「現在天下有勢力的幾家是曹操、孫權，還有劉璋、劉表等人。曹操足智多謀，占挾天子以令諸侯的優勢，最近又打敗了袁紹，氣勢正盛，不可正面與他交鋒；孫權占據江東，土地肥沃，有長江可作屏障，占了地利；將軍的優勢是爭取民心，扎下根基；荊州地勢很好，且西邊鄰近巴蜀，那裡的劉璋昏庸軟弱，將軍應該把巴蜀控制起來，發展力量，建好根基，然後同孫權結成盟友，一旦時機成熟，就向中原進發。這樣，功業可成，天下就會出現一個嶄新的形勢。」

諸葛亮講完，劉備覺得茅塞頓開，連連點頭，讚服不已。諸葛亮又取出自己保存的西川五十四州地圖贈給劉備，說明他早為解決西川做了必要的準備。

劉備誠懇邀請諸葛亮出山相助，諸葛亮見劉備態度懇切，尊重人才，眼光遠大，決心出山相助，從此跟隨劉備，指揮戰鬥，運籌帷幄，管理內政，奠定了三國鼎立的根基。正如大詩人杜甫說的「功蓋三分國，名成八

陣圖」。要沒有三顧茅廬請出諸葛亮，那當初勢力最小的劉備就很難立足天下，很難說會有一番三國演義了。

■ 何必罵我祖宗三代

曹操是個政治家、軍事家，也是一個傑出的詩人。他不但喜愛文學，更喜歡和文學家做朋友。在他的身邊，聚攏來許多才華橫溢的詩人、才子，其中最有名的是以孔融、劉楨、陳琳等組成的建安七子。曹操同他們之間有一些很有意思的故事，尤其是陳琳罵曹操的故事，給人以很深的啟發。

陳琳字孔璋，廣陵（今揚州）人，起初在權臣何進手下當主簿，後來依附袁紹。袁紹討伐曹操的時候，命陳琳寫了一個《為袁紹檄豫州》的檄文，把曹操罵了一個狗血淋頭。文中寫道：

「司空曹操，其祖父中常侍曹騰，曾與徐璜一幫奸臣禍亂朝政，橫行無忌，傷害百姓。其父曹嵩是他人之子，過繼給曹騰，假冒名位，得以參與朝政，利用職權，盜竊朝廷金銀寶器，搜刮錢財；曹操本人不過是宦官閹豎的後代，缺少教養和道德，狡猾毒辣，是禍亂的根源。」接著，陳琳又列舉曹操逼迫漢天子、殘害大臣等種種罪行，還宣布：凡是能獻上曹操人頭者，封為千戶候，賞錢五千萬。

袁紹命令把陳琳寫的檄文到處張貼散發，有人把拾到的檄文送給曹操。當時，曹操因感冒，渾身酸懶，陣陣頭痛。曹操看了那檄文，見把他祖宗三代都罵了一頓，還出賞錢買他的人頭，毛骨悚然，又氣又怒，出了一身冷汗。說也奇怪，曹操冷汗一出，竟然周身鬆快，頭疼消失，從床上一躍而起，問：「這檄文是何人所寫？」左右回答說是陳琳。曹操笑了，說：「有文才，還要有傑出的武將、軍師配合才能成功，陳琳的文章雖然寫得好，但袁紹不懂兵法武略，那管什麼用呢？」

果不出曹操所料，官渡一戰，曹操以數萬人馬擊潰了袁紹的十萬大

軍，接著奪取了冀州，搗了袁紹老巢，袁紹部下不是被殺，就是被俘。正當曹操率左右官員騎馬進城的時候，只見刀斧手綁了一個人推到曹操面前。曹操一問，知道這就是那個寫檄文罵他的陳琳，就說：「陳琳，你以前為袁紹作檄文討伐我，數數我的罪狀不就行了？為什麼要汙辱我的祖父、父親呢？」陳琳回答：「在人營中，吃人俸祿，當然為人做事，好比箭在弦上，不得不發。」

聽到陳琳這番話，曹操的左右都勸曹操把陳琳殺掉算了。曹操雖恨陳琳痛罵過他，但很喜歡陳琳的文采，不由得起了憐才之心，說：「以往的事情算了吧！」曹操赦免了陳琳，讓他在帳下從事負責起草文件的事情。

陳琳寫的各種書信和檄文，草稿完成後就呈送給曹操審閱。曹患有頭痛，這天又發作了。躺著讀陳寫的文章，卻一下子起身說：「這正可以治好我的頭痛。」於是多次予以重賞。

舉薦不同意見者

德國馬爾堡大學校刊《德國科學》上發表了一篇論文，作者是羅蒙諾索夫，他批駁了他的引路導師、德國著名學者沃爾夫教授的一個錯誤論點，而舉薦發表這篇論文的正是這位教授。

羅蒙諾索夫在這所大學求學期間，發狂般的學習，他無止境的求知欲得到了最大的滿足。他經常一連幾個星期連續在實驗室，餓了啃幾口麵包充飢，睏了躺在椅子上閉了閉眼。在歐洲有著極高威望的物理學化學家沃爾夫看中這位高才生。掌握了教授的研究方法之後，羅蒙諾索夫進步更快了，但他不只是簡單地模仿老師，他雖然十分崇敬沃爾夫老師，但對他的唯心論觀點卻從來不盲從。因此，他勇於向老師直陳己見。

豁達大度的沃爾夫對學生的科學見解是十分尊重的，他喜愛這個敢想敢說、才華出眾的青年。在羅蒙諾索夫畢業時，教授力薦這位學生留校任

教，並答應給他創造良好的科研條件和給予豐厚的待遇。但羅蒙諾索夫想到了他的「母親」俄羅斯，他說：「不，我的全部知識都是屬於人民的，我要把它無保留地獻給俄羅斯人民。」

羅蒙諾索夫回國了，但永遠忘不了不僅作為科學事業上的良師，同時也是生活上的益友的沃爾夫教授。他永遠銘記著：當自己因大量買書而欠債，是這位老師慷慨為自己還債；當發現自己在學習和生活上有不夠檢點之處時，老師總是真誠地提出忠告，他打心底感激這位事業上的導航人。

第十章　用人之道

第十一章　進取之道

　　人生能有幾回搏？遇到機會時，我們固然要搏，但關鍵是我們如何去辨識機會、抓住機會及成就機會？另外，在機會女神遲遲不青睞時，我們又如何去創造進取的機會？

寇準勇接「潘楊之案」

宋太宗時，朝廷發生了「潘楊之案」。「潘楊」指的是潘仁美與楊延昭，一個系開國功臣，堂堂國舅；一個系鎮邊大帥，世代忠良。這個案子在當時是一個燙手的山芋，誰也不敢去接，生怕一招不慎，輕者革職流放，重者凌遲處死、株連九族。

當時的晉陽縣縣令寇準卻發現這是一個升遷的好機會，他認為這個案子如果辦好，可望升為南太御史甚至宰相，官運亨通。於是寇準果斷地接下「潘揚之案」，並實事求是地公正決斷，深得上下的信任與賞識，終於升為宰相。

做糧倉中的老鼠

李斯生於戰國末年，年輕時當過小官，對當時現狀和自己的處境很不滿，一心想建功立業。他經常看見在廁所中覓食的老鼠，遇見人或狗就慌忙逃竄，樣子顯得十分狼狽。再看糧倉中肥鼠，自由自在地偷吃糧食，沒有人去打擾。

李斯由感嘆得到啟發，發現人要像糧倉之鼠，才能為所欲為，自由自在。他到齊國去拜荀子為師，專門學習治理國家的學問。

學成之後，李斯仔細分析了當時的形勢。楚王無所作為，不值得為他效力；其他幾國勢單力薄，也成不了大氣候。他感到只有秦國能有所作為，於是決定到秦國去。

臨行前，荀子問李斯去秦國的原因，李斯回答說：「學生聽說不能坐失良機，應該急起直追。如今各國爭雄，正是立功成名的好時機。秦國想吞併六國，統一天下，到那裡去正可以做一番大事業。人生在世，最大的恥辱是卑賤，最大的悲哀是窮困，一個人若總處於卑賤貧窮的地位，就像禽獸一樣。不愛名利，無所作為，不是讀書人的真實想法，所以我要去秦

國。」荀子對此加以讚賞。

李斯剛到秦國時，並不得志，後來相國呂不韋發現李斯博覽群書，加以重用，李斯才有了接近秦始皇的機會。

這時秦始皇正想一統天下，李斯趁機向他獻計說：「凡是成大事業者，都應抓住時機。秦國在穆公時雖然強盛，由於時機不成熟，沒有完成統一大業。自孝公以來，王室衰微，諸侯爭霸，各國連年打仗。現在秦國國力強盛，大王英明，消滅六國像除灶塵一樣容易，這正是完成帝業，統一天下的大好時機。如果錯過機會，等各國強大並聯合起來後，那時雖有黃帝的英明，也難以吞併天下了。」

秦始皇聽了這些話十分興奮，馬上提拔李斯為長史，按他的謀略派謀士刺客到各國去，用重金收買各國大臣名士，收買不了的就刺殺，與此同時，又派出名將率重兵以武力威脅，迫使各國就範。

在十年時間內，李斯輔佐秦始皇消滅了六國，完成了統一天下的大業，他因此為秦始皇所器重，官位上升到了丞相。

無鹽有言

齊宣王自從依靠孫臏打敗了魏國後，就驕傲起來，成天飲酒作樂，一班阿諛之徒投其所好，而一些忠臣諫士則遭排斥。

有一天，齊宣王在專門供他玩樂的雪宮裡舉行宴會，命一群宮女起舞助興。忽聽傳報說，有一個長得很醜的女人要見大王，聲言還要入後宮侍候齊王。齊宣王命令傳進來，一看果然醜得出奇：寬額頭，深眼窩，高鼻梁，大喉頭，駝背粗頸，長指大腳，頭髮黃亂，皮膚漆黑，年過四十無人求婚。在場的大臣宮女無不發笑。

齊宣王也覺得可笑，問她：「我宮中嬪妃早已齊備，妳長得這麼醜，連鄉下人都看不起，卻想到國君身邊來爭寵，莫非妳有什麼過人的本事麼？」

醜女人回答說：「我叫無鹽，沒有什麼出奇的本領，只不過會點隱語之術。」

齊宣王說：「那好，妳試試看，如果說謊，立即殺頭。」

於是，無鹽舉目咧齒，手揮四下，然後拍著膝蓋高聲喊道：「危險啊！危險啊！」

齊宣王給鬧糊塗了，不明白她這些動作表示什麼意思，問左右大臣，誰都無法解釋。齊宣王只好對無鹽說：「請妳靠前來，給我說明白。」

無鹽上前幾步，說：「我舉目的意思，是替大王觀察烽火的變化；咧齒的意思，是替大王懲罰不聽勸諫的口；揮手的意思，是為大王趕走阿諛進讒之徒，拍腿的意思，是要拆除大王這專供遊樂的雪宮。」

齊宣王一聽大怒：「你這個鄉下女人胡說八道！」立刻命令武士將無鹽推出斬首。

無鹽卻不慌不忙地說：「請讓我把話說完，再殺也不遲。我聽說西邊秦國用商鞅變法，國富民強，不久便要出兵進攻齊國，而大王內無良將，邊境防禦又差，這是我替大王舉目看到的；我又聽說『君有諍臣，不亡其國，父有諍子，不亡其家』。而今大王成天沉湎酒色，忠諫之臣的話一概不聽，我所以咧齒為大王接受規勸；大王已被一群吹牛拍馬的小人所包圍，這是要誤國的，因此我揮手將他們驅逐；大王造這樣豪華的玩宮，耗費大量財力物力，弄得國庫空虛，民不聊生，我才要拍腿為大王拆掉。你有這四大過失，國家已危如累卵，我冒殺頭的危險來勸告您，如蒙採納，我死也瞑目。」

這一番剖析，使齊宣王如夢初醒，大為感動，不由得感嘆說：「假使沒有妳這席話，我哪會知道自己的過錯。」說罷，馬上站起來宣布撤宴，帶著醜女無鹽回宮，立為皇后。然後採納她的意見，招賢下士，疏遠小人，勤於政事，齊國於是大治。

◆ 東方朔冒死自薦

漢武帝即位後，在全國徵請有才幹的人，東方朔得到選拔錄用。漢武帝命他當公車署待詔，但俸祿微薄，不受重視。然而他很想與漢武帝接近，於是設計出了一個巧妙的辦法。

一天，東方朔哄騙宮中看馬的侏儒們，對他們說：「你們一不能種好地；二不能疆場征戰；三不能為國家出謀獻策，留你們這些人只能是白白吃飯，又有什麼派場呢？所以皇帝決定要殺掉你們。」

侏儒們聽完東方朔的話，個個嚇得面如土色，全都哭了起來。東方朔勸他們不要哭，應該想些辦法。這些侏儒都用渴望的目光看著東方朔說：「大人能有什麼辦法救我們不死嗎？」東方朔教唆他們說：「皇上就要從這裡經過，你們何不叩頭請罪，以求赦免呢。」

不多時，皇帝果然前呼後擁地經過這裡，侏儒們都跪在地上朝著皇上痛哭起來。皇上令手下人問這是何故，侏儒們回答：「東方朔告訴我們，說皇上認為我們活在世上是無用之人，要將我們全部殺掉。」

皇上聽後勃然大怒，心想：這東方朔如此膽大妄為，敢造我的謠；當即令人傳見東方朔，責問道：「你為什麼造朕的謠言，該當何罪？」

東方朔終於有了面見皇帝的機會，毫無懼色地說：「我活也要說，死也要說。侏儒身高三尺，俸祿是一袋粟，錢是二百四十；臣東方朔身長九尺多，俸祿也是一袋粟，錢也是二百四十。侏儒吃得飽飽的，而我卻餓得要命。如果臣東方朔說的都是實理的話，請用厚禮待我；如不可採納，請皇上准許我回家，以免白吃長安的米。」

漢武帝聽後哈哈大笑，弄明白了原來是這麼回事，遂赦免了東方朔的死罪。不久，東方朔被任命為金馬門待詔，得到了皇帝的重用。

生訴他我是「狂生」

酈食其是秦末高陽人，好讀書，家中貧苦，但胸中蘊含天下的韜略。陳勝、項梁等起義之後，經過高陽的起義軍有幾十支，酈食其觀察這些起義軍的領袖都是齷齪之輩，喜歡繁瑣的禮節，不能聽從宏大的謀略，因此隱居不出。後來聽說沛公劉邦一支起義軍到了附近的陳留郡，並且劉邦每到一處都探訪當地的英雄豪傑。酈食其還了解到劉邦為人豁達大量，不拘小節，比較隨便，有宏大志向，於是決心求見劉邦。

酈食其一位同鄉在劉邦身邊做騎士，正好回家來，酈食其便請他向劉邦轉達自己的意思。酈食其知道劉邦不喜歡儒生，客人中有人戴儒冠，劉邦便拿來做便壺，在裡面撒尿；劉邦的性情比較粗野，開口就罵人。所以酈食其對這位騎士說：「你見到沛公，就說我們鄉里有一個叫酈生的人，年紀六十多歲，身長八尺，人都叫他『狂生』。這樣沛公一定會接見我。」

劉邦年輕時狂放不羈，是個酒徒，常在酒店裡賒錢喝酒，喝醉了就躺在酒店的地上。酈食其深知自稱「狂生」，就會在劉邦的心中產生共鳴與好感。

果然，這位騎士如酈食其所說轉告了劉邦，劉邦立即召見了他。兩人一見如故，酈食其便為他獻出攻占陳留郡的策略，為自己的建功立業找到了一個理想的平臺。

卞和獻玉

楚國有個叫卞和的人，一次爬山時，得了一塊玉璞。他看出這塊璞加工之後會是一塊很珍貴的玉，便把它抱到宮裡，獻給楚厲王。厲王叫玉匠來看，玉匠說：「我看是一塊石頭。」厲王聽了大怒，叫過左右，判卞和欺君之罪，剟去了他的左腳。

後來，厲王死了，武王承了王位，卞和又拿了那塊玉璞獻給武王。武王叫來玉匠，那玉匠看了半天，說：「還是那塊石頭，哪是什麼寶玉！」武王說：「你騙不了厲王，想來騙我。」喝令左右把卞和押下去，又截去他的右腳。

不久，武王死了，文王即位，卞和再也不敢去獻玉了。他捧著那塊玉璞，坐在山腳下痛哭，一連哭了三天三夜，眼淚流盡，奄奄一息。

文王聽到了這件事，派人找到卞和，說：「截了腳的人多得很，你為什麼被截了腳，哭個不停？」

卞和說：「好生生的人被截去雙腳，怎不悲傷？但我最悲痛的還不是我的腳。我痛心的是，把一片忠心當成欺騙，把難得的寶玉當作石頭！我就是死了，在九泉之下也不瞑目！」

文王聽了很感動，立刻命令玉匠剖開那塊玉璞，只見那果真是一塊寶玉。於是，文王把這塊玉石命為「和氏之璧」，並且賞賜卞和。

懷才不遇，忠心見疑，這是天下有進取心的人才最為痛心的事了。

■ 宗澤與岳飛

傳統評書《岳飛傳》裡的岳飛與歷史上的岳飛有所不同，歷史人物岳飛並沒有爭奪武狀元、槍挑小梁王的經歷，但岳飛和宗澤的友誼及宗澤對岳飛的識才、信任卻是確有其事。

岳飛和宗澤的認識是從辯論開始的。

南宋王朝剛剛建立的時候，岳飛是抗金隊伍中的下級軍官，當時叫做秉義郎。他反對宋高宗趙構遷都臨安的退讓政策，向宋高宗上書直言，宋高宗大怒，把小小的秉義郎這個職位也免了。於是，岳飛便在相州節度使劉光世屬下當差。

劉光世很欣賞岳飛的氣度和才幹，他怕岳飛在自己手下會埋沒他的才

能，便寫一封薦書給當時的兵部副元帥兼東京留守宗澤，說岳飛才能過人，希望宗留守能夠信用和提拔他，並說岳飛不久將到東京（開封）親自拜會宗澤。

宗澤接到劉光世的薦書後，心中不以為然。他甚至想，也許岳飛是當地的名門財主，劉節度使是受了岳飛的賄賂，決意要加以提防。

不久，岳飛果然帶了兩個隨從來見宗澤，岳飛剛剛走進留守府，宗澤就給他一個下馬威。

岳飛當時穿著朋友贈給的一件新袍，顯得很是體面，宗澤更疑心他是個財主，便問：

「你是什麼人？」

「小人是湯陰縣的武生岳飛！」

「何人保舉你前來？」

岳飛覺得氣氛不對，恭敬地說：「相州節度使劉光世向宗留守推薦小生！」

宗澤把桌子一拍，厲聲問道：「岳飛，你給劉光世多少錢財，買通他舉你為官的？」

岳飛鎮定地說：「小生岳飛出身貧苦農家，家無資財，靠親戚朋友接濟度日，哪有什麼錢財賄賂官家？我自青年開始就參加抗金隊伍，東拚西殺，死且不辭，今日拜見老爺，只求老爺相助，為國殺敵立功，請勿以勢利之徒來看岳飛！」

岳飛這番鎮定、溫和但又很有力量的話打動了宗澤：這年月缺少的就是勇於衝鋒陷陣的勇士！於是，他和緩了態度，說：「國家危難時候，我最忌小人借機營私，你有心報國，正與我志向相同，但不知你對古人兵法是否熟悉？」

岳飛說：「古人兵法，我看過不少。我以為，沒有必要拘泥那套按圖

布陣之法。」

宗澤聽了，覺得岳飛不謙遜，追問道：「古之兵家吳起、孫子、曹操等人，深有謀略，精心總結、鑽研戰略戰術，流傳的兵書，垂於後世，難道都沒有用了嗎？」

岳飛說：「古人兵法多有可取，但不可搬用，因為古時與今時不同，古時戰爭步兵為主，今日金兵多是騎兵，千里逐鹿，追逐奔馳，不同於春秋戰國，也不同於三國，因此，用兵之妙，在於因時因地，隨機應變。」

宗澤聽了岳飛的慷慨陳詞，不但未被岳飛的頂撞激怒，反而從心裡佩服岳飛是一個見識不凡的人物，他當即提拔岳飛為將軍。岳飛於是由一個被貶斥過的小軍官而成為統領十萬大軍的主帥，此後，他抗金兵，敗兀術，壯懷激烈，戰功赫赫，成為人人稱道的常勝將軍和民族英雄。

在權威和上司的威嚴之下能夠闡明自己的見解並勇於據理力爭的人中，往往有出類拔萃的人物，有膽識的領導者應當善於發現這樣的人才。

■ 毛遂自薦成功名

秦國軍隊加緊進攻趙國，趙武成王深知自己力量薄弱，不是秦國的對手，於是決定派相國平原君趙勝出使楚國，說服楚王聯合抗秦。

平原君門下好多食客，當時號稱三千人，他想從中挑選二十個人跟他去楚國，可是挑來挑去，只挑了十九個，最後一名怎麼也選不出來了。

平原君正在躊躇，坐在末位上一位門客站起來說：「要不就讓我去吧！」

平原君吃了一驚，他還不認得這位門下客，就問：「你叫什麼名字，到我這裡有多長時間了？」

門客說：「我叫毛遂，到此三年了。」

平原君搖搖頭說：「有才之士，就像一把錐子裝在袋子裡，很快就會

冒出尖了。」

食客都以為毛遂吹牛，用輕蔑的眼光看著他。但平原君卻為毛遂的膽量和辯才所觸動，他決定讓毛遂隨行，當天就出使楚國。

平原君見到了楚國的考烈王，在朝上談判聯合抗秦的事情。二十個門客在外面等候，一直從早晨談到中午，平原君力陳利害關係，但楚王仍不肯聯合抗秦。

食客們等得心煩，又毫無辦法，有人把眼光投向毛遂。只見，毛遂拿著寶劍，大步上殿，高聲大叫道：「合縱不合縱，三言兩語便可決定，為什麼談了半天，還不能決斷呢？」

楚王聽下面叫喊，問是誰來了。平原君說是門客毛遂。楚王聽說是一個普通門客，頓時大怒說：「你的主人和本王商談國家大事，何用你來多嘴？趕下去！」

毛遂毫不懼怕，按劍又向前跨了一步，說：「我是隨我主人來到這裡的，當然有權講話，你身為楚王，不尊重客人，還想仗勢欺人嗎？」

楚王看毛遂很有膽量，不禁換了口氣問：「那你有什麼高見，講吧！」

毛遂環視左右，慷慨陳詞：「楚國是個大國，地方五千里，雄兵一百萬，自楚莊王以來多年稱霸，後來秦國崛起，楚國連吃敗仗，連國君都死在秦國，適得只好遷都。這是貴國的奇恥大辱。這種恥辱，就連我們趙國人都為你們害羞，難道你堂堂的楚王不想報仇雪恥嗎？今天我們平原君同你商討合縱抗秦，並非只為趙國一家，主要還是為楚國著想，為什麼你卻推諉不做呢？」

毛遂的話像利箭一樣戳著楚王的痛處，他只好說：「有道理！」

「那麼合縱的事就算決定了？」毛遂緊接著逼問楚王。

楚王說：「就這樣決定。」

於是，楚王派黃歇為大將，率八萬大軍支持趙國。

毛遂因此而名動天下，可謂「不鳴則已，一鳴驚人；三年不飛，一飛沖天」。

■ 歷史上年紀最小的功臣

秦始皇在統一六國的鬥爭中，用的是遠交近攻的戰略，方法是挑起六國之間的猜疑和矛盾，把他們孤立起來，各個擊破。為此，秦始皇派了許多遊說使臣出使六國。這一年，秦始皇打算派一個叫張唐的大臣出使燕國和趙國，張唐有些害怕，推脫半天不肯領命。秦始皇正在猶豫之際，只聽得大殿角落裡傳來了一聲少年的呼喊：「大王，讓我出使趙國，一定完成使命！」秦始皇和文武大臣仔細一看，原來是甘茂的孫子，十二歲的甘羅。

秦王問：「你小小年紀，見了趙王說些什麼？」

甘羅把頭一揚，理直氣壯地說：「使臣出國，重任在身，應對答辯要隨機而變，哪能現在定好說什麼呢？」

秦王很欣賞甘羅的勇氣和見識，他當即任命十二歲的甘羅為使臣，讓他帶上十輛車，一百個人，出使趙國。

派一個十二歲的孩子出使別國，這真是從來未有的事。甘羅一行到了趙國，趙王聽說秦國使臣來訪，趕忙出城迎接。他看見十個人擁簇的是一個黃髮垂髫的孩子，懷疑是有人取笑他。當甘羅鄭重地拿出國書遞給趙王的時候，趙王才驚疑地問道：「小先生光臨敝國，有何貴幹呢？」

甘羅乾脆地說：「秦國要拉攏燕國，準備派人去當燕國的丞相。燕國與趙國歷來有仇，如果秦國、燕國聯合起來，趙國就很危險了。其實，秦國拉攏燕國，目的是取得趙國河間一帶的幾座城池。如果大王肯將這幾座城讓給秦國，秦國馬上就會和趙國友好而共同對付燕國，你們趙國便可以攻打燕

國，奪得比河間幾座城更多的地方。你權衡一下利弊，作出決斷吧！」

趙王畏懼秦國的勢力，又是一個目光短淺的君王，他答應了甘羅的要求，把河間一帶五座城的地圖和戶口交給甘羅，還贈給甘羅一百斤金子和兩對玉璧，甘羅滿載而歸，圓滿地完成了任務。

秦王對甘羅的成功十分讚嘆，根據有功者賞的慣例，秦王封甘羅為大夫，不久又提拔為上卿，把當年封給甘茂的土地都賞賜給甘羅。

藏之名山，傳之其人

西元前一一〇年的某一天，中國漢朝的一位史官司馬炎在彌留之際，拉著兒子司馬遷的手，說：「我的祖先是周代的太史，你再做太史，就是繼承我們祖先的光榮事業了。我死後，你不要忘記我所要寫作的史書啊！」

一席語重心長的重囑，使司馬遷熱淚盈眶。他哭著答道：「小子雖然不敏，一定盡力完成先人的志願。」

司馬遷所說的志願，就是寫作《史記》，他要使這部著作能夠做到「藏之名山，傳之其人」。

可是，在他著手寫這部大著作不久，李陵案件爆發了，將軍李陵在同匈奴的一次戰爭中，因寡不敵眾而戰敗投降了。司馬遷為李陵說情，觸怒了漢武帝，被投進了監獄，受到殘酷的「腐刑」。

受刑之後，司馬遷不堪忍受精神上的劇烈痛苦，曾經打算自殺，可是轉念一想，還有一件偉大的事業——《史記》的寫作——等待他去完成！自己死了，誰來繼續？他鼓起勇氣，挺起身來，抹乾眼淚，藏起痛苦，拿起筆來，繼續寫他的書。

西元前九一年，司馬遷用生命寫成了《史記》。這部偉大的著作，包括十二篇「本紀」，十篇「年表」，八篇「書志」，三十篇「世家」，七十篇「列傳」——共一百三十篇，五十二萬六千五百字。

◆ 唱反調改變三世未被重用的命運

漢武帝下了很大決心，花了很大力量要抗擊匈奴的侵擾，他要求臣下都要為抗擊匈奴盡力，要他們挺身而出，殺敵立功。為此，他大力獎賞了作戰有功的衛青、霍去病等人，對臨陣怯逃、失節或戰敗者如王恢、狄山、李陵、蘇建等，則予以嚴屬處治。

西元前一一九年，漢武帝決定命衛青、霍去病率五十萬大軍從山西定襄出發打擊匈奴。為了鼓舞士氣，漢武帝親自到郎署的時候，那裡的數百武將、郎官一齊跪倒：「願吾皇萬歲，萬萬歲！」

武帝看他們精神抖擻，說：「你們都願意隨軍出征、冒死殺敵嗎？」

「願為陛下效力，肝腦塗地，在所不辭！」數百名文武官員一齊喊道。

漢武帝高興地點點頭，心想部下的士氣是多麼高啊！可是，就在這時，忽然聽見從一個角落裡傳來了一聲低弱的、但十分清楚的老者聲音：「小臣年邁體弱，不願出征！」

漢武帝一愣，左右更是大吃一驚，在這樣的氣氛下說不肯上陣，這要處死罪啊！

漢武帝問：「你是幹什麼的，叫什麼名字？」

那老者白髮蒼蒼，行動蹣跚，趨過來向武帝叩頭：「小臣顏駟，年已六十一歲，江都人氏，從文帝時代就在署下為小郎了。」

武帝遲疑一下，問道：「卿年逾花甲，為郎幾十年，為什麼不得提拔、升遷呢？」

老顏駟說：「陛下容稟，恕臣直言：小臣歷來想忠貞報國，何嘗不希望建立功名？臣已歷經三代了，但都不逢時：文帝好文而臣好武；景帝好老而臣年輕；陛下您呢，喜歡提拔、重用少壯之人，可是臣已經老了，所以三世都不得重用，不是我不圖長進，大概是命該如此罷了！」

武帝聽了顏駟的陳述，深有所感，嘆了口氣，同情地說：「光陰如水，轉眼百年，一個人一生能有多少時光，有賢才不知，知而不重用，以至使你大半生為郎，這都是作人主的疏忽啊！」接著，武帝又說：「顏駟白髮皓首，辛勞多年，他不願隨軍出征，恕他無罪。」他又轉臉對顏駟說：「你這樣大年紀，懷志不遇，我命你為會稽都尉，趕快準備赴任吧！」

顏駟激動得老淚縱橫，連連叩頭謝恩，左右文武都為顏駟直言沒有得罪反而得官而驚奇，同時也慨嘆像顏駟那樣三世不遇的命運。

■ 良禽擇木而棲

馬援是西漢末、東漢初人。在西漢末農民起義和天下大亂中，劉秀和公孫述同時稱帝，馬援先見公孫述，公孫述與馬援本是同鄉，但搞了一套很繁雜的禮儀。馬援看公孫述太修邊幅，天下未定就大講排場，胸無大志，目光短淺，於是說：「子陽（公孫述的字）不過是井底之蛙，而妄自尊大，難以長久！」於是又到雒陽去見劉秀。

劉秀只戴一個頭巾，迎著馬援微笑，十分隨便。談了一會天下形勢之後，劉秀問馬援：「你在兩個皇帝之間遊移不定，難道不覺得慚愧嗎？」

馬援回答說：「當今的時代，不但是君主要選擇怎樣的人才，而且人才也可以選擇誰是自己的君主，像我這樣的人也正是觀察選擇呀，自以為是而人才不來投靠者，稱孤道寡都是枉然。我今天遠道而來，陛下怎知我不是刺客和壞人呢？但您從容待我，一點也不猜疑，證明是像高祖一樣恢廓大度，是真正的帝王！」

於是，馬援最後選擇了劉秀。事實證明，馬援的選擇是正確的，他的才能有了一個施展的地方，因此多次立功，被封為伏波將軍，並成為東漢開國功臣。

◆ 王猛捉虱談天下

西元三五四年，東晉大將桓溫率領十萬大軍北伐，一直打到灞水邊上，眼看就到長安了，但他卻停止前進。原來，這桓溫有奪取晉室的野心，怕拿下長安增加了朝廷的實力，對他篡位不利，所以就駐在灞水邊上觀望。但他卻注意收羅北方的人才，加強自己的力量。

一天，有一個穿著破衣的青年人前來求見，聲言專談天下大事。桓溫覺得很可笑，這麼一個窮光蛋也想憑口舌撈取一官半職，本想喝令將他趕出去的，可又一想，不妨聽聽他說些什麼，也好顯示自己禮賢下士的大將風度。

破衣客人毫不膽怯，一屁股坐下就侃侃而談，一邊談，還一邊翻開衣服捉蝨子，捉到一個，擱在兩大拇指蓋間一擠，好像他周圍根本就沒有別人似的。

令桓大將軍驚奇的是，這位捉蝨青年對天下形勢瞭若指掌，剖析透徹，確實才識非凡，心裡不由得嘆道：常言說，人不可貌相，我險些落下個怠慢賢士的名聲，失掉一個有用的人才。

於是桓溫很客氣地問他：「請教先生，我奉了皇帝的命令，率領十萬精銳大軍，伸張正義，討伐反叛，為老百姓剷除奸賊，可陝西的英雄豪傑卻沒有一個來投奔我的，這是為什麼呢？」

「這還不明白嗎？」捉蝨青年回答說：「您不遠千里，已經深入到敵人的境內了，可是，離長安只有幾尺遠，您卻按兵不動，不渡灞水。人們還沒有看到您的真心，所以不敢來投靠你！」

一句話正中要害，桓溫頓時啞口無言。

在班師南下回朝的時候，桓溫任命青年高官督護，請他一起走。他卻回山隱居起來，知道自己無法和桓溫這樣的人共事。

後來，北方前秦皇帝苻堅聽說捉蝨而談的人很有才幹，就派人去請他

出山。苻堅一見他，如同周文王遇到姜太公，如魚得水。苻堅在他的幫助下統一了北方。

此人就是中國歷史上著名的政治家王猛。

鮑照自薦

鮑照曾拜謁臨川王劉義慶未被重用，又想獻詩表明自己的志向。有人勸說道：「你目前的地位還很卑下，別輕易去觸犯他。」

鮑大聲說：「歷史上有才華懷才不遇或默默無聞的，實在是數不清。大丈夫豈能隱藏自己的聰明才智，而像蘭草、艾草般混合一處，不被人識，終日碌碌無為，同燕雀之輩相隨廝守呢！」於是將詩作呈上。

劉義慶讀後十分賞識他的才學，賜給他帛二十匹，不久又將他提拔為國侍郎。

陳子昂千貫買胡琴

四川才子陳子昂進京十年，不為人知，他不得不苦想，如何方能提高自己的聲望。

有一次，有個人賣胡琴，要價一百緡錢。那些豪紳貴族們傳看了許久，無人能辨出好壞。這時，陳子昂突然出現在賣主面前，對左右的人說：「到我家去取一千緡錢吧！這琴我買下了！」眾人吃驚地詢問，陳子昂答道：「我善於演奏這種樂器。」大家都說：「可以聽聽你演奏的曲子嗎？」陳子昂說：「如果願意，你們明日可以到宜陽會齊，到時我為大家演奏。」

第二天，眾人如期前往。到那一看，見陳子昂已將酒肴準備齊全，胡琴就放在席前。吃喝完畢，陳子昂激動地對眾人說：「我陳子昂本是四川才子，有文章一百軸。可惜的是，我來到京城，風塵僕僕，卻不為人知。

這種樂器是低賤的樂工所演奏的,我怎麼會對這玩意感興趣呢?」說罷,舉起胡琴摔碎在地上,然後,把文軸遍贈與參加宴會的人。

說來也真神,一日之內,陳子昂的名聲便傳遍了京城。

王勃文驚四座

在初唐四傑中,年紀最輕而成就最高的是王勃。

唐高宗上元二年九月九日,洪州都督閻伯嶼正在雄峙江邊的滕王閣上大宴賓客,洪州知名人物均應邀出席宴會。閻伯嶼有個女婿叫吳子章,頗有文才,閻伯嶼就叫他先把《滕王閣序》做好,到時好拿出來在宴會上當眾誇耀,一鳴驚人,使他這個當岳父的也臉上生色。恰好這天,王勃去探望當縣令的父親,路過洪都,也應邀出席。

開宴以前,閻伯嶼叫人捧出紙筆,然後洋洋得意地對賓客們說:「今日恰逢重陽,我們在滕王閣上歡度佳節,實是難得的盛會,不可無文章以記其盛。諸位都是當今名士,文采風流,尚望大筆一揮,寫賦為序,使高閣與妙文同垂千古。」說完就從首席開始,請賓客撰文。

賓客們都知道閻都督要讓他的女婿顯示文才,不是藉口病體未癒不敢用腦,就是謙稱才疏學淺不敢獻醜,推來推去,最後輪到王勃。賓客們原以為王勃年歲最小,又是外地來的客人,定會與他們一樣推辭的,見他毅然接過紙筆,不由吃了一驚。

閻伯嶼雖滿肚子的不高興,但因是自己出面請的,也不便當眾撕破臉皮,便請王勃在閣內撰文,他與眾賓客到外面去觀賞江景。

過沒多久,一個隨從抄來了王勃的詩句。閻伯嶼一看,笑著說:「這幾句寫洪州的地勢,開頭倒還可以。」話未說完,另一個隨從又抄來後面幾句。閻伯嶼念到「落霞與孤鶩齊飛,秋水共長天一色」兩句時,不由撫掌讚嘆:「好句!好句!落霞、孤鶩寫動態,秋水、長天寫靜景,霞鶩同

飛，水天一色，秋日佳景，寫得何等生動！真是江山如畫，筆意清新，眼前有景道不得，卻被他一語道出，真是奇才！」

從開頭到結尾，不到一個時辰，王勃就把《滕王閣序並詩》送到閻伯嶼手裡。閻伯嶼高興地誇他：「下筆千言，字字珠璣，奇才！奇才！」

長安米貴，白居不易

白居易初次赴舉，以詩拜謁著作郎顧況。顧一看他的姓名，又仔細打量白，說：「長安米貴，白居不易。」說罷閱卷，第一首詩是《賦得古原草送別》：「離離原上草，一歲一枯榮。野火燒不盡，春風吹又生⋯⋯」顧讚嘆地說：「能寫出這樣的妙句，在長安白居也易。」便到處替白居易揚名，白居易一時聲名大振。

二公訪牛

貞元年間，韓愈、皇甫湜名動京師，被稱作一代龍門。牛僧孺從江、黃一帶至京赴舉，把行李放在長安東門外，拿了行卷到韓愈、皇甫湜府上，請求品評，以定進退。第一篇《說樂》。韓只看了題目，便掩卷問他：「拍板是何意？」牛答：「拍板用以定樂音緩速、起訖。」韓愈、皇甫湜聽後，大加稱賞。接著問：「住在何處？」牛說：「初次應舉，想聽聽二公高見，所以不敢進城。」韓愈說：「先生的文章，不只可中進士，而且必能垂名後世。」讓牛在城內租一間房。然後，韓愈與皇浦湜故意候牛外出時去拜見他，並在門上題字：「韓愈、皇甫湜同訪僧孺先輩，未遇。」消息傳出，翌日，自拾遺、補闕以下官員、外士、皆來投名片，拜訪牛僧孺。

從此，牛僧孺之名聞於天下。

◆ 李義府「借枝」得「樹」

李義府因得大臣李大亮、劉洎等推薦，得到唐太宗李世民召見。太宗以烏鴉為題命他詠詩，他即刻寫成。詩云：「日裡颺朝彩，琴中伴夜啼。上林如許樹，不借一枝棲。」以烏鴉自比，抱怨不得機遇，太宗深為讚賞，對他說：「我把所有的樹都借給你，豈止一根樹枝。」於是把他從門下典儀破格提拔為監察御史。

◆ 孟浩然一詩毀一生

唐玄宗開元年間，詩人孟浩然頗為王維推重。王在宮中值日，有一天，讓孟來談論詩文，突然玄宗李隆基來到王住所，孟大驚，藏於床下。王不敢隱瞞，據實奏報，玄宗很高興地說：「我久聞此人。」命孟出來拜見。玄宗問：「你身邊帶有詩作嗎？」孟沒帶詩篇。玄宗命他吟詩，孟行禮後吟道：「北闕休上書，南山歸敝廬。不才明主棄，多病故人疏。」極言困苦，不受君王恩遇。玄宗不悅，說：「我並未不用你，是你自己不求任職，怎麼反倒作出這種詩。」於是下令放孟歸南山。孟終身不曾入仕。

◆ 誰得第一

王維不到二十歲就以文章著稱，且嫻於音樂，擅長琵琶，與諸貴人交遊，特別為岐王李范推重。當時進士張九皋很有聲名，有個出入公主家的人為他說項，公主就寫信給京城試官，令取張為第一名。王維正將應試，將此事告訴岐王，請他設法。岐王說：「公主勢強，不能力爭。我為你想個辦法。你去準備十首舊作、一曲琵琶新調，過五天來見我。」

五天後，岐王讓王維穿上華美的綢緞衣飾，帶上琵琶新調，扮成樂工，去公主府第。岐王對公主說：「承你接見，所以我奉上音樂酒宴。」筵席中樂人依次前來。王維年少風流，風度翩翩，站在伶人中特別引人

注目。公主詢問岐王，岐王只說是個音樂行家，於是公主命他獨奏。琵琶曲調哀切，滿座感動，公主詢問曲名，王維答為《鬱輪袍》。岐王又說：「他不但精通音樂，詩文也遠超眾人。」公主更為奇怪，向王維索取作品。王維獻上詩卷，公主大驚，說道：「這些都是我一直在念的作品，我總以為是古人佳作，怎麼竟是出於你手？」於是下令王維更換衣服，坐於上座。王維人品出眾，語言詼諧，座中貴客深為欽服。岐王趁機說道：「今年進士考試，如果能以他為第一名，這確實是國家人才之精華。」公主問：「為何不讓他前去應考？」岐王說：「他若不能名列首位，就不肯應考，但聽說你已安排了張九皋。」公主笑著說：「不關我的事，我也是為別人所托。王維果真應考，我自當出力。」

公主召來試官，讓宮婢傳達她的命令，王遂一舉登科，名列榜首。

施氏與孟氏

魯國一戶姓施的人家有兩個兒子，一個愛好儒家的仁義道德，一個愛好兵法。愛好儒家仁義道德的兒子用儒術遊說齊侯，齊侯採納了他的主張，讓他作各位公子的老師。愛好兵法的兒子到楚國，用兵法遊說楚王，楚王欣賞他的見解，任命他在軍隊中做官。兩個兒子的俸祿使施家很快富了起來，他們顯赫的爵位使親戚們臉上也覺得榮耀光彩。

施家有個鄰居姓孟，他也有兩個兒子，學業與施家的兒子相同，卻總為貧窮所困擾，很是羨慕施家的富有，因而便去請教獲得榮華富貴的方法。施家的兩個兒子把實情都告訴了孟家，於是孟家一個兒子到秦國，用儒術遊說秦王，秦王說：「現今諸侯都以武力相爭，最需要的不過是帶兵打仗和籌集糧餉。如果採用儒家的仁義道德來治理我們秦國，那是使秦國滅亡之路。」於是，給他施宮刑，才放他回去。孟家的另一個兒子到了魏國，以兵法遊說魏侯。魏侯說：「魏國是個弱小國家，夾在幾個大國的中

間，對大國我得順從它，對小國我得安撫它，這才是求得魏國平安之路。如果依靠兵法權謀，那魏國的滅亡就指日可待了。現在，你如果平安地回去，再到其他國家遊說用兵，那對我們魏國的禍患實在不輕啊！」於是砍去了他的一隻腳，才把他放回魯國。

孟家兩個兒子回來後，父子捶胸頓足，悲痛不已，一起去責備施家。姓施的說：「無論做什麼事情，抓住時機則昌，失去時機則亡。你們的方法和我們相同，但功效如此不同，這主要是因為你們失去了時機，而不是做法有什麼不對。」

◆ 浪子回頭金不換

周處是晉朝江蘇義興人，他是中國歷史上有名的浪子。小時候他力氣過人，性情暴烈，平時騎馬射獵，並且騷擾百姓，橫行鄉里，人們既恨他又怕他。當時，南山有猛虎，水下有蛟龍，經常為害老百姓，老百姓都痛恨地說：猛虎、蛟龍和周處是家鄉「三害」，什麼時候才能除掉這「三害」呢？

有一次，鄉里人想了一個辦法，他們找到周處，稱讚他的勇敢，激勵他上山打虎，下江擒蛟。周處滿口答應，孰不知，老百姓是想讓他與猛獸格鬥，兩敗俱傷。誰知周處果然勇力過人，他上山殺死了猛虎，下江又斬了蛟龍。

周處在殺虎斬蛟時，人們以為他死了，於是四處慶賀。周處上岸以後，知道老百姓原來是恨他，開始有了悔改之意。他悔恨過去，又不知將來怎麼辦，百思不解，於是去訪問當時著名的學者陸雲。

陸雲熱情接待了這位莽撞的年輕人，詳細地詢問他的經歷和此時的想法。周處說：「唉，我知道以前虛度年華，為人所恨，想好好修養成有用的人，可是時光已過，年歲也大了，恐怕不行了。」

陸雲說：「有悔改的願望就是好事。孔子曾經說過，朝聞夕改，善莫大焉。人誰無過？對一個人來說，所怕的只是沒有志氣，不怕將來沒有前途。你只要立志好學，一定會有所作為的。」

陸雲一番話，使周處頓開茅塞，眼前一片光明。從此，他刻苦學習，特別從自己年輕時走的彎路中吸取教訓，終於成為一個知識淵博、很有修養的人。他先擔任過吳國的東觀左丞、無難郡都督等職務，西晉統一後，又歷任新平太守、廣漢太守，直到御史中丞。周處剛直不阿，勇於對王室子弟和文武官吏繩之以法，梁王司馬肜犯了法，他不顧情面，嚴加制裁，因此，得罪了國家和一部分權臣。後來，他們讓周處隨梁王司馬肜出征西涼，妄圖陷害周處。周處的好朋友孫秀對他說：「你家有老母，應當向老母辭行再走。」意思是告訴他此去難以回返了。周處早已明白，說：「我不管誰從中陷害，只知出征是為了國家，為了君主。忠孝不能兩全，今日出征，死且不辭！」

果然，到了西涼，司馬肜命周處孤軍出戰，故意不派兵接應。周處冒死殺敵，終因寡不敵眾，壯烈而死。

周處不但作戰英勇，而且有所著述，他曾寫過《默語》三十篇、《風土記》一部，並參加過撰寫《吳書》。周處死後，世人十分惋惜，稱他節義雙全。周處也以浪子回頭的美名流傳千古。

◆ 再試一次吧

十九世紀法國著名的科學幻想小說家凡爾納（Jules Verne）於一八六三年將第一部科幻小說《氣球上的五星期》的書稿先後寄給十五家出版社，但一次次都被退了回來。當他每接到寫著「尊稿我們審讀後不擬刊用，特此奉還」的退稿信時，心裡總是一陣絞痛。他想：「這些出版商看不起我這樣的無名作者，我再也不寫作了！」他一氣之下，走近壁爐，打算把書

稿付之一炬。「凡爾納，不能燒呀！」妻子奪過書稿，說：「不要灰心，再試一次吧，也許能交上好運呢！」

凡爾納聽了妻子的勸告，抱起一大包書稿毅然走向第十六家出版社。這家出版社的經理赫哲爾恰好是個很有眼光的人，他讀完原稿，立即斷定這是個有才華作家的作品，作品中有一種與眾不同的獨特的魅力，不但馬上決定出版，還同凡爾納簽定了一個為期二十年的合約：在二十年內，凡爾納的作品全部交該出版社出版。

《氣球上的五星期》問世後，立即受到廣大讀者的歡迎，從此，凡爾納的科幻小說名聞全球，到處風行。他從三十五歲開始寫作第一部科幻小說起，到七十七歲逝世，平均每年兩三部，是世界上頂尖的多產作家。

第十一章　進取之道

第十二章　為官之道

　　烏紗帽的輕重厚薄粗細硬軟，為官的最清楚。他天天
戴天天品味，自然體會得深。你喜歡它，就試著去戴，習
不習慣，舒不舒服，全靠你自己，只要不是緊箍咒則已。
千萬不要誤解那頂烏紗帽永遠會是你的！

三石之弓

齊宣王愛好射箭，喜歡聽別人說自己能用強弓。他曾經用的不過是拉力三石的弓，他把這三石的弓拿給自己的臣子看，他的臣子都試著拉開它，但將弓拉開一半就停止了。那些臣子都說：「這是一張拉力不下九石的弓，除了君王誰還能用這樣的弓呢？」齊宣王實際上所用的不過是三石的弓，而終身認為自己用的是九石，這豈不是很可悲的嗎？

丞相職責

漢文帝劉恆初即位時，找左丞相陳平和右丞相周勃問政事。文帝問一年處決幾個犯人，又問一年的糧食收支是多少，兩個丞相都答不上來。文帝詫異，問道：「那應該問誰呢？」

陳平回答：「決獄的事問廷尉，糧食收支問治粟內史。」

「那丞相的職責呢？」文帝追問。

陳平說：「丞相職責在於主管大臣。陛下命我們任丞相之職，所謂丞相，對上輔佐天子，制定政策，決定大事，對下要管理天下百姓。其中最重要的是使朝中各卿大夫各任其職，各得其所，各施其才，這是最重要的呀！」

廉潔耿直拒饋贈

王安石患嚴重氣喘病時，據說服用紫團參有顯著療效。他一手提拔的薛向正巧調京任職，他來自人參產地，聽說宰相治病需要，就帶來幾兩這種珍貴的紫團參贈送王安石。

王安石聞此，婉言謝絕了。

有一個好心人勸他：「荊公，您的病非得用此藥，還是不要辜負了薛官員的好意。」王安石幽默以對：「我平生沒有紫團參，不是也活到今天

了嗎？你們不用為此操心了。」

王安石生來臉黑，他的一個「新黨」的朋友呂惠卿等幾個人到處張羅，無微不至地為他求醫問藥，送來澡豆給他洗臉時試用。他們以為王安石一定會高興地接受，不料荊公詼諧地拒絕了：「我的黑皮膚是天生的，用澡豆洗臉又有何用！」

元太宗認錯

耶律楚材是元代開國大臣，他通曉經史，頗有才幹，成吉思汗父子十分器重他，儘管他是契丹人，但成吉思汗和其子太宗窩闊台仍然信用他。成吉思汗曾當著窩闊台的面指著耶律楚材說：「此人是天賜給我們元朝的，以後軍國大事都要問他！」

有一回，耶律楚材處理一個案件，查出了大臣楊惟忠的罪惡，把楊惟忠提了起來。楊惟忠是太宗窩闊台的寵臣，元太宗一怒之下，把耶律楚材也綁了起來。但元太宗既而一想，覺得不妥，便傳令釋放，但耶律楚材卻不肯解綁，他說：「陛下既然把我捆綁，就是以為我有罪；如今又要放我，就一定要說出放我的原因。這樣輕率反覆，如同兒戲，國家大事難道就這樣辦嗎？」

耶律楚材慷慨陳詞，滿朝文武都為他捏一把汗，最後，元太宗沒法，只好說：「我雖然身為天子，難道就沒有做錯事的時候嗎？」這樣，耶律楚材逼著皇帝認了錯，才答應鬆綁。

樊噲闖宮見高祖

劉邦做皇帝以後，架子大了起來。

有一次他病了，就傳旨誰也不許進去見他。一連好些日子，許多事情不得奏報，文武百官為朝中大事焦急，但又不敢進宮見駕。

將軍樊噲很惱火，他見劉邦閉官不出，就一時性起，闖將進去，一直來到皇帝的床前，高聲說：「想當初，您在沛縣起兵的時候，何等英雄氣概，今天下已定，怎麼就變得這樣精神不振？如今您病重，不和大臣們商議國家大事，整天只和一兩個太監待在深宮裡，難道您不想想當年秦始皇病死的時候，宦官趙高假造遺詔，殺害公子與文武大臣，禍亂天下的事嗎？」

劉邦聽罷翻身起床，馬上召見群臣，商議大事。

■ 海瑞下棋諫皇帝

海瑞，明朝人，為官清正，不畏權勢，勇於「為民請命」。

明朝嘉靖年間，全國賦稅繁重，民不聊生，連中小地主也紛紛破產，民怨沸沸，天下不安。嘉靖皇帝迷信道教，不理朝政，還很厭惡進諫。朝中大臣明哲保身，沒有一個敢向皇上勸半句。

據說，有一天海瑞與嘉靖皇帝下棋，海瑞惦記著民間的疾苦，無心下棋，沒走幾步，就處於劣勢。

「將軍！」嘉靖皇帝得意地喊道，海瑞這才注意到自己的棋子，他力挽被動，很快就占了上風。輪到海瑞「將軍」了，他忽然靈機一動，叫道：「『將軍』，天下錢糧減三分。」嘉靖不明白他是什麼意思，只管注意自己的棋。過了一會，海瑞又找到機會「將軍」了，這一回，他一字一板地唱道：「『將軍』，天下錢糧減三分。」這一次，皇上聽清楚了，但仍然不明白他這句沒頭沒腦的話，反倒覺得有趣，念著好聽。所以，等到嘉靖「將軍」的時候，這位皇帝也學著海瑞的腔調高聲叫道：「『將軍』，天下錢糧減三分！」

嘉靖皇帝話音未落，只見海瑞連忙棄棋離席，趴在地上說：「微臣領旨！」

皇帝頓時丈二和尚摸不著頭，問海瑞這是怎麼了？海瑞回答說：「萬歲不是說『天下錢糧減三分』麼？臣一定照辦！」

那個時候，皇上一開口就是聖旨，就得照辦，嘉靖無奈，只好下令減輕全國的賦稅。

巧誅「小安子」

太監安德海因為深得慈禧的歡心，貪贓索賄，無惡不作。在宮裡鬧夠了，他就想到外面去作亂，慈禧也有意要派個心腹出去結納外臣，加強自己的勢力。慈禧囑咐安德海悄悄出去，暗暗回來。

哪知安德海驕橫慣了，出京沒幾天，他就命在船上升起大旗，大肆張揚，讓沿途官吏紛紛接駕、送賄，所到之處，雞犬不寧。

船入山東德州境內，德州知府前去拜接，送上銀子兩百兩，安德海嫌少，重重打了知府幾個耳光，限他三天之內交足五千兩銀子，否則休想活命。

德州知府捂著臉一時沒了主意，忽然想到他的上司──山東巡撫丁寶楨，便連夜赴濟南向丁巡撫哭訴。丁巡撫問知府見到聖旨沒有？知府說沒看到。「好！」丁巡撫一拍巴掌，命德州知府立即回去將安德海一行捉來。知府一聽嚇了一跳：「大人，這不是太歲頭上動土嗎？」丁寶楨呵呵大笑：「一切由老夫承擔。」

原來，清朝歷來有條祖訓：「內監不許私離京城四十里，違者由地方官就地正法。」丁寶楨正是抓住了這一條，要治一治不可一世的大宦官。他想，這安德海雖然沒奉明詔，但一定得了西太后的暗許，西太后不降明旨，說明東、西兩太后有矛盾，安德海是西太后的人，我何不向東宮請旨發落！主意打定，立刻派親信飛馬入京送奏章。

丁寶楨正準備將安德海推出斬首，忽聽一聲：「西太后懿旨到！」這

可把安德海高興壞了，他從地上蹦起來：「姓丁的，這回看你小子怎麼收場！」不料，丁寶楨卻大聲吩咐：「前門接旨，後門斬首！」

果然，西太后叫火速將安德海押解回京。丁寶楨接旨後說：「下官遵東官太后旨意將安德海斬首了！」

■ 觸龍言說趙太后

西元前二六六年，趙惠文王死了，接任的孝成王年紀尚幼，大權由母親趙太后掌管。秦國看趙國困難重重，乘機進犯，趙只好向齊國求救，齊國卻提出拿孝成王的弟弟長安君做人質。長安君是趙太后的掌上明珠，太后執意不讓他去，並對勸說的人大發雷霆，宣稱誰再敢來勸，要吐他一臉唾沫。

形勢相當危急，一面是秦軍步步進逼，一面因太后難捨母子之情，使齊國的支持成了泡影，國家命運危在旦夕。

這時，左師觸龍言來到朝廷，求見太后。太后也明白對方來意，準備給他一些顏色。觸龍言年邁腳跛，慢慢走到太后面前，朝廷上開始了這麼一段對話：

觸：臣的腳有毛病，不能快跑，很久沒有來見您，但我常常掛念著太后的身體，今天特地來看看。

太：我也是靠車子代步的。

觸：每天飲食大概沒有減少吧？

太：用些粥罷了。

觸：我也不願吃東西，勉強出去走走，每天三四里路，稍微可以吃一些，身子骨也硬朗了。

透過開頭幾句的互致問候的話，太后的怒氣稍為平息一些了，這個話頭的目的也達到了。

觸：我有一個希望，請太后做主。我的兒子舒祺，年小才疏，我年紀大了，很疼愛他，希望您能讓他當個衛士，守衛王宮。

太：可以，年紀多大了？

觸：十五歲，歲數是小一點，希望在我死之前把他託付了。

話題轉到兒子身上，他的要求既表達了對國家的忠心，更重要的是涉及到如何對待子女的問題，這就與太后的癥結自然連繫起來了。但觸此時還不能提太后的兒子，只能作為伏筆。

太：男人也疼愛他的小兒子嗎？

觸：比女人還厲害。

太：哪裡話，女人才是最厲害的。

觸：我覺得您疼愛女兒燕后超過兒子長安君。

太：錯了，我疼愛燕后比不上長安君。

觸：不。父母疼愛兒子就應替他打算得很遠，您把女兒嫁到燕國時，雖然也悲傷，但每到祭祀時卻禱告別讓她回來，這不是希望她有子子孫孫，世世代代相繼為王嗎？

太：你說對了。

因為太后畢竟是個女人，對兒女的問題特別容易動感情，以致不知不覺談到男人與女人誰更愛孩子的問題。觸龍言立即抓住這個時機，趁勢把話題轉到正題上。但他卻不正面提人質的事，而採取迂迴的手法，拿長安君與燕后進行比較，表面看來純屬太后個人家庭問題，所以太后能夠接受，並被觸龍言的一些新鮮提法，如男人比女人更愛兒子所吸引，使討論引向深入，步步逼近主題。

接著觸龍言把話題轉向歷史。

觸：趙家立國兩百多年了，請你想一想，除去現在三代之外，過去的趙家子孫到今天還有誰能把爵祿繼承下來的呢？

太：沒有。

觸：其他國家呢？

太：也沒聽說過。

觸：這就大有文章啊。因為這些子孫都靠繼承父輩傳下的現成爵位，地位雖高，但沒立過功勳。得到俸祿卻優厚，又沒對國家做過貢獻。毫無能力和經驗，又行使很大的權力，這就十分危險。他們的地位就很脆弱，容易受人攻擊，自己遭到殺身之禍且不說，還連累他的子孫。如今您要提高長安君的地位，只靠封地加官，卻不讓他為國家出力，將來您要去世，他憑什麼功勞在國中立腳呢？所以太后愛他不如愛燕后。

太：您說得對極了。好，長安君的去留聽您安排吧。

■ 唐雎不辱使命

秦國滅了韓、魏以後，安陵君還有五十里領土。秦國為了施些小恩小惠好日後霸占，故意說用大十倍的土地去換五十里，遭到安陵君的拒絕。安陵君派唐雎到秦國，見了秦王，唐雎便向秦王解釋 ——

唐：我們的國君從他父王手裡繼承了這塊土地，就該好好守著它，就是有人用一千里大的土地來交換，也不敢答應，不要說僅僅五百里了。

秦：先生聽過天子發怒的事嗎？

唐：我還沒有聽到過。

秦：天子一發怒，就叫成百萬的人送命，上千里的地方血流成河。

唐：大王可聽見過老百姓發怒的事嗎？

秦：老百姓發怒嘛，不過拉下帽子，光著腳，把腦袋在地上亂撞亂碰罷了。

唐：那是軟骨頭的發怒，可不是大丈夫的發怒啊。當年專諸刺王僚，掃帚星飛著衝向月亮；聶政行刺韓傀的時候，白虹一直穿透太陽；要離行

刺慶忌的時候，雄鷹撲上殿堂。這三位都是老百姓當中的大丈夫，他們的滿腔怒火，還沒有迸發，天上就降下了稀奇的徵兆。現在，連我唐雎在內就有四個人了。如果大丈夫真發怒，眼看著就會有兩個活人立刻送命，五步之內鮮血直流，滿天下戴孝，今天就是這樣！

說罷，他拔出長劍，站了起來。秦王被唐雎這一嚇，頓時威風掃地，在坐席上跪起身——

秦：先生請坐！何必這樣！我現在懂得了，韓、魏兩國都給滅掉，可是你們安陵只五十里大小反而存在，就因為有你先生啊！

■ 司馬穰苴用兵

齊景公任命司馬穰苴為大將，又根據他的要求，任命莊賈做監軍。穰苴就約定莊賈在第二天正午到操場點兵。

第二天，穰苴提前來到操場，等候莊賈到來。莊賈平時受景公的信任，嬌縱放蕩，根本沒把穰苴放在眼裡，只是和親友們飲酒作樂。過了正午，莊賈還沒有來，穰苴便走到部隊前面發布命令，申明軍紀。直到黃昏，莊賈才在眾人的擁簇下姍姍而來。穰苴不悅地問道：「你為什麼這時候才來呢？」莊賈哼了一聲，不屑地回答：「親戚朋友前來餞行，多喝了兩杯，怎麼樣？」穰苴提高了嗓音，義正詞嚴地說：「受命做將帥的人，就應該忘記自己的家庭；部屬行動的時候，就要忘記親屬；臨陣作戰的時候，就必須捨生忘死。現在敵軍壓境，國君寢食不安，老百姓生命難保，你身負重任，怎麼能有心思喝酒呢？」說著，他問軍法官：「按照軍法，不遵守時間到場該當何罪？」軍法官說：「當斬！」莊賈一聽，嚇得渾身顫抖，急忙派人向景公求救。去的人還沒有回來，莊賈已被斬首示眾。過了片刻，景公的使者拿著特赦詔令驅馬趕來，穰苴又問軍法官，軍中不准鞭馬疾馳，現在使者疾馳該當何罪？軍法官又說「當斬」。使者嚇得縮成

一團。穰苴接著說，不能殺國君的使者，讓人把駕車拉左轅的馬殺了。從此，令行禁止。

三天以後，穰苴率兵出征，個個奮勇殺敵，晉、燕的士兵聞風而逃。穰苴驅兵追殲，收復了失地。穰苴因功被封為大司馬。

霍去病帶頭踢球

邊塞荒涼，月色迷茫。霍去病在月下巡視軍營，他被一縷悽楚的笛聲吸引了，雙眉慢慢地皺了起來。是啊，軍中缺糧，士氣低落，真叫人焦心哪！面對猖獗的匈奴，戰士情緒消沉，怎麼打仗呢？

霍去病是西漢有名的軍事家，他知道光靠懲罰是不能提高士氣的。經過反覆思考，他決定帶頭和將士們一起踢球來振作士氣。於是，他讓軍隊裡的工匠用皮子縫成一個圓圓的球皮，中間塞滿毛髮，做成球。他命令士兵在廣漠的荒原上修出一個球場，那時的球場是在地上挖些小淺坑，把球踢進土坑，就像現在足球賽中的射門。隨後，他把球分發給部隊，組織各種形式的比賽，優勝者就獎給酒肉，鼓勵大家踢球。他自己每次球賽都帶頭參加，同將士們一起奔跑，一起歡笑。

自從開展踢球活動後，將士的士氣提高了，當軍糧充足的時候，霍去病帶領部隊向匈奴發起了進攻，終於把匈奴打得落花流水，打開了通西域的道路。

婁師德薦才

有一次，女皇帝武則天單獨召見宰相婁師德談論政事，她問婁師德有沒有可以擔任輔政大臣的人才，婁師德極力推薦了狄仁傑。武則天接納了薦舉意見，將狄仁傑從外地召回京城，和婁師德一起擔任宰相。

狄仁傑不知道自己當宰相是由於婁師德的舉薦，相反，他心中倒是老

記住了過去和婁師德的一些不愉快的關係，而且不久前自己還遭到過一場政治迫害，懷疑婁師德在裡面作亂。因此他耿耿於懷，常常當武則天的面講婁師德的不好。

這一切，引起了武則天的注意。

一天，她在便殿和狄仁傑閒談，問狄仁傑：「婁師德的品德好不好？」

狄仁傑的話裡有刺：「他帶兵守邊時，有過戰功，品德好還是不好，不很清楚。」

武則天又問：「他能發現和舉薦出色人才嗎？」

狄仁傑說：「我和他一起，沒有這方面的感受。」

武則天哈哈一笑說：「你能當宰相，正是由於他的舉薦呀！依我看，沒有比婁師德做得更好的了。」隨即找出了婁師德的薦表，讓狄仁傑過目。

事情出乎狄仁傑的意料之外，他十分慚愧，感嘆地說：「婁公的度量這麼廣闊，我全身都給包涵進去了，卻還一點不知道人家，我比人家差遠啦！」

從此，兩人關係密切起來，共同輔助武則天管理國務。不久，北方的契丹國出兵犯邊，侵占了些州郡，兩人又一同率兵抵禦，分路出擊，驅逐了敵軍，使邊境居民重新得以安居樂業。

唐太宗的選人用人

貞觀元年，就是唐太宗李世民剛剛登上皇帝寶座的那一年，唐太宗為了充實、完善中央政府的機構，要大臣封德彝負責推薦賢才。封德彝領旨答應，但過了幾個月，竟連一個人才也沒推薦出來，唐太宗於是召見封德彝，說：「我要你推薦賢才，幾個月過去，怎麼一無所舉呢？」

封德彝解釋說：「老臣並不是不用心盡力，只是選了好久，也沒有發現一個傑出的人才！」

　　唐太宗：「你錯了。君子選用人才好比使用器物，應該各取所長，因人而異。古代有大功業的帝王將相都善於發現和選拔人才，不這樣，難道他們還能向其他的朝代去借用人才嗎？你推舉不出人才，只能說明你不會識別人才，怎能說我們國內沒有人才呢？這不是太貶低我們這個大國了嗎？」

　　唐太宗接著指出，使用人才不能求全責備，人有長短，要揚長避短，善於從疏人、舊人、新人、甚至敵人等方面選擇人才，大膽任用。他舉例說明：「魏徵這個人是從敵人營壘裡選拔的，他能直言我的得失，批評勸誡我，我若是一塊粗金，魏徵就是錘鍊真金的良匠；長孫無忌是皇后的兄長，又是我的老友，我封他為司空，有人擔心這會被說成是以私人治天下。但這也不必怕，因為長孫無忌有才能，文武兩方面都能勝任，我就是因材而用他。總之，不嫌仇敵，不避親友，才叫真正的唯才是舉呢！」

　　唐太宗不拘一格選人才，還表現他打破了腐朽的門閥觀念。他免除了唐宗室的許多特權，他說：「我為天子，是為了養育天下的百姓，怎容許天下的百姓來供養我的親族呢？」他規定：除了有功者外，其他的宗室郡王一律降為縣公，不能無功受祿。同時，他破格從平民僕從中選拔賢才，馬周就是一個例子。

　　貞觀五年，唐太宗命令群臣都要向皇帝講一講皇帝的得失。常何是一員武將，不會寫條陳，他沒有辦法，只好請自己門客馬周幫忙。馬周幫常何寫了二十多條，太宗見了，大為吃驚，因為那二十多條內容正切中時弊，說理雄辯精闢。他就問常何：「你是個武將，我看不可能寫出這個東西來，是誰幫你起草的？」

　　常何承認說：「我確實不行，這是家中門客馬周寫的。」

唐太宗問：「馬周是個怎樣的人？」

常何告訴太宗，馬周從小失去父母，生活窘迫，長期在他的家裡當門客。太宗立即派人把馬周叫來，親自同馬周談話，發現馬周確實很有見解。於是，他讓馬周先在門下省當官，第二年，破格提拔馬周為監察御史。馬周任職後非常幹練，幫助唐太宗處理了許多複雜事件，成為一時的名臣。

■ 廉頗負荊請罪

戰國時期，趙國的趙惠文王任命藺相如為相國。消息傳來，大將軍廉頗可生氣了，他滿臉通紅，脖子上青筋都暴起來了。他說：「我是大將，為趙國立了多少大功哪！藺相如算什麼東西，憑著一張嘴，就爬到我頭上了。哼，我路上撞著他，非給他個好看不可！」

這話傳到藺相如耳朵裡，他想：「強橫的秦國為什麼不敢侵犯趙國呢？還不是文有我，武有廉頗嗎？如果我同廉頗鬧起來，兩虎相爭，必有一傷，秦國就會趁機打進來了。國家要緊呐，個人受些委屈有什麼呢！」於是他便裝病不上朝了。

一天，藺相如帶著隨從出去，老遠瞧見廉頗的車馬過來，他趕緊叫趕車的退到小巷裡躲躲，讓廉頗的車馬過去。手下人不服氣了，說：「您的官職比廉將軍大，為什麼怕他呢！」

藺相如笑了，說：「你們說，廉將軍的威風與秦王的威風相比，哪個大呢？」

「秦王！」

「對，」藺相如說：「秦王那麼大的威風，諸侯各國都怕他，我卻敢在秦國的朝廷上責備他。我怎麼會怕比秦王威風小的廉將軍呢？」隨後他把自己為了保衛趙國應當忍讓的話說了。手下人高興了，說：「相國的氣量

真大呀！」

這事傳到廉頗的耳朵，他的臉頓時紅得像豬肝，說：「我真是個粗魯人呀！這樣說來，人家躲我是為國啊！」於是，他裸著上身，背著荊條，跑到藺相如家裡去請罪，說：「我見識少，氣量窄，太不像話了，請您管教我一頓吧！」

「哎呀，將軍能體諒我，我已感激不盡了，怎麼還給我賠不是呢？」藺相如抱著廉頗，兩人同時流出了熱淚。

廉頗藺相如和好了，成了知心朋友，兩人同心協力地治國，使得秦國果真不敢前來進犯。

矛盾之間

唐朝時候，郭子儀和李光弼一同在朔方節度使安思順屬下當部將，兩人之間有些矛盾，在一起也互不說話。范陽節度使安祿山發動武裝叛亂時，唐朝政府提拔郭子儀繼任朔方節度使，統兵抵禦，這樣一來，李光弼就成了郭子儀的部將。想到兩人的關係，郭子儀心裡很是不安。這時，唐朝皇帝又傳來旨意，命令郭子儀即日率部出征，李光弼擔心郭子儀會尋機報復，便硬著頭皮向郭子儀認錯，說：「過去我不好，得罪了您，今後不管怎樣處置我，我都不抱怨，只希望不要報復到我的老婆孩子身上。」沒等李光弼說完，郭子儀趕忙離開座位，跑了過來，緊緊抱住了李光弼，滿眼含淚地說：「現在是什麼時候，國家危急，百姓遭難，正需要我們一起去效力，特別是需要你這樣的人才，難道我們還像過去那樣鼠肚雞腸、計較個人恩怨嗎？」

看到郭子儀如此心懷坦蕩，不計個人私怨，李光弼深受感動，當下和郭子儀對拜，然後，帶隊請戰。從此，將帥協同，在平息叛亂的戰鬥中，戰功卓著。

宋璟拒絕奉承

宋璟擔任宰相兼吏部尚書時，有一天，吏部主事給他轉呈了一篇署名「山人范知璿」的《良宰論》，並說：「這位姓范的很有學問，是個人才。」宋璟聽了極為高興，他趕忙拿起《良宰論》認真地閱讀起來。

文章議論風生，條通理暢，宋璟連連說：「不錯，不錯，才堪重用。」可是讀到文章的後一部分，他的眉頭便皺起來了，因為范知璿在文章裡把宋璟吹捧成了超過古代晏子、張良，遠勝太宗時的魏徵、房玄齡，還把天下描繪得一片升平……宋璟喃喃地說：「這太過分了，太過分了。」

讀完全文，宋璟對恭立一側的吏部主事說：「范知璿確是個人才，但為人品德不正，盡寫些阿諛奉承的話，這不是一害國家，二害自己麼？這種人，我倘若把他提拔放在身邊，對我也沒好處呀！請你轉告他，應就國計民生，切切實實地提些建議，不要再搞奉承之類的事了。」

這位善於奉承的人因此而沒有得到重用。

真正的宰相

開封城裡有座簡樸的庭院，這就是宋太祖趙匡胤時宰相范質的家。

一次，范質病倒了，趙匡胤前來探望，范質請皇帝用茶，拿出來的都是粗瓷盤杯。趙匡胤皺皺眉，暗想：「他是宰相，至於這麼窮嗎？」他留了心，以後又去了幾次，故意四處看看，才發現范質用的是硬板床，床上鋪的是舊棉被。他有些不忍了，吩咐給范質送去雕鏤的床和精美的酒器等等。不久，他再去探望時，看到范質仍然睡硬板床，使粗瓷碗。趙匡胤說：「你是宰相，何必這樣自己同自己過不去呢？」

「陛下！」范質給宋太祖行了禮，說：「我身為宰相，更應該嚴格要求自己，因此在家裡不接待一切以私事求我的人。同我來往的都是貧賤時的親友，招待他們也不必用華麗的器具。陛下給我那麼多的俸祿，豈能置

不起好傢俱？只是我那樣做，別人就會效法，影響朝廷的風氣啊！」

「你是真正的宰相啊！」宋太祖感嘆不已。

■ 一錢太守

東漢會稽郡太守劉寵被調到京城去任職，臨行時，五六位白髮蒼蒼的老人受城南深山區百姓的委託，來給劉寵送行。

劉寵向老人們說：「我這幾年沒給大家做多少事。你們都這麼大年紀了，實在不應該遠路奔波前來送我。」

老人們說：「我們住在深山大谷裡頭，很少到外面來。從前，城裡的官員們只知道貪錢戀物，白天要，夜裡要，鬧得雞飛狗叫，百姓們睡覺都不安生。自從您當太守，官員們不去騷擾了，甚至夜裡狗也不叫了。幾年來，我們安居樂業，一心感念太守。聽說太守要走，大家都捨不得，大忙時節，托我們幾個老兒來送一送，表表心意。」說完，每人托出一百文錢給劉寵路上用。

劉寵感動地說：「父老們過獎了，我做得差得多。大家的心意我收下了，這錢，還是帶回去吧！」

老人們堅絕不肯，劉寵只好從每人手裡選了一文錢，作為收下的象徵，老人們才稱謝作別。劉寵看老人們走遠以後，將收下的幾文錢，輕輕地放進了河水裡。

人們知道這事紛紛稱讚，並且給劉寵起了個美名，叫做「一錢太守」。

據說，現在浙江紹興市北面的錢清鎮，就是當初劉寵投錢入河的地方。

◾ 貪泉水

東晉時，皇帝下了詔書，要吳隱之去廣州擔任刺史。

當時，廣州地區開發得比較快，人煙密集，物產豐饒，因此，廣州刺史是最引人注目的肥缺。頭些年的幾任刺史，其中也有原來素稱「廉士」的，離任時無例外的滿載而歸。

吳隱之上任途中，一天到了廣州城北的石門過夜。傍晚，他帶上妻子和隨從去遊覽當地的「貪泉」。

據說，這貪泉的水是喝不得的，只要一沾唇，就會在心中萌發無厭的貪欲。人們說，前任某刺史多年廉潔自愛，因誤喝了貪泉水，弄得犯了貪汙，正在受糾彈。

對這些議論，吳隱之不置評論，徑直俯身從泉邊舀了一杯水，當眾一飲而盡，並賦詩一首，念給大家聽。

詩的意思是：「從來說這泉上的水一沾唇就貪得無厭，如果讓品行高潔的伯夷和叔齊喝下去，就不會貪得無厭。」

大家曉得，這是新太守當眾做出的誓詞。果然，吳隱之說到辦到。到任後，對自己督責更嚴，生活很簡樸，只用青菜或乾魚下飯，除維持簡單生活而外，一切收入都繳給公庫，對政務則是晝夜操勞，嚴明法紀。

◾ 太廟為什麼會塌

京城長安附近的收成不好，唐玄宗打算帶著文武百官，暫時到東都洛陽去住。這樣便可省掉搬運糧食的麻煩，減少一些百姓的負擔。正準備動身時，太廟塌了。

文武百官議論紛紛，說：「這是上天不同意呀！」「兆頭不好，去洛陽不吉利呀！」

唐玄宗聽了這些話，也拿不定主意了。

姚崇認為暫去洛陽是件好事兒，但偏偏太廟塌了，鬧出這種風波，怎麼才能說服大家呢？他於是跑到太廟細細調查一番，看到折斷的梁柱有的因漏水漚糟了，有的是被蛀蟲蛀壞了……恰好這時唐玄宗派人叫他去。

見到皇上，姚崇便把去太廟察看的情況報告了一番。他說：「太廟是後秦苻堅時候造的，到現在已經三百多年了，木料蟲蛀、水漚，已經腐爛了，怎能不塌呢？皇上要離開京都與太廟倒塌，兩件事不過湊巧碰到了一塊罷了，有什麼奇怪的。再說皇上這次去洛陽，為的是節省人力物力，利國利民，上天怎會降災呢！」

唐玄宗聽了姚崇的話，認為他說得有理有據，便帶著百官動身了。

■ 生為楚國人，死為楚國鬼

忠心報國的屈原遭到楚國奸臣賊子的陷害，被頃襄王放逐。他被迫離開楚國的都城郢（現在的江陵），一步三回頭，傷心的眼淚溼透了衣衫。

到夏口的時候，屈原和一個幼年時代的朋友偶然相遇了。那個朋友看到屈原一副狼狽的樣子，便關切地對他說：「你是有才能的。現在楚王不能重用你，你為什麼不到外國去？以你的才能，不論走到哪國，還怕他們不拜你為相嗎？」屈原很不以為然地說：「一個人難道可以為升官發財而丟掉自己的祖國、自己的家鄉嗎？」那個朋友「哼」了一聲，振振有詞地說：「大丈夫志在四方，只要有榮華富貴，在哪國還不是一樣……」他還要說下去，可是看見屈原已經氣得臉色發白，便不敢吭聲了。屈原鄙夷地看了他一眼，大喝一聲：「住口！榮華富貴，你自己去追求。我生為楚國人，死為楚國鬼，絕不幹那些朝秦暮楚的事。」說著，一甩袖子，迅疾地登上破舊的馬車，頭也不回地向前走去。

自然爵位和人為爵位

孟子說：「有自然的爵位，有人為的爵位。仁義忠信，不疲倦地好善，這是自然的爵位；公卿大夫，這是人為的爵位。古代的人修養他自然的爵位，於是人為的爵位也跟著來了。現在的人修養他自然的爵位，來追求人為的爵位；已經得到了人為的爵位，便放棄他自然的爵位，那就太糊塗了，到頭來連人為的爵位也會喪失掉的。」

盆成括要死了

盆成括在齊國做官，孟子說：「盆成括要死了！」後來盆成括被殺，學生問道：「老師怎麼知道他會被殺？」

答道：「他這個人有點小聰明，但是不曾知道君子的大道，那便足以惹來殺身之禍。」

窮則獨善其身，達則兼善天下

孟子說：「古代的賢君樂於善言善行，因而忘記自己的富貴權勢；古代的賢士何嘗不是這樣？樂於奉行他自己的道理，因而也忘記了別人的富貴權勢，所以王公不對他恭敬盡禮，就不能夠多次地和他相見。相見的次數尚且不能夠多，何況要他作為臣下呢？」

孟子對宋勾踐說：「你喜歡遊說各國的君主嗎？我告訴你遊說的態度。別人理解我，我也自得其樂；別人不理解我，我也自得其樂。」宋勾踐說：「要怎樣才能夠自得其樂呢？」孟子答道：「崇尚德，喜愛義，就可以自得其樂了。所以，士人窮困時，不失掉義，得意時，不離開道。窮困時不失掉義，所以自得其樂；得意時不離開道，所以百姓不致失望。古代的人，得意，恩澤普施於百姓；不得意，修養個人品德，以此表現於世。窮困便獨善其身，得意便兼善天下。」

不嗜俸祿的宰相

有一天，唐太宗宴請群臣。他說，為國家利益著想、勇於向他提意見、說明他糾正錯誤的，只有魏徵，他決定加封魏徵的爵位，以表彰其卓著功勳。

魏徵想：一個人爵位高了，如不警惕，會滋長驕氣，富裕而不注意，就會趨於奢華。他婉言謝絕了太宗皇帝的加封。

另一次，魏徵主持修完了朝廷的「五禮」（祭禮、朝天子禮儀、軍禮、婚禮、喪禮）。皇上按以往規定準備給他的一個兒子封爵，這在當時朝廷有功之臣是求之若渴的美事，而魏徵卻再三推辭，後實在無法推辭，只好讓皇帝給他的一個已故的姪子封爵，因為給死者加封，封與不封都一樣。

貞觀七年，唐太宗要提升魏徵為左光祿大夫（從一品官），封鄭國公。接當時規定，從一品官的俸祿極優，魏徵仍不願意。太宗說：「我好比埋在礦藏中的黃金、白銀，正需要像你這樣高明的工匠來鍛鑄，你怎麼能推辭呢？」魏徵再三堅持，皇上無法，只好給他封了二品官。

魏徵死後，太宗傷心至極，他悲嘆：「魏徵去世，我少了一面鏡子了啊。」皇上準備給他舉行隆重的國葬，魏徵妻遵照丈夫生前的願望，說道：「魏徵素主節儉，厚葬怕不是他願意的。」太宗便答應用白木做的車子和白布做的車帷送葬，以示這位賢達的宰相終生素白、清廉。

這是洗人民澡

林肯（Abraham Lincoln）是美國第十六屆總統。

他是一個「鄉下佬」，出身於一個拓荒者的家庭。競選時，他沒有專車，只是買票乘車。每到一站，朋友們就為他準備好一輛耕地用的馬拉車，他便站在車上，開始了競選演說：「有人寫信問我有多少財產。我有

一位妻子和一個兒子，都是無價之寶。此外，還租有一個辦公室，室內有桌子一張，椅子三把，牆角還有大書架一個，架子上的書值得每人一讀。我本人既窮又瘦，臉很長，不會發福。我實在沒有什麼可依靠的，唯一可依靠的就是你們。」

他對南方蓄奴制度持鮮明的反對態度，加上往日的聲譽，使得這位被譽為「誠實的林肯」的人一舉擊敗了競選的對手 —— 大富翁、民主黨人道格拉斯（Stephen Arnold Douglas），就任美國的總統。

就任總統後，南方的一些反對派爆發了內戰，他日理萬機，非常繁忙，但他仍堅持在白宮規定的接待日裡，接待從上層紳士小姐到下層兵士農民的各類求見者。他和許多來訪者一一握手，每次接見後，胳膊總要麻木一個晚上，醫生勸阻說：「這有損健康，還是停止這種接見吧！」林肯拒絕說：「這是洗人民澡啊！」

南北戰爭中，林肯和許多老百姓一樣，把兒子送去參軍，他的夫人憂心忡忡，總統便對夫人說：「瑪麗，多少可憐的母親都已忍痛作出了這種犧牲，送走了她們的兒子。把羅伯特（Robert Todd Lincoln）送上戰場，這是為了國家的命運啊！我們有什麼不能犧牲的呢？」

■ 我第一個走

拿破崙在征討敘利亞之後，鼠疫流行，部隊中許多人染上了病。

為了減少疾病的傳染，拿破崙對全軍下令：全體人員必須加急趕路，馬和車全部用於載運傷病員，除嚴重鼠疫患者外，其餘傷病員全部帶走。

命令下達後，他的管馬官認為總司令當然不包括在此列之中，便問：「司令官，您要備哪一匹馬？」

拿破崙一聽，勃然大怒。

他大聲訓斥道：「全體步行，我第一個走！難道你不知道命令嗎？」

第十二章　為官之道

第十三章　經營之道

　　天下熙熙，皆為利來；天下攘攘，皆為利往。能不能得利，有大多成功，全靠你自己。

他們在吵架中偷笑

在美國紐約的一條街道上，並排出現了兩家廉價商店，一家叫做紐約廉價商店，另一家叫做美國廉價商店，兩家猶如生死對頭，鬥得不亦樂乎。

他們時常會擺出同樣的商品，互相壓價，以吸引顧客。顧客們都異常高興，因為他們從這兩家的「鷸蚌相爭」中獲得了「漁人之利」。誰家更便宜一些，顧客便蜂擁前去購買。

這兩家商店的關係相當緊張，兩家店老闆時常站在店門口互相責罵，甚至拳打腳踢，顧客們卻很少前去勸解，因為只要他們的爭鬥持續一天，顧客們就可以多買到一天便宜貨。

突然有一天，這兩家商店的店老闆奇蹟般地消失了。新主人踏進這兩家的店門，驚奇地發現，這兩家竟用一條密道連在一起，而兩個店老闆的臥室也有一扇門相接。原來，這兩個店老闆竟是一對親生兄弟。

這對親生兄弟一直在裝傻！他們故意表演一齣鷸蚌相爭的戲，讓顧客們誤以為占到了便宜，其實最終發財的恰恰是這對兄弟，在每一次降價競爭中，最後的勝利者趁機把自己兄弟沒能賣完的貨物一股腦處理了。

怎樣鑑別北方蘋果

美國市場對水果的品質要求很高，表面稍有斑點，就不能上貨架。

一年深秋，冰雹、霜凍給一些農場種植的蘋果表面留下了斑點，批發商不進貨，農場主面臨積壓的窘境。

危難之際，一位農場主請教了一家有名的廣告公司，隨即登出了這樣一條廣告：「人們都知道蘋果是美國北方高山地區特產，清脆爽口，香甜無比。那麼，怎樣鑑別北方蘋果呢？北方高寒地區往往寒流早到，如果受到冰雹襲擊，它會給蘋果表面留下斑斑點點，這並不影響品質，倒可以幫

助我們鑑別。」

當廣告還在繼續刊登、播出時，商店裡已出現了興致勃勃地尋找帶有斑點蘋果的消費者。批發商也趕緊進貨，積壓的蘋果很快銷售一空。

松下幸之助的見解

松下幸之助為日本傑出企業家，對管理方面有許多獨到的見解。他說：

「只有決心與松下共存亡的人 —— 公司興隆，我有前途；公司倒閉，我也完蛋 —— 才是公司渴望爭取的人才。」

「假如有人問你們，松下電器生產什麼產品時，一定要回答：松下電器是培養人才的公司，並兼做電器的生意。」

「企業領導者為了保障員工的生活，在企業危難時，必須有負責到底的精神，有勇於承擔的勇氣。」

「如果把員工當顧客，即使是無理的要求，最後也會以感激的心情來接受，這麼一來，所有糾紛，自然化於無形。」

「不能每天在想如何為賺錢而賺錢，只有盜賊整天想賺錢，結果所賺的錢最少，只要勤奮而忠誠工作，錢會自己找上門的。」

「鐘錶王冠」爭奪記

瑞士的鐘錶製造業歷史悠久，產品質地精良，品種繁多，在國際市場上，長期保持最大銷售量的地位，是舉世公認的「鐘錶王國」。瑞士生產的鐘錶原來全是機械表，隨著「電子工業」的發展，日本率先把電子技術應用於鐘錶，生產出石英電子手錶，這種錶較機械錶更為準確而且價廉物美。電子錶一出現在市場上，便立即受到顧客的青睞，幾乎是在一夜之間，瑞士手錶便失去鐘錶業的霸主地位，取而代之的是日本石英電子錶。瑞士的鐘錶公司紛紛破產倒閉，這才引起了人們的注意。然而，瑞士畢竟

是鐘錶大國，鐘錶製造業的人才濟濟，經過十年的艱苦奮鬥，瑞士又奪回了鐘錶業的王冠。為了保住這頂王冠，瑞士的製錶商以攻代守竭力抬高瑞士錶的威望，發揮瑞士工人的特有的精湛技藝，把鐘錶製造技術提高到別人難以逾越的高度。一九八六年，他們利用阿爾卑斯山花崗岩的優美色彩的紋理，研製出舉世無雙、絢麗斑斕的岩石手錶，既含有石器時代的古樸，又顯示當代的浪漫，深受人們喜愛。

出其不意，亂而取之

有一次，在一個比利時畫廊裡，一位美國商正和一位印度人討價還價。當時，印度人的每幅畫標價在十到一百美元之間，而唯獨美國人看中的三幅畫，印度人每幅要價五百美元。美國人對他的敲竹槓行為很不滿意，不願成交，豈料印度人氣衝衝地把其中一幅畫燒了。美國人眼看自己喜愛的畫被燒了，心裡很痛惜，又問印度人剩下的兩幅畫要賣多少錢。印度人看他對這幾幅畫愛不釋手的樣子，仍然堅持要每幅五百美元，美國人正猶豫間，這時，印度人又燒了一幅畫。酷愛收藏名人字畫的美國人終於沉不住氣了，他乞求印度人不要再燒最後一幅畫了，最後竟以一千美元的高價買下。此印度人銷售成功的方法，正是採取精神戰術，使對手在喜怒失常的情況下敗於己手。

吃佳餚與「吃」氣氛

美國人愛「吃」氣氛，這可不是一句笑話，因為他們不但講究菜餚的色、香、味、形，還十分重視吃的環境。環境形成氣氛，氣氛影響人的情緒，情緒又會影響食欲。幽雅的環境能令人心曠神怡、食欲大振，雜亂的環境卻會使人精神萎靡，胃口倒盡。

紐約「一碟鹽」華人餐館經理林緝光非常熟諳此中道理，他把自己的

餐館裝飾得如同一件傑出的藝術品。那臨街的兩面透明玻璃壁，內襯米黃色繡花的大幅落地幔帳，從外望去，玲瓏剔透；室內，四周錯落有致的翠竹，青藤高及屋頂，色彩多樣的花卉、盆景點綴其間，令人頓生「滿園春色關不住」的詩情畫意。

然而林老闆的見解還更深刻。他知道人的興趣總是多方面的，西方人並不全都喜歡東方色彩，為了適應不同層次食客的需要，他分別把兩層樓營造出風格迥異的東西方兩種情調。樓下的一切讓你在熟悉的西方環境中，品嘗來自遙遠東方的佳餚！在感覺上形成跨度，從而催生出似夢不醒的體味；而樓上，則是純中國閣樓式的布局，它可以使你猶如完全進入了中國故土的菜館，在那統一和諧的氣氛裡用餐。

■ 首先要推銷自己

排名美國第一的汽車推銷員喬・吉拉德（Joe Girard）曾在一年內創下推銷一千四百多輛汽車的紀錄，但他認為推銷奧祕是永無止境的。此話來自他一次難忘的推銷失敗。

一次，一位名人來買車，喬向他推薦一種新型車，洽談順利，眼看就要成交了，對方卻突然決定不買。這真是煮熟了的鴨子又飛了，令喬百思不得其解。

晚上，喬決定登門求教。名人見他出於至誠，就敞開心扉：「你的失敗是由於沒有自始至終聽我講話。就在我準備簽信用卡前，我提到我的兒子即將進密西根大學讀書，而且還提到他的運動成績和他將來的抱負，我是以他為榮的。但是你沒有任何反應，而且還掉轉過頭去跟別人講笑話，我一惱之下就不買了……」

這原因說起來簡單，但也很特別，喬從中又得到了兩點推銷心理學的寶貴經驗：

一、「聽」的功夫實在是太重要了。如果不能自始至終傾聽對方講話的內容，認同顧客這種高興購買商品的心情，難免使顧客失去購買的熱情。

二、推銷產品前應先把自己推銷出去。如果顧客喜歡你推銷的產品，但不喜歡你的態度，一樣會動搖他掏錢的決心。

借冤播譽收奇效

一九五〇年代，法國白蘭地公司決定把名酒白蘭地打入美國市場。他們把宣傳時間選在美國總統艾森豪六十七歲壽辰之時，透過不同的新聞媒體向美國人民宣布：法國人民為表示對美國總統的友好，將贈送兩桶極為名貴的、釀造長達六十九年之久的白蘭地酒為賀禮……這些連續報導吸引了千百萬人，成為華盛頓市民的熱門話題。當賀禮由專機送到美國，華盛頓竟出現了萬人圍觀的罕見現象。關於名酒駕到的新聞報導、專題特寫、新聞照片擠滿了當天報紙的版面。法國白蘭地就在這種氣氛中昂首闊步走上美國國宴與市民餐桌，打開了美國市場。

一九八四年，美國總統雷根訪華，臨別前的答謝宴會按常例都在人民大會堂舉行。當時剛開業不久的長城飯店公共關係部透過各種管道，成功說服美方承辦這次宴會。五百多名外國記者現場採訪，國內外數億觀眾看到了長城飯店，不僅做成了生意，而且收到了廣告宣傳的奇效，長城飯店轉眼間名揚四海。

便宜攻勢

日本汽車在美國、加拿大一向有很好的市場，而韓國汽車進軍歐美市場，使日本感到強大的壓力。

一九八五年，韓國車在加拿大賣了七點九萬輛，其中又以現代汽車廠

出品的小馬汽車最受矚目,其外形美觀,性能也很好,但價錢卻比日本車便宜得多。一九八六年,「小馬汽車」已進入美國市場,深受美國低收入階層的喜愛,因此,成果很可觀。

取代傳統飲食的速食

法國膳食師們為本國飲食水準江河日下而頻頻發出驚呼。他們發現,代表傳統飲食方式的咖啡館已被美式速食店代替,高級佳餚已被「罐頭餐」代替,各種新菜式已被薄餅和漢堡包代替。他們預言,法國傳統美食不久將成為歷史陳跡,美食菜譜陳列在盧浮宮或凡爾賽故宮,僅供欣賞。

法國傳統飲食式微的象徵,最明顯的莫過於咖啡館業的衰落。法國咖啡館從十七世紀誕生,到十九世紀達到鼎盛時期,形成了稱為「咖啡館傳統」的法國文化現象。咖啡館布滿了整個法國,在巴黎,幾乎每街每巷都有大大小小的咖啡館。咖啡館成了公共場所,學生們到這裡讀書、聊天,作家、藝術家到這裡討論創作、構思作品,男士們到這裡逃避妻子的囉嗦,異鄉人亦聚到這裡,以求一日三餐之便。每個咖啡館的顧客都比較穩定,老闆、服務生、客人彼此混得很熟,一起喝酒、下棋、打撲克、跳舞……在那種特殊環境和氛圍中,生活潦倒的人得到同情、支持和鼓勵,孤寂的人交上新朋友,一些新觀點透過討論得到肯定和發展。那時要使法國人離開咖啡館,似乎是不大容易做到的。然而今天,「咖啡館傳統」正日漸衰微。十幾年前遍布巴黎聖米高街兩旁的咖啡館已寥寥無幾,代之以一間間美國式的速食店。

社會科學家們分析,膳食呈現「速食」趨勢,主要原因在於科技和生活設施的發展以及生活節奏的加快具有時代的內在規律。現代生活速度使人們在較短時間裡完成較多的工作,雖然閒暇比以往更多,但交通的便利、各種現代化的生活設施,使人在斗室一方便可與外界保持聯繫。他們

似乎不愁寂寞，似乎什麼問題都可以找到答案，無須到閒適的咖啡館找人搭訕，花費大量時間獲取生存所需的人際氛圍；而從另一方面看，匆忙也是現代生活的特徵。正是這個勢不可擋的「匆忙」成了閒適的傳統膳食衰微、新式速食業興盛的癥結。

■ 醫治文明病的「自然餐廳」

目前全世界正盛行進食「健康自然食物」。所謂「健康自然食物」，就是不含味精等人工調味和不經特殊加工處理的純天然食物。人們認為，進食「健康自然食物」可以控制體重、強身美容、減少現代都市普遍存在的「文明病」。世界各地都已出現了許多「健康自然美食廳」。

這類餐廳確實是名副其實，它所選用的蔬果、菜餚皆從自然的植物中挑選，烹調用油是椰欖油和玉米油，餐廳裡所經營的食物均不含味精等任何添加物，且不經過特殊加工處理。因此，那些擔心「文明病」而慕名而來的食客，自然會源源不斷。

為了健康，人們將逐漸增加對自然食品的興趣。

■ 取人之長，永保青春

在訊息傳播迅速發展的社會裡，先進技術產品層出不窮，一個有頭腦的經營者，不但要眼睛向內，牢牢把握自己的經營之船，更要目光向外，密切注意他人之長，並取而用之，使自己的技術和產品品質提高，這樣才能使企業永保青春。

美國這個科學技術發達的國家十分注意取人之長，特別是人才的引進，美國正是透過取人之長，使自己能在科技上保有領先地位。二次大戰以後，美國引進了高級科學家、工程師、醫生等共二十四萬人。在美國，個人從小學到大學畢業，政府要付五萬美元的教育經費，二十四萬人就是

一百二十萬美元，如果再加上家長和社會對學生所付的其他費用，教育費用大得驚人。而引進不僅節約了費用，把別國的經驗，別人的長處都帶了過來，而且縮短了時間，使自己的技術更快向高處發展。

一次，瑞士有一位研究生研製成功一支電子筆和一套輔助設備，其性能可以用來修正遙感衛星拍攝的紅外照片，這項重大發明引起全世界的矚目。美國一個大企業聞訊後，馬上派人找到那個研究生，以優厚的待遇為條件，動員他到美國去工作，而瑞士一些公司也千方百計地要留住他，於是希望得到人才的各方展開了人才爭奪戰。你給他加薪，我也再加薪，爭得不可開交。最後，精明大膽的美國人說，現在我們不加了，等你們加定了，我們乘以五。就這樣，這位研究生連人帶筆一起被帶到了美國。

尤伯羅斯眼光獨具，名利雙收

美國第一旅遊公司副董事長尤伯羅斯（Ueberroth）是一位精通謀略的高手。一九八四年以前，歷屆奧運沒有不虧損的先例，如一九七六年加拿大舉辦奧運虧損十億美元，一九八○年前蘇聯為此花費九十億美元。一九八四年尤伯羅斯憑著獨到的眼光，在沒有競爭對手的情形下，充當了舉辦奧運的總裁。他看透了美國社會高度商業化的特點，深知奧運的金字招牌本身就是一棵搖錢樹，他抓住許多資本家都想利用這次機會宣傳自己產品的心理，一面高價出售電視放映權，另一方面加播廣告，平均每秒鐘收費高達五千美元，甚至連火炬傳遞權也分段出售，每公里要價三千美元。僅此一項，就從那些想出名的人們手中得到了四千五百萬美元。舉辦這屆奧運，他沒花政府一分錢，反而贏利二點五億美元。而且方圓百里範圍內的服務機構（旅館、飯店等）還額外收入三十五億美元。為此，國際奧運專門為尤伯羅斯頒發了一枚特別的金牌，表彰他的功績。

■ 松下電器公司中的成功之道

日本松下電器公司被稱為模仿公司。它從不打算發明新技術，不當技術先驅，以免投入過多的精力。迄今為止，很少發明新產品，但卻總是低價生產，廣為行銷。它建立二十三個擁有最新技術的生產研究室，專門分析競爭對手的新產品，發現不足之處，找出改進的方法，使產品品質和性能更趨完善，然後迅速投產，往往在別人的新產品還沒有占領市場時，它的更新產品已投放市場，且性能更好，價格更低。這樣很容易為消費者接受。

例如，發明錄影機技術的是索尼公司，該公司的「貝塔馬克斯」錄影機剛投放市場不久，松下公司就在「貝塔馬克斯」錄影機的基礎上，設計出一種能放映更長時間的、容量大體積更小巧的錄影系統，性能更可靠，價格也比較「貝塔馬克斯」低百分之十五。結果，松下的「樂聲」和BCA兩個牌子的錄影機壓倒了索尼，占有了日本錄影機市場的三分之二。

■ 豐田汽車公司「因糧於敵」的策略

日本的日產汽車公司為了開發生產「Sunny」大眾汽車，不惜動用大量的人力物力在全國公開徵求車牌，花大錢搞推銷宣傳，雖獲得了成功，但卻付出了極大的代價。而日產公司這一行動，卻使豐田欣喜若狂。因為「Sunny」的大宣傳在日本全國激起了人們對汽車的興趣，這對豐田來說，日產的工作為它鋪就了一條通達成功的康莊大路。借著人們對汽車的熱潮，豐田公司充分地研究了「Sunny」汽車的優缺點，製造出了比這種車更好的「卡露羅」車。投放市場後，使豐田公司獲得了比日產公司更佳的經濟效益。

◆ 十萬美金買一頭牛

從事鉛筆生產、釀酒等行業的美國企業家哈默（Armand Hammer），幾乎以自己的全部財產十萬美金買下了一頭公牛，開始集中資金力量，精心從事養牛業。這頭被稱為「埃里克王子」的公牛多次贏得過冠軍大賽，被譽為二十世紀最佳種牛。哈默買下牠時公牛僅八歲，但已三易其主，並且每一個占有牠的人都獲得了巨額利潤和聲響。圍繞牠所進行的交易都競爭激烈，而這次卻為哈默出巨金所得。這頭種牛到哈默手裡時已患了陽痿病，不能性交配種。但哈默早已了解到，牠的精子仍有活力，可以用來進行人工授精。而且知道「埃里克王子」所產生的每一頭後代的市價就值五千美元，而人工授精比自然交配命中率更高，所以，哈默看準「埃里克王子」仍是一個巨大的財源。經過對「埃里克王子」的悉心餵養，三年中，透過人工授精，牠繁殖了一千頭良種小牛，哈默獲純利兩百多萬美元。「埃里克王子」的後代接連有六個奪得國際冠軍。

◆ 謹防商業間諜

美國高科技重鎮矽谷一向為「科技間諜」密布之處，各公司除了要提防美國國內某些企業派來的間諜外，也要嚴防國外來竊密者。此外，還要對付公司內部員工，以防萬一他們被別人「挖牆角」之後，整個機密外洩。羅傑斯（EverettM. Rogers）和拉森（Judith K. Larsen）所著的《矽谷熱》一書就提到：英特爾公司員工五千人，就有一百個警衛，慎防體積微小的矽晶片被員工帶出，賣給別的公司。

矽谷有些公司為了防止機密外洩，在研究開發產品時，一次發展多組產品，但皆密封起來，決定上市時才開封到底要用那種，因此，不管是外來的或內部的「間諜」，也都無從知悉何者為真。

靠間諜獲取科技情報，固然可迅速地得到技術，但並非長遠之計，企

業最重要者乃是要科技生根，加上嚴密的「防諜」措施，才可自己掌握技
術的來源。

第十四章　應變之道

　　人生難料，世事無常。鄭堂大肆宣傳自己被騙八千兩銀子的消息；劉邦被箭射中胸中卻稱只是傷在腳趾，他們為什麼要那樣？總是會有一些有預兆或沒預兆的糟糕事情降臨到我們身上，如何應變以化險為夷？

 萬二避禍

　　明朝洪武元年，浙江嘉定安亭有一個叫萬二的人，他在安亭堪稱首富。一次，有人從京城辦事歸來，萬二問他在京城的見聞。這人說：「皇上最近作了一首詩，詩是這樣的：『百僚未起朕先起，百僚已睡朕未睡；不如江南富足翁，日高丈五猶披被。』」萬二一聽，嘆口氣說：「唉，跡象已經有了！」他馬上將家產託付給僕人掌管，自己買了一艘船，載著妻兒和貴重的細軟，向江湖泛遊而去。

　　兩年不到，江南大族富戶都被收繳了財產，門庭破落，只有萬二倖免。

鄭堂燒畫

　　清代，福州有個叫鄭堂的畫商，他辦有一家書畫當鋪。有一次，一個叫陳松的人拿來一幅畫，說要典當。鄭堂打開一看，認出這是五代畫家顧閎中的佳作《韓熙載夜宴圖》，這個作品是稀世之寶。鄭堂問：「貴畫打算現賣還是寄售？」陳松回答說：「此畫乃我祖先遺物，在下不敢當敗家子，沒打算出售，只是家中有變，為了應付燃眉之急擬將此畫押當貴店，因為鄭先生識貨，可求高價。」於是鄭堂就發八千兩銀子的高價當入。

　　可是，過了當期，陳松一直沒有來取畫，鄭堂有點緊張起來，取出放大鏡在畫面上看了半天。出乎意料之外，他發現這是一幅仿造得十分逼真的假畫。八千兩銀子可是個不小的數目，足可讓整個當鋪倒閉。一時，鄭堂被騙八千兩銀子的消息不脛而走，傳遍整個榕城。

　　在這種情況下，鄭堂依舊臨危不亂，不動聲色。一天，他在榕城最大的酒家 —— 聚春園辦了十桌酒席，請來全城的社會名流和字畫行家。

　　酒飲一半。鄭堂取出那幅畫，掛在大廳的正中，抱拳作揖地對大家說：「眾位親友同行，鄭某由於才疏學淺，一下子就被人騙去了八千多兩

銀子。多年積聚，均付諸東流。鄭某立志字畫行業，絕不因此甘休，傾家蕩產也要支撐下去。當鋪是不會倒閉的，請諸位放心！今天宴請諸位，是想讓大家看看，認識認識這些騙子仿畫的手段。」鄭堂說完，大家紛紛起立，觀看假畫。

待大夥看完後，只見鄭堂取下假畫，將它投入烤火的火爐。片刻，這幅假畫化為灰燼。一夜之間，鄭堂大火燃假畫的消息轟動榕城。

到了第二天，陳松突然出現，見到鄭堂，又是鞠躬又是打揖：「鄭先生，真是對不起，在下前幾天到鄉里應邀做客，誤了貴銀還期！」鄭堂說：「只誤三天，無妨，加三成利息。」陳松滿不在乎：「好說，好說，利息當然要加，只要畫保管好就行了。」

「這個……這個，貴畫是要保管好的，請放心！」鄭堂面露慌張之色。「那麼，是不是請鄭先生把畫取出來一起看看好嗎？」陳松不無得意地問。

「不急，錢交完就給你畫。」鄭堂打完算盤後說，「連本加息共一萬兩千兩銀子。」陳松得意地取出錢，交給鄭堂，說：「鄭先生兌畫吧！」鄭堂不慌不忙地從櫃子裡取出畫交給陳松，陳松展開畫，一看確實是自己典當的那幅假畫，頓時嚇得面容失色。

我願隨大王奔赴黃泉

戰國時，安陵君是楚王的寵臣。有一天，江乙對安陵君說：「您沒有一點土地，宮中又沒有骨肉至親，然而身居高位，接受優厚的俸祿，國人見了您無不整衣下拜，無人不願接受您的指令為您效勞，這是為什麼呢？」

安陵君說：「這不過是大王過高地抬舉我罷了，不然哪能這樣！」

江乙便指出：「用錢財相交的，錢財一旦用盡，交情也就斷絕；靠美色結合的，色衰則情移。因此狐媚的女子不等臥席磨破，就遭遺棄；得寵

的臣子一不等車子坐壞，已被驅逐。如今您掌握楚國大權，卻沒有辦法和大王深交，我暗自替您著急，覺得您處於危險之中。」

安陵君一聽，恍如大夢初醒，恭恭敬敬地拜請江乙：「既然這樣，請先生指點迷津。」

「希望您一定要找個機會對大王說，願隨大王一起死，以身為大王殉葬。如果您這樣說了，必能長久地保住權位。」

安陵君說：「我謹依先生之見。」

但是又過了三年，安陵君依然沒對楚王提起這句話。江乙為此又去見安陵君：

「我對您說的那些話，至今您也不去說，既然您不用我的計謀，我就不敢再見您的面了。」

言罷就要告辭。安陵君急忙挽留，說：「我怎敢忘卻先生教誨，只是一時還沒有合適的機會。」

又過了幾個月，時機終於來臨了。這時候楚王到雲夢去打獵，一千多輛奔馳的馬車連接不斷，旌旗蔽日，野火如霞，聲威壯觀。

這時一條狂怒的野牛順著車輪的軌跡跑過來，楚王拉弓射箭，一箭正中牛頭，把野牛射死。百官和護衛歡聲雷動，齊聲稱讚。楚王抽出帶犛牛尾的旗幟，用旗桿按住牛頭，仰天大笑道：

「痛快啊！今天的遊獵，寡人何等快活！待我萬歲千秋以後，你們誰能和我共有今天的快樂呢？」

這時安陵君淚流滿面地上前來說：「我進宮後就與大王共席共座，到外面我就陪伴大王乘車。如果大王萬歲千秋之後，我願隨大王奔赴黃泉，變做褥草為大王阻螻蟻，哪有比這種快樂更寬慰的事情呢？」

楚王聞聽此言，深受感動，正式設壇封他為安陵君，安陵君自此更得楚王寵信。

◆ 每臨大事有靜氣

唐代憲宗時期，有個中書令叫裴度。有一天，手下人慌慌張張地跑來向他報告說他的大印不見了。為官的丟了大印，真是一件非同小可的事，可是裴度聽了報告之後一點也不驚慌，只是點頭表示知道了，然後，他告誡左右的人千萬不要張揚這件事。

左右之人看裴中書並不是他們想像一般驚慌失措，都感到疑惑不解，猜不透裴度心中是怎樣想的。而更使周圍的人吃驚的是，裴度就像完全忘掉了丟印的事，竟然當晚在府中大宴賓客，和眾人飲酒取樂，十分逍遙自在。

就在酒至半酣時，有人發現大印又被放回原處了，左右手下又迫不及待地向裴度報告這一喜訊，裴度依然滿不在乎，好像根本沒有發生過丟印之事一般。那天晚上，宴飲十分暢快，直到盡興方才罷宴，然後各自安然歇息。

而左右始終不能揣測裴中書為什麼能如此成竹在胸，事後好久，裴度才向大家提到丟印當時的處置情況。他教左右說：「丟印的緣由想必是管印的官吏私自拿去用了，恰巧又被你們發現了。這時如果嚷嚷開來，偷印的人擔心出事，驚慌之中必定會想到毀滅證據。如果他真的把印偷偷毀了，印又何從而找呢？而如今我們處之以緩，不表露出驚慌，這樣也不會讓偷印者感到驚慌，他就會在用過之後悄悄去放回原處，而大印也能失而復得，不會發生什麼意外了。所以我就如此那般地做了。」

◆ 武媚娘差點殉葬

唐太宗晚年時，為求長生不老，誤服金石丹藥，一病不起。他明白自己將不久於人世，但又捨不得才貌過人的武媚娘，於是便有讓武媚娘殉葬的意思。

一天，武媚娘和太宗的兒子李治侍候太宗吃藥。太宗突然哭了，他對

武媚娘說：「愛妃！你知道朕為什麼哭嗎？愛妃侍候朕多年，朕也最寵愛你。朕哭的原因是捨不得你呀！朕想效法古代帝王的葬禮……」，話沒說完，太宗又咳嗽起來。聰明絕頂的武媚娘稍加思索，立即說：「萬歲，安心養病吧！臣妾明白萬歲的心情。只是萬歲您思考太多，萬歲是英明君主，恩德好比太陽的光芒普照人間大地。古人云：大德之人，必得長壽。萬歲的龍體雖有小恙，很快就會康復的，我根本沒想到萬歲會捨下臣妾。我生與萬歲共用人間富貴，死與萬歲同墓同穴。臣妾現已下決心，立即去感應寺削髮為尼，念經拜佛，為萬歲祈禱長生不老。」在旁邊的李治也說：「兒臣啟奏父皇，武媚娘自願削髮為尼，願父皇成全她的心意。」太宗只得應允。

◆ 王羲之這小子必須除掉

　　東晉時有個著名書畫家王羲之，七歲時就能開始練寫字，被人譽為「小神筆」。朝廷中有位叫王敦的大將軍，把王羲之帶到軍帳中表演書法，天色晚了，還讓他在自己的床上睡覺。

　　有一次，王羲之一覺醒來，聽見房間有人說話，仔細一聽，原來是王敦和他的心腹謀士錢風在悄悄商量造反的事，他們一時忘記了睡在帳中的王羲之。聽到談話內容時，王羲之非常吃驚，心想，如果他們想起自己睡在這裡，說不定會殺人滅口呢！怎樣才能渡過這一關呢？恰好昨夜他喝了點酒，於是，他假裝酩酊大醉，把床上吐得到處都是，接著‧蒙頭蓋臉，發出輕輕的鼾聲，好像是睡了似的。

　　王敦和錢風密談了多時，突然想起了王羲之，不由得心驚肉跳，臉色驟變。錢風惡狠狠地說：「王羲之這小子必須除掉，不然，我們都要遭受滅門之禍了。」

　　兩人手提尖刀，掀開被子，正要下手，突然王羲之說起了夢話，再一

看，床上吐滿了飯菜，散發出一股酒味。王敦和錢風被眼前的一切迷惑了，在床前站了片刻，當確認王羲之仍處於酒後酣睡中時，便放棄了原來的計畫。

陳平光著上身撐船

楚漢時期，陳平微服帶劍出逃。

渡河時，船夫見他長得相貌不凡，又是一人獨行，懷疑他是逃亡，腰中一定攜帶著金銀珠寶。心想：「大魚」來了！在划船的時候，他總是賊眉鼠眼地打量陳平。

陳平恐怕被船夫謀害，就解下衣服，穿著短褲，光著上身，幫助船夫撐船。船夫發現陳平身上一無所有，才平息了謀財害命之心。

曹操煮酒論英雄

三國時期的曹操和劉備，堪稱一代豪傑。曹操一向嫉恨劉備。有一天，曹操到劉備的住處飲酒閒談。當談到當今天下誰稱得上英雄時，曹操說道：「如今天下的英雄，只有我你兩人，袁本初不值一提！」這時，正巧天上打了個響雷，劉備忙假裝吃驚得將手中的筷子震落在地，並對曹操說：「聖人說迅雷風烈，必有大變，是真說得對呀！這一聲雷的威力，竟把我嚇成這個樣子了！看來，我真不配當英雄啊！」

當時，劉備正客居在曹操手下，每時每刻都在尋找時機，逃出曹營自立門戶，擔當起復興漢室的大業。當曹操說他是英雄時，他知道曹操故意以言語試探，為此借響雷，隨之失落了筷箸。讓曹操以為他是膽小怕事的「孬種」，而免去殺身之禍。

范痤解危

趙王派使者對魏王說：「如果您替我殺掉貴國叛臣范痤，我願獻上一塊七十里之地。」

魏王說：「好。」於是派兵圍捕范痤。

范痤逃上房頂，守住險要的地方，對魏國人說：「與其拿我的屍體換地，不如拿我這個活人來換。如果我死了，趙國又不肯踐約割地，魏王能有什麼辦法呢？倒不如先和趙國確定割地事宜，然後再殺我不遲。」魏王同意了。

范痤躲過眼前一劫後，趕緊寫信給魏國的丞相信陵君，說：「我曾任魏國先王的丞相，如今趙國想要用換地的方式殺我，魏王居然答應了。如果以後強大的秦國也仿效趙國的做法，您將怎麼辦呢？」信陵君被說動了，便去向魏王說情，救了范痤一命。

燕王準會殺了你

張丑到燕國去充當人質，燕王想殺掉他，他連忙出逃，快逃出國境時卻被守境的官吏捉住了。

張丑心生一計，說：「燕王之所以要追殺我，是因為有人說我藏有寶珠，燕王想奪到它。如今我在逃亡，並沒有寶珠，燕王卻不肯相信。如果你把我抓回去，我就要說是你搶了我的寶珠，並且吞到肚子裡。燕王準會殺了你，剖膛開腹，取出寶珠。」

守邊的官吏聽了非常害怕，趕快將張丑釋放了。

這樣一來夫人就會失寵了

秦惠王派使者告訴楚懷王說，願以武關以外的土地，換取黔中的土地。

楚懷王說：「我不願這樣交換，我只要得到貴國大臣張儀，就可以獻出黔中的土地。」

張儀知道這件事，就請求讓他去楚國。秦惠王說：「楚國會隨心所欲地把你抓起來，你看如何是好？」

張儀說：「秦國強大而楚國弱小，楚國必定不敢輕易殺害臣下。而且，臣與楚王的寵臣靳尚素來友好，靳尚又有機會侍候楚王的寵妃鄭袖。只要鄭袖說的話，楚王都會百依百順的。」

於是，張儀便前往楚國。楚王下令把他囚禁起來，準備處死他。張儀找機會教靳尚這樣對鄭袖說：「秦王非常喜歡張儀，準備用六個縣的土地和美女來贖回張儀。楚王就會看重這些土地，尊重秦國，寵幸秦國的美女，這樣一來夫人就會失寵了。」

鄭袖因此日夜哭著對楚王說：「做臣子的都是各自為了他們的君主而已。如今要是殺了張儀，秦國一定大為震怒。臣妾請求帶著兒子一起遷居江南，以免被秦軍殘害。」

楚王這才唯恐寵婦鄭袖真的離去，便將張儀釋放出來，還優厚地款待他。

■ 將士們都醉了

後漢初時，賈復的部將在穎川亂殺人，被穎川太守寇恂派人捉拿歸案，處以死刑。

賈復認為自己受到羞辱。他率軍經過穎川的時候，對左右說：「我和寇恂同是將師，卻受他陷害，如果現在見到寇恂，我一定親手用劍殺了他。」

寇恂知道賈復的打算，不願意和他見面。寇恂的外甥谷崇說：「我是你的部將，可以帶寶劍侍衛在你身旁，萬一突然有變故，也足以抵擋。」

寇恂說：「從前趙國丞相藺相如不畏懼楚王，卻對廉頗委曲求全，這是為了國家的緣故。」他因此下令所轄縣衙，準備豐盛的佳餚醇酒，賈復的部隊一入潁川境內，就給每名將士供應兩份酒菜。賈復還親自到大道上迎接，隨後假裝生病而還。賈復想派兵追拿他，可是將士們都喝醉了。

寇恂贏得了時間，經過一番斡旋，最後將此事不了了之。

我是段公的外孫

東漢末，賈詡曾在路上遇上造反的氐族人，與賈詡同行的幾十個人都被氐人捆了起來。

賈詡連忙說：「我是段公的外孫，家裡有很多金銀財寶。只要你們不傷害我，我家裡的人一定會繳付豐厚的贖金。」

當時，太尉段熲長期鎮為邊將，威名傳遍西北各族，所以賈詡假借「段公」的名聲來嚇唬氐人。氐人果然不敢加害他，和他訂立盟約後就把他送走了，同行的其餘人則全被殺害。其實，賈詡並不是段公的外孫，他不過是權且冒名以便保住性命而已。

「金屋藏嬌」惹的禍

唐朝天寶年間，有位貴人的侍妾叫韋盈盈，長得天姿國色，傾城傾國。

有一次，這位貴人生病了。有個叫千牛的年輕人遵照父命，前來探病，沒想到卻讓盈盈藏留下來過夜。他父親不見兒子回還，到處尋找，十分焦急。

唐明皇知道了，下詔搜遍整個京城，結果仍然不見蹤影，就讓人查問千牛最近去過什麼地方。千牛的父親說：「最近因為這位貴人有病，曾叫他前往探候。」唐明皇於是下詔搜查貴人的家。

盈盈知道此事後，只好對千牛說：「看現在的情形，已經不能再將你藏起來了，不過你放心，你出去也沒什麼危險的。」

盈盈教他說：「你出去後，不要說曾藏在這裡。如果皇上問你這幾天在哪裡，你只需回答你見到了如此這般的人物、如此這般的臥室，吃了如此這般的食品，實在是身不由己。這樣說準沒事。」

千牛出來後，唐明皇怒氣衝衝地質問他到哪裡去了。他照著盈盈教的話說了一遍，唐明皇笑了笑，不再追問下去。

過了幾天，楊貴妃的妹妹虢國夫人來到宮內。明皇開玩笑地對她說：「你為什麼將那位青年藏得那麼久呀？」虢國夫人摸不著頭腦，只是乾笑。

殺我敬新磨，同（銅）就無光了

五代後唐時期，唐莊宗有一次大發脾氣，彎弓搭箭，要射殺敬新磨。

敬新磨急忙叫道：「陛下不可殺臣，臣與陛下同為一體，殺了臣就太不吉利。」

莊宗聽了覺得非常驚奇，問是什麼原因。敬新磨回答說：「陛下創立國家，改年號為同光，天下人都稱陛下為同光帝。同與銅諧音，鏡用銅做成，所以如果殺我敬（鏡）新磨，同（銅）就無光了。」

莊宗聽了大笑不已，就把敬新磨放了。

不造反的人坐下

三國時期，魏將張遼率軍駐紮在長社。當時，軍內有人圖謀造反，乘夜放火，製造騷亂，士兵們彼此疑心重重，整個軍營都動盪不安。

張遼的左右勸說張遼火速採取非常措施，快刀斬亂麻。張遼對左右的人說：「不要妄動，肯定不會整個軍營的人都造反，準是少數造反作亂的

人想擾亂人心、渾水摸魚。」他於是下令：「不造反的人安靜地坐下！」

果然，全體士兵陸續地坐下。然後張遼率領親信侍衛數十人肅立在營陣當中，以靜制動。最終，發現並抓獲了策動造反的一小撮人，將他們處死，全軍終於安定下來。

天快亮了

金國有個人叫敬忠義，跟隨金將完顏宗弼渡過淮河，攻下壽州、盧州等地。宗弼稱讚他說：「這個人英勇才略超過常人，是擔任將帥的人才。」

金熙宗皇統四年，敬忠義擔任博州防禦使。他在辦公之餘，還學習女真文字和古代計算方法，大約學了一個來月就都學會了。他在任上從不做行獵冶遊的娛樂，專心從事軍政事務，州郡上下的各項事務都整然有序，堪稱大治。

有一天晚上，月黑風高，關在監牢裡的囚犯突然計畫造反越獄。由於事發倉促，負責警衛的官兵都驚慌失措，不知如何處理。敬忠義從容不迫，吩咐打更的士兵提前打鼓吹號。囚犯們以為天快亮了，不敢貿然造反越獄，只好照樣待在監牢裡。

這隻也花了九百錢

五代後周，馮道與和凝一同在中書省任職。一天，和凝問馮道：「先生新買的靴子花了多少錢？」

馮道抬起一腳給和凝看，說：「花了九百錢。」

和凝性情急躁，聽了之後馬上回頭質問身邊的侍從：「我這雙靴子怎麼竟花了一千八百錢？」打算把侍從重責一頓。

馮道深知其中原委，便又慢慢是抬起另一隻腳，說：「這隻也花去九百錢。」

和凝這才消除了怒氣。

無意造反的張乖崖

宋太祖時期，鎮守成都的大將叫張乖崖。當時天下初定，戰火方熄，人心不穩。

有一天，張乖崖集合軍隊，舉行大閱兵。當他出現在校場上時，士兵們突然都朝他三呼「萬歲！萬歲！萬萬歲！」。這意味著士兵們想擁立他為王。張乖崖急中生智，滾鞍下馬，面向東北 ── 京城所在的方向，同樣三呼「萬歲！萬歲！萬萬歲！」。隨後，他上馬前行。在場的士兵知道將領無意造反，不敢再喧嘩了。

事後，宋朝名將韓琦聽說這件事，感嘆地說：「假如我處在當時的境況下，會不知所措啊。」

除了喪服，我才依你

吳國的孫翊駐守丹陽。媯覽當時任都督，戴員為郡丞，他們與親信邊洪等人，對孫翊不滿。一次他們和孫翊送客，邊洪從後面殺了孫翊，然後逃到山裡。孫翊的夫人徐氏懸賞追捕凶手，抓到邊洪，把他殺了。這時，媯覽乘機住進軍府，接受了孫翊的侍妾，還想占有徐氏。徐氏為避免受害，就騙他說：「遲些時候，消除了晦氣，除了喪服，我才依你。」媯覽聽從了她。

徐氏這時暗中派人傳消息給孫翊的舊部孫高、傅嬰等人，孫高和傅嬰知道孫翊被害後很傷心，他們發誓要合力報仇。到了約定的日子，徐氏祭完孫翊，脫下喪服，沐浴薰香，在另外一間房子裡設立帷帳，談笑自若。府上大小眾人對徐氏的舉動都感到不可思議，媯覽進府仔細觀察，沒發現值得懷疑的地方，就放下心來。

其實，徐氏早已叫孫高、傅嬰躲在帷帳裡面，待媯覽走進帷帳，徐氏出來拜見，就大聲呼叫，孫高、傅嬰一擁而出，共同殺死媯覽。這時，戴

員還不知此事。他們就派人請戴員來赴宴，趁機將他處死。除掉這兩個元
凶之後，徐氏重新穿上喪服，用二凶的首級祭祀孫翊。全城駐軍知道了都
很震驚，認為徐氏是個神奇的人物。

我年老體邁

　　魏國曹爽和司馬懿彼此不能容忍，司馬懿因而稱病，不再參與朝政。
曹爽和他的部下都懷疑他是裝病，正好河南府尹李勝將到荊州上任，臨行
前去探望司馬懿。司馬懿忙裝出病重的樣子，讓兩個侍女拿衣服給他穿，
手指著口說口渴，侍女給他餵粥，吃得粥漏滴在胸前。李勝對他說：「大
家都說您舊病復發，沒想到竟病成這樣子。」

　　司馬懿有氣無力地回答：「我年老體邁，病得很重，早晚可能死去。
你去並州上任，並州接近胡人，要多加防備。你我恐怕不能再見面了，我
的兒子司馬師、司馬昭兄弟就託付給你照顧了。」

　　李勝聽了糾正說：「我是去荊州上任，不是去並州。」

　　司馬懿聽了更顛三倒四地說：「你到並州上任，正是年輕力壯，好好
建功立業吧。」

　　李勝回去後，對曹爽說：「司馬懿已經像具行屍走肉，氣息奄奄，不
值得憂慮了。」過幾天，他又對人說：「司馬太傅的身體康復不了，實在
令人感到傷心。」

　　從此，曹爽等人對司馬懿不再防備，最終竟被司馬懿算計了。

這是祕密，請不要傳出去

　　曹瑋擔任渭州知州時，號令嚴明，西夏人都很怕他，因此不敢來犯，
邊境平安無事。有一天，曹瑋召集諸將宴飲，正好負責打探軍情的侯騎趕
來報告說，有幾千名反叛的士卒投奔西夏去了。將領們聽了相顧失色，曹

瑋卻談笑自如，慢慢對侯騎說：「是我命令他們這樣做的，這是祕密，請不要傳出去。」西夏人知道此事，以為曹軍來襲，就將打算來投降的曹軍叛兵幾千人全部殺死了。

第十四章　應變之道

第十五章　謀事之道

　　雖說成事在天，但謀事終歸是人。人生事業，大謀大成，小謀小成，無謀不成。一個人如果做什麼事都不經大腦，不講策略，只是揣著一廂情願的想法魯莽行事，且不說成大業，就是在社會上立足都有困難。謀事之道，貴在對人世的各種變局了然於心，能屈能伸，可方可圓，進退自如。

■ 二桃殺三士

　　春秋時期，齊國有田開疆、古冶子、公孫捷三勇士，很得國王齊景公寵愛。三人結義為兄弟，自詡「齊國三傑」。他們挾功恃寵，橫行霸道，目中無人，甚至在齊王面前也「你我」相稱。亂臣陳無宇、梁邱據等乘機收買他們，陰謀奪取政權。

　　相國晏嬰眼見這種惡勢力逐漸擴大，危害國政，暗暗擔憂。他明白奸黨的主力在於武力，三勇士就是王牌，屢次想把三人幹掉，但他們正得寵，如果直接行動齊王不依從，反而弄巧成拙。

　　有一天，鄰邦的國王魯昭公帶了司禮的臣子叔孫來訪問，謁見齊景公。景公立即設宴款待，也叫相國晏嬰司禮；文武官員全體列席，以壯威儀；三勇士也奉陪左右，威武十足，擺出不可一世的驕態。

　　酒過三巡，晏嬰上前奏請，說：「眼下御園裡的金桃熟了，難得有此盛會，可否摘來宴客？」

　　景公即派掌園官去摘取，晏嬰卻說：「金桃是難得的仙果，必須我親自去摘，這才顯得莊重。」

　　金桃摘回，裝在盤子裡，每個有碗口般大，香濃紅豔，清芳可人。景公問：「只有這麼幾個嗎？」

　　晏嬰答：「樹上還有三四個未成熟，只可摘六個！」

　　兩位大王各拿一個吃，感到佳美可口，於是交口稱讚。景公乘興對叔孫說：「這仙桃是難得之物，叔孫大夫賢名遠播，有功於邦交，賞你一個吧！」

　　叔孫跪下答：「我哪裡及得上貴國晏相國呢，仙桃應該賜給他才對！」

　　景公便說：「既然你們相讓，就各賞一個！」

　　盤裡只剩下兩個金桃，晏嬰復請示景公，傳諭兩旁文武官員，讓各人

自報功績，功高者得食此桃。

勇士公孫捷挺身而出，說：「從前我跟主公在桐山打獵，親手打死一隻吊睛白額虎，解主公的圍，這功勞大不大呢？」

晏嬰說：「擎天保駕之功，應該受賜！」

公孫捷很快把金桃咽下肚裡去，傲眼左右橫掃。古冶子不服，站起來說：「虎有什麼了不起，我在黃河的驚濤駭浪中，浮沉九里，斬驕龜之頭，救主上性命，你看這功勞怎樣？」

景公說：「真是難能，若非將軍，一船人都要溺死！」把金桃和酒賜給他。可是，另一位勇士田開疆卻說：「本人曾奉命去攻打徐國，俘虜五百多人，逼徐國納款投降，威震鄰邦，使他們上表朝貢，為國家奠定盟主地位。這算不算功勞？該不該受賜？」

晏嬰立刻回奏景公說：「田將軍的功勞，確比公孫捷和古冶子兩位將軍大十倍，但可惜金桃已賜完了，可否先賜一杯酒，待金桃熟時再補？」

景公安慰田開疆說：「田將軍！你的功勞最大，可惜你說得太遲。」

田開疆再也聽不下去，按劍大嚷：「斬龜打虎，有什麼了不起？我為國家跋涉千里，血戰功成，反受冷落，在兩國君臣面前受辱，為人恥笑，還有什麼顏面立於朝廷上？」拔劍自刎而死。

公孫捷大吃一驚，亦拔劍而出，說：「我們功小而得到賞賜，田將軍功大，反而吃不著金桃，於情於理，絕對說不過去！」手起劍落，也自殺了。古冶子跳出來，激動得幾乎發狂地說：「我們三人是結拜兄弟，誓同生死，今兩人已亡，我又豈可獨生？」

話剛說完，人頭已經落地，景公想制止也來不及了。

死人算計活人

姚崇與張說同時任唐玄宗李隆基的宰相，姚因多次攻擊張，張深為痛恨。姚病重時，告誡諸子：「張與我不和，隔閡很深，但他性好奢侈，尤

愛服飾玩物。我死後,他會以同僚名分來弔唁,你們把我平生服飾玩物珍器重寶都安放在帳前。他若不屑一顧,你們就立刻安排家事,恐怕將有滅門之災。他如觀看,就不必害怕,把這些東西都送給他,請他為我寫神道碑。你們一拿到碑文,即刻謄寫呈交皇上,並備好碑石,刻上文章。張才思不及我敏捷,過幾天會後悔,如他藉口要修改文章來取回碑文,你們就給他看刻好的碑石,並告訴他已將文章進呈皇上。」

姚死後,張果然來弔唁,幾次三番注目珍玩。姚子按照姚的教導試行事,沒幾天,張就寫完神道碑文,敘述詳盡,時稱最佳文章。

幾天後,張果然以修改文章為由,派人取回文本。姚子領來人觀看已經刻好的碑石,並相告文章已經進呈皇上。使者回去覆命,張悔恨得連連拍胸,說道:「死姚崇還能算計活張說,我現在方知才能遠遠及不上他啊。」

■ 蕭何自損名聲

漢高祖時,呂后採用蕭何之計,謀殺了韓信。高祖正帶兵征剿叛軍,聞訊後派使者還朝,封蕭何為相國,加賜五千戶,再令五百士卒、一名都衛做相國的護衛。

百官都向蕭何祝賀,只有陳平表示擔心。他暗地裡對蕭何說:「大禍由現在開始了。皇上在外作戰,您掌管朝政,您沒有冒著箭雨滾石的危險,皇上卻增加您的俸祿和護衛,這並非表示寵信。如今淮陰侯(韓信)謀反被誅,皇上心有餘悸,他也有懷疑您的心理。我勸您辭掉封賞,拿出所有家產去輔助作戰,這才能打消皇上的疑慮。」

一語驚醒夢中人。蕭何依計而行,變賣家產犒軍,高祖果然高興,疑慮頓減。

這年秋天,黥布謀反,高祖御駕親征,此間派遣使者數次打聽蕭何的

情況。回報說：「正如上次那樣，相國正鼓勵百姓拿出家產輔助軍隊征戰呢。」

這時有個門客對蕭何說：「您不久就會被滅族了！您身居高位，功勞第一，便不可再得到皇上的恩寵。可是自您進入關中，一直得到百姓擁護，如今已有十多年了，皇上數次派人問及您的原因，是害怕您受到關中百姓的擁戴。現在您何不多買田地，少撫恤百姓，來自損名聲呢？皇上必定會因此而心安的。」

蕭何認為有理，又依此計行事。

高祖得勝回朝，有百姓攔路控訴相國，高祖不但沒有生氣，反而高興異常，也沒對蕭何進行任何處分。

■ 王翦貪得無厭

戰國末期，秦國老將王翦率領六十萬秦軍討伐楚國，秦始皇親自到灞上為王翦大軍送行，王翦向秦始皇提出了一個要求，請求秦始皇賞賜給他大量土地宅院和園林。

秦始皇很不明白王翦的意思，不以為然地說：「老將軍只管領兵打仗吧，哪裡用得著為貧窮擔憂呢？」

王翦回答說：「當國王的大將，往往立下了赫赫戰功，卻得不到封侯。因此，趁著大王還寵信我的時候，請求大王賞給我良田美宅，好作為我的子孫的家產。」

秦始皇聽後覺得這點要求微不足道，便一笑了之。

王翦帶領軍隊行進函谷關，心裡還惦記著地產的事，接連幾次派人向秦始皇提出賞賜地產的要求。

王翦手下的將領們見他率兵打仗還戀戀不忘田宅，覺得不可思議，便問他說：「將軍如此三番五次地懇請田宅，不是貪得無厭嗎？」

王翦答道：「不對，秦王這個人生性好猜疑，不信任人，現在他把秦國的軍隊全部讓我統領，我不借此機會多要求些田宅，為子孫們今後自立作些打算，難道還要眼看他身居朝廷而懷疑我有二心嗎？」

第二年，王翦率領的軍隊攻下了楚國，俘獲楚王負芻。秦始皇十分高興，滿足了王翦的請求，賞給他不少良田美宅，園林湖池，將他封為武成侯。

■ 張孟談有備無患

戰國時期，智伯聯合韓、魏兩國軍隊攻打趙國。

趙襄子和張孟談商量防禦的方法，張孟談說：「董安於是先王趙簡子的才臣，過去治理晉陽時，一直因善政被人讚美，其遺風仍留傳至今。依我看，還是到晉陽去堅守為好。」

於是趙襄子便轉移到晉陽，到了晉陽城才發現，不但城牆不高，倉庫沒有存糧，府庫沒有金錢，兵器庫沒有武器，就連四周的村落也沒有任何防禦設施，他不由得大為驚恐，趕緊把張孟談找來商量。

「在一無所有的狀態下，叫我如何來防禦敵人呢？」他問道。

張孟談回答道：「聖人之治，儲藏財物於民間，而不在府庫；致力於教化人民，而不注重營造城牆，這樣民則無不心服。因此，如今可下令要人民保留三年的生活必需品，多餘的金錢和糧食都交出，讓那些年輕的人修築城池，人民是會服從命令的。」

下令之後，第二天人民就送來了難以估量的糧食、金錢及兵器，五天後，城池修理完畢，一切用具也都重新整治。趙襄子又找張孟談商量道：「一切都已經齊備了，可是沒有箭，該怎麼辦呢？」

「董安於治理晉陽時，官署四周都種植了荻蒿等高桿植物，現在已長到一丈多高了，可以用來做箭桿。」張孟談答道。

趙襄子立即將其砍下，製成箭桿，這箭桿比起洞庭湖產的竹箭毫不遜色。但有了箭桿卻沒有箭頭，又該怎麼辦呢？於是趙襄子又把張孟談找來說：「雖然有箭，但卻沒有箭頭。」

「官署的柱子，是用銅打造的，您儘管使用就是了。」

趙襄子馬上利用柱上的銅來製造所需的箭頭，結果怎麼用也用不完。

不久，智伯的軍隊來攻，趙襄子堅守晉陽，最終大破智伯軍，並且還將智伯殺死了。

■ 王德仁計得墨寶

清代著名畫家鄭板橋名氣很大，脾氣特怪，不肯向權貴富豪低頭折腰，也不願賣字畫給他們，即使因各種原因不得不給，就把題上款一項省掉。如果題有上款，稱為某兄某弟，那就是鄭板橋對那人青眼有加了。

揚州有一個鹽商叫王德仁，字昌義，家財萬貫，卻苦於得不到鄭板橋的一幅字畫，就算輾轉迂迴從他人那裡弄到幾幅，也不會有上款，這事讓他耿耿於懷。王德仁長期謀劃，得到一個計策。

人都有弱點，鄭板橋就愛吃狗肉，如有人做一鍋香噴噴的狗肉送給他，他會寫一小幅字畫回報，而且不要錢。

鄭板橋喜歡出遊，常常流連山水，樂而忘返。一天他遊到一處地方，時已過午，有點餓了。忽然聽到悠揚的琴聲從遠處飄來，他循聲尋去，發現前面有一片竹林，竹林中有兩三間茅屋。剛走近茅屋，一股肉香又撲鼻而來，茅屋裡面有一位老者，鬚眉皆白，道貌岸然，正襟危坐彈琴，旁邊有一個小童正在用紅泥火爐燉狗肉。鄭板橋不由得垂涎三尺，對老者說：「老先生也喜歡吃狗肉？」老者說：「世間百味唯狗肉最佳，看來你也是一個知味者。」鄭板橋深深一揖：「不敢，不敢，口之於味，有同嗜焉。」老人說：「那太好了，我正愁一人無伴，負此風光。」於是便叫小童盛肉

斟酒，邀鄭板橋對坐豪飲。

鄭板橋高興極了，肉飽酒酣之餘，想用字畫作為回報。見老者四壁潔白如紙，但卻空無一物，便問：「老先生四壁空空，為何不掛些字畫？」老者說：「書畫雅事，方今粗俗者多，聽說城內有個鄭板橋，人品不俗，書畫也好，不知名實相符否？」鄭板橋說：「在下就是鄭板橋，為先生寫幾幅如何？」老者大喜，趕忙拿出預先準備好的紙筆，於是鄭板橋當面揮毫，立成數幅，最後老者說：「賤字『昌義』，請足下落個上款，也不枉你我今天一面之緣。」鄭板橋聽了不由一怔，說道：「『昌義』是鹽商王德仁的字，老先生怎麼與他同號了？」老者說：「我取名字的時候他還沒有生呢，是他與我同字，不是我與他同字，而且天下同名同姓的人太多了，清者清，濁者濁，這有什麼關係呢！」

鄭板橋見他說得在理，而且談吐不凡，於是為他落了上款，然後道謝告別而去。

第二天鄭板橋一早起來，想起昨天吃狗肉的事，總覺得有點不對勁，於是叫一個僕人到鹽商王德仁家去打聽情況。僕人回來說，王德仁將鄭板橋送的字畫懸掛中堂，正在發束請客，準備舉行盛大的慶祝宴會呢。

原來王德仁早就調查清楚了鄭板橋的飲食起居，習性愛好，以及他經常去的地方，並以重金聘請了一位老秀才，花了幾個月的時間等待，才抓到了這個機會，讓鄭板橋上了當。

■ 大王的糞便是苦味

吳王夫差將越王勾踐囚禁在石室裡已經三年了。正巧吳王生病，勾踐就採用謀臣范蠡的計策，打通吳國佞臣伯嚭的關節，請求出外探望吳王的病情。吳王同意了這一請求。

勾踐來到吳王身旁，說：「罪臣在南越時，曾向醫師學醫，只要嘗嘗

病人糞便是苦是甜，就可以知道病情的輕重了。』

正在這個時候，吳王要去上廁所。勾踐取來吳王的糞便，嘗了嘗，向吳王叩頭祝賀說：「大王的糞便是苦味，過不了幾天病就會好了。」

幾天後，吳王的病果然好了。他走出來對群臣說：「勾踐真是一個仁厚的人啊！一般臣子侍奉君父的時候，誰肯嘗君父的糞便來確定病情呢？」於是，決定釋放勾踐，讓他返回越國。勾踐回國後，臥薪嚐膽，準備向吳國報仇。過了二十年之後，越國果然滅了吳國。

胡人和我們是兄弟之邦

鄭武公準備進攻胡人，先將自己的女兒嫁給胡人為妻。他有意問群臣：「我想用兵，可以討伐哪個國家？」大臣關其思說：「可以討伐胡人。」鄭武公斥道：「胡人和我們是兄弟之邦，你說可以討伐，究竟為什麼？」隨後將大臣關其思殺了。胡人的首領聽到此事，以為鄭國真的和自己友好，就不加防備。鄭武公於是發起偷襲，奪取了胡人的土地。

兵力太少，打不過龜茲

後漢將領班超徵發于闐等國的軍隊，準備襲擊龜茲國，同時故意揚言說因兵力太少，打不過龜茲，已停止行動，解散部隊，並且暗中放回被俘的龜茲士兵，讓他們傳播這一消息。龜茲王知道後非常高興，不再擔心班超來襲。班超乘機調集軍隊，直撲龜茲，結果大獲全勝。

曹丕鬥曹植

三國時的曹操很注重接班人的選擇。長子曹丕雖為太子，但次子曹植更有才華，文名滿天下，很受曹操器重，於是曹操產生了換太子的念頭。

曹丕得知消息後十分恐慌，忙向他的貼身大臣賈詡討教。賈詡說：

「願您有德性和度量，像個寒士一樣做事，兢兢業業不要違背做兒子的禮數，這樣就可以了。」曹丕深以為然。

　　一次曹操親征，曹植又在高聲朗誦自己作的歌功頌德的文章來討父親歡心，並顯示自己的才能。而曹丕卻伏地而泣，跪拜不起，一句話也說不出。曹操問他什麼原因，曹丕便哽咽著說：「父王年事已高，還要掛帥親征，作為兒子心裡又擔憂又難過，所以說不出話來。」

　　一言既出，滿朝蕭然，都為太子如此仁孝而感動，相反，大家倒覺得曹植只曉得為自己揚名，未免華而不實，有悖人子孝道，作為一國之君恐怕難以勝任。畢竟寫文章不能代替道德和治國才能吧，結果還是「按既定方針辦」，太子還是原來的太子。曹操死後，曹丕順理成章地登上魏國皇帝的寶位。

■ 李夫人拒見漢武帝

　　漢武帝有一位貴妃李夫人，她得了重病，臥床不起。武帝親自到她床前探病，李夫人用被子把頭蒙住說：「妾久病在床，樣子難看，不能見皇上。看我現在的病情，恐怕不久於人世了，我想把我的兒子和兄弟託付給您，請您關照。」武帝說：「夫人病重，臥病在床，你的囑託朕一定照辦，請放心吧！但你病到這個地步，還是讓朕看一看吧！」李夫人說：「女人不把容貌修飾好，不能見君王、父親，妾不敢破這個先例。」武帝說：「只要見一面，朕會賜給你千金，而且封你的兄弟做高官。」李夫人說：「封不封官在皇上，不在見不見臣妾。」武帝堅持要見。李夫人索性轉過身去，抽泣著不再說話。武帝這才知道，不能強求了，只得快快離去。

　　武帝走後，姐妹們都責怪李夫人，她們說：「既然你託付兄弟給皇上，為什麼不見皇上一面呢？難道你怨恨皇上嗎？」李夫人說：「我們是用容貌去侍奉人的，我們的長處是長得漂亮，一旦容貌減退，就不招人喜

歡了。皇上不喜歡你，自然恩斷義絕。皇上之所以還戀念著我，是因為我
過去容貌好看。如今，我久病貌衰，一旦被皇上看見，必然遭到皇上的厭
惡和唾棄，他怎麼還能思念我而厚待我的兄弟呢？考慮到這些，我以為還
是不見皇上的好，並且鄭重其事地把兄弟託付給他。」

就這樣，直到李夫人去世，漢武帝也未能見上她一面。然而，因為他
心裡保存著李夫人昔日的美好印象，對李夫人一往情深，並寫下了《李夫
人歌》、《悼李夫人賦》、《落葉哀蟬曲》等歌賦來寄託哀思，他還提升
李夫人的哥哥李延年為協律都尉。

窮朋友投靠朱元璋

明代開國皇帝朱元璋少年時做過放牛郎，結交了一幫窮朋友。做了皇
帝後，那種高處不勝寒的感覺便漸漸襲來了，於是他很懷念過去的一幫窮
朋友，總想找個機會與他們敞心敘談。

有一天，一個人從鄉下趕來，一直跑到皇宮門外，在他的哀求下，黃
門官進去啟奏說：「有舊友求見。」朱元璋吩咐傳進來，那人見面後立即
下拜說：「我主萬歲！當年微臣隨您掃蕩廬州府，打破罐州城，湯元帥在
逃，拿住豆將軍，紅孩兒當兵，多虧菜將軍。」

朱元璋聽他說得動聽、含蓄，心裡很高興，回想當年大家飢寒交迫、
有樂共用、有難同當的情景，心情很激動，所以，立即封他為御林軍
總管。

這個消息讓另一位元窮朋友聽見了，心想：「同是那時候一塊兒玩的
人，他去了既然有官做，我去當也不會倒楣的。」和朱元璋一見面，他高
興極了，生怕舊友忘了自己，便指手畫腳地說：「我主萬歲！還記得嗎？
從前你我都替人家放牛。有一天我們在蘆花蕩裡，把偷來的豆子放在瓦罐
裡煮，還沒等煮熟，大家就搶著吃，把罐子都打破了，撒下一地的豆子，

湯都潑在泥地裡。你只顧順手從地下滿把抓豆子吃，卻不小心連草葉子也送進嘴裡，卡住喉嚨。還是我出的主意，叫你用青菜葉放在手上一拍吞下，才把紅草葉子帶下肚子裡去了……」

當著百官的面，朱元璋又氣又惱，哭笑不得，為顧全風度，他喝令左右：「哪裡來的瘋子，拿下！重責！」

■ 郭子儀怕女人笑盧杞

唐朝大將郭子儀曾在平定安史之亂中立過大功，後來又平定僕固懷恩的叛亂，官至太尉、中書令。郭子儀做了大官，每次會客總是一堆侍女愛姬跟著。有一次，手下人報告說，盧杞來見。郭子儀一聽，馬上摒退所有姬侍。

他的幾個兒子見了，都很奇怪，便問：「以往父親見客，總是姬侍滿堂，怎麼盧杞來了，父親就趕她們走呢？」郭子儀說：「你們不知道，盧杞這個人長得很醜，半邊臉是青的，好像廟裡的鬼怪，女人們見了他肯定會發笑。而盧杞很有才能，但又心胸狹窄，陰險毒辣，要是有一天他得了志，為這一笑之仇，咱家便會被斬盡殺絕的。」

後來，盧杞果然作了宰相，凡是過去有人看不起他、得罪過他的，一律不能免掉殺身抄家之禍。只有對郭子儀的全家，即使稍有不合法的事，他也會袒護偏幫，認為郭子儀非常重視他，大有知遇感恩之意。

■ 一杯肉羹與一壺飯

春秋時，有一次中山君宴請都城中的士大夫，司馬子其也在座，中山君分羊肉羹沒有分給他，他一怒之下跑到楚國，勸說楚王討伐中山國。中山君被迫逃亡。

逃亡途中，有兩個人拿著刀尾隨著他。中山君回過頭來對兩個人說：「你們要幹什麼？」這兩個人說：「我家有老父，有一次餓得要死，您拿

出壺中的食物給他吃。在我父親將要死的時候，他曾說：『如果中山有戰爭，你們一定要以死相報。』因此，我們追趕到這裡，願為您而死。」中山君聽後仰天嘆息說：「施恩不在多少，在於他正當困危之時；結怨不在深淺，在於是否傷了人心。我因為一杯肉羹而使國家滅亡，以一壺飯得到兩位義士。」

■ 郭子儀門戶大開

唐代大臣郭子儀平定了安史之亂以後，又經過肅宗、代宗、德宗三朝，屢建功勳，被封為汾陽王。他身為國家元老，功高幾可蓋主。

然而，汾陽王府卻與別家府第大不相同，毫無森嚴壁壘之勢，總是門戶大開，任出任入。

有一天，郭子儀部下的一位將軍求見。當時郭子儀正在侍候夫人和愛女梳妝，他毫不在乎被人看見，仍不慌不忙，照舊侍候完畢才去接見。他的兒子們見了，面子上很覺得過不去，便一起約好向父親勸諫。他們說：「父親功業赫赫，世所罕有，但卻不注意尊重身分，憑誰都可以進入你的臥室，這樣沒有規矩怎麼行呢？」

郭子儀聽了這話以後，向兒子們講明他這樣做的用意。他說：「你們的心意我又何嘗不知道呢？可是你們卻一點也不懂我的良苦用心，我們的家現在有五百匹吃公家草料的馬，有上千個吃公家糧食的僕人，人口雜多而繁亂。而我自己呢，權勢地位，聲名財產，什麼都已經到了頭。往前，我沒有什麼可以再去追求的東西；往後，也沒有什麼可仗恃的東西。就我現在這樣的情況，如果像別人家那樣大門緊閉，不與外人往來，搞得森嚴似海，只要有一個人誣陷我什麼，就會有人跟著胡亂猜測，如果傳到聖上的耳朵裡，弄不好全家都將遭遇殺身之禍，那時便有口難辨，悔之莫及了。而像現在這樣，我們家的四門洞開，任出任入，一切都明白地擺在眾

人眼裡，誰要想加罪於我不是就找不到藉口了嗎？這正是我的用意所在啊。」

郭子儀一席話，道破了玄機。他的兒子們聽了全都恍然大悟，認為實在有道理，紛紛拜倒在地，深深佩服老人的深謀遠慮。

◆ 班超出使西域

漢明帝永平十六年，班超曾隨竇固出擊匈奴，殺敵立功。後來又與郭恂一起出使西域的鄯善國。鄯善王開始對班超等人非常熱情，待若貴賓，後來幾天卻突然冷淡疏遠起來。同去的人都感到非常疑惑，不知是什麼原因。班超分析說：

「鄯善王一直在我們漢朝與匈奴之間搖擺不定，一下子與漢朝友好，一下子又與匈奴友好。我想，他對我們的態度變化一定與匈奴有關。會不會是匈奴的使者也來到鄯善國了呢？」

大家認為班超的分析有道理。於是，班超把接待他們的鄯善國侍者找了一個來，詐唬他說：「匈奴的使者來了好幾天了，現在在哪兒呢？」

侍者不敢隱瞞，只好照實說了匈奴使者的情況和他們的住處。班超於是把侍者捆了起來關在他們住的營帳裡，以免他洩露出去。

然後，班超把他所帶領的三十六個人全部找到一起來喝酒。正喝到興頭上，班超突然站起來說：

「我們一起來到這邊遠的地方，原來是想為國立功而求得富貴。想不到，匈奴使者也來到了這裡，現在大家都感覺到了，鄯善王的態度已明顯地親匈奴而冷淡我們。如果他把我們出賣給匈奴人，那我們恐怕就會死無葬身之地了。怎麼辦呢？」

大家都表示願聽班超的。

班超說：「事到如今，我們只有先下手幹掉匈奴的使者，使鄯善王斷

了與匈奴友好的念頭，我們的情況才會有所好轉。」

有人提出是不是要先和郭恂商量一下。班超說：「事不宜遲，郭恂是個斯文官員，若跟他說，必然把他嚇倒，反而會壞事。」

大家都同意班超的意見，於是，班超作出了周密的部署。

當天晚上大風呼嘯，班超率領三十六人直撲匈奴使者的營帳。見營帳就燒，逢人頭便砍，匈奴使者還在睡夢中就成了刀下鬼，一共被斬首三十餘人，燒死一百多人。

第二天，班超等人提著匈奴使者的頭去見鄯善王。鄯善王大驚失色，心想已對匈奴王說不清楚，只好死心塌地與漢朝友好了。班超等人圓滿完成了出使任務，帶著鄯善王的兒子作為人質回到了漢朝。

一群狗在一起

秦王問范雎：「天下賢士正按照合縱的策略，聚集在趙國，準備進攻秦國，我們應該怎樣對付？」

范雎答：「大王不必憂慮，讓我來破解這一策略。秦國對於天下賢士沒有什麼仇怨，他們集中攻秦，無非是謀求自己的富貴。一群狗在一起，臥的臥、走的走、站的站，彼此不會相鬥。如果扔一根骨頭過去，就會起來齜牙爭鬥。這是什麼原因？是因為有骨頭引起他們的爭奪之意。」

秦王聽說，就派范雎帶上侍女和五千兩黃金，在武安大擺宴席。結果還沒散到三千兩黃金，他們就相互爭鬥起來，再也顧不上攻秦了。

楚兵逃跑了

楚國太子商臣和令尹子上共同帶兵進攻陳國，晉國派兵救援，兩軍隔河對陣。晉軍將領陽處了解到商臣平時怨恨子上，就派人對子上說：「請貴軍稍向後退，待我渡河後，任由貴軍處置。」子上因此命楚軍後撤。

陽處趁機向晉軍宣布：「楚兵逃跑了。」他又派人告訴商臣說：「子上是收受晉國賄賂之後才撤軍的。」商臣將此事告發給楚成王，楚成王立即下令處死子上。

田單用反間計

燕國人樂毅出任大將時，曾帶兵攻下齊國七十多座城。燕惠王即位後，與樂毅發生矛盾，齊國將領田單趁機施展反間計。他對燕國人說：「現在齊王已死，齊國還有兩座城未被燕軍攻下，這是為什麼？是因為樂毅怕凱旋之後自己被殺，所以就借攻齊的名義，集結燕軍，準備在齊國自立為王。只是由於齊國人心還沒有完全歸附，所以才暫緩進攻，如果燕國另派別的將領來代替樂毅，齊國的即墨城早就被攻下了。」

燕惠王聽了信以為真，就派騎劫代替樂毅攻齊。田單又施展反間計，揚言說：「我們齊國人最怕燕國人挖掘城外的祖墳，侮辱我們的祖先了。」燕軍聽了竟去挖墓暴屍。即墨城內的齊國軍民十分憤慨，請求出城作戰，結果大敗燕軍，全部收復曾經丟失的七十多座城池。

不要比太陽更亮

三國時期，曹操的謀士楊修是個聰明絕頂的人。有一年，工匠們為曹操建造相府大門，當門框做好後，正準備做門頂的椽子時，恰好這時曹操走出來觀看，看完後在門框上寫了一個「活」字，便默默無語地走了。楊修見門框上的題字後，即刻叫工匠們拆掉重做，並說：「你們知道嗎？丞相題在門框上的『活』字，意思是『門』中有『活』為『闊』字，就是指門做大了叫你們重做，懂嗎？」

有一天，有人給曹操一杯乳酪，曹操喝了幾口，便在杯蓋上寫了一個「合」字，然後遞給一位文臣。文臣看了不解其意，眾人相互傳看也不明

白是什麼意思。當杯子傳到楊修手裡，他便喝了一口乳酪，然後說：「諸位，這『合』字即是『人一口』，丞相是叫我們每人喝一口呀！」

又有一次，曹操由楊修陪同出外遊覽，途經一處，看見一塊烈女曹娥墓碑，碑的背面刻有八個字「黃絹幼婦，外孫齏臼」。曹操問楊修：「楊主簿（負責文書的官），你懂這八個字的含義嗎？」楊修很自信地回答說：「丞相，在下懂得，這……」曹操未等楊修說明，便打斷他的話頭說：「楊主簿別急嘛！待老夫想想。」接著他們離開墓碑，大約走到離碑三十里處，曹操這時才說：「老夫已明白墓碑背面那八個字的意思了。」並叫楊修轉過身去，兩人分別記下自己所理解的意思，然後一比對，兩人意思果然一樣。於是曹操感嘆地說：「老夫的才智與楊主簿相差三十里呀！」他們對「黃絹幼婦，外孫齏臼」這八字所解的意思是：黃絹，色絲，「絲」、「色」拼在一起即是「絕」字；幼婦就是少女，「少」、「女」拼在一起即是「妙」字；外孫是女兒的子女，「女」、「子」拼在一起即是「好」字；齏臼是用來盛五種辛辣調味的器皿，這是「受辛」，即是「辤」（辭）字。因此，這八個字的含義便是「絕妙好辭」。

建安二十四年，曹操與劉備爭奪漢中，屢遭失敗。曹軍不知道是進還是退，曹操便以「雞肋」二字為夜間口令，將士們都不解其意，只有楊修明白：「雞肋就是雞肋骨間的肉，吃起來沒什麼味道，丟掉了又覺得可惜。丞相的意思是叫撤兵回去。」他便私下告訴大家收拾行裝，諸將也隨之準備撤兵。沒多久，曹操果然下令撤軍了。

■ 不做最後一個受害者

宋朝時，有一個凶悍惡毒的人，他的鄰居因為害怕被他危害，就準備賣掉房子，搬到別處去住。

有人對這位鄰居說：「那個惡人就要惡貫滿盈了，你不妨暫時不賣房。」

第十五章　謀事之道

　　鄰居答道：「我就是擔心被他作為惡貫滿盈的最後一個受害者。」說完還是搬走了。不久，那個惡人果然又殺了一個人，終於被判處死刑。

第十六章　退隱之道

　　路上遇見一隻虎，鬥不過牠，是迴避還是親近？喜歡一枝花，是遠處品味還是走近摘下？許由辭天下，老子出關，莊子逍遙，使我有身後名還不如有一杯酒……這些人，他們到底是賢還是愚？

范蠡與文種

春秋時的范蠡是一位才華出眾的人，他輔佐越王勾踐二十年，使越國強大，最後滅掉了吳國。越王勾踐因為他功勳卓著，要拜他為上將軍。范蠡知道越王心胸狹窄，可以共度患難但不能同享富貴，便堅持不受，並悄然離開越國，更名經商，富甲一方。

范蠡離開越國時，曾遺書一封給共過事的大夫文種，勸他儘早離開越王。信中說：「飛鳥盡，良弓藏，狡兔死，走狗烹，越王為人長頸鳥喙，可與共患難，不可與共安樂，子何不去！」但文種並沒有聽從勸告離開越國，而只是稱病不朝，以為我不管事便可無事。可是，沒過多久，越王便聽信讒言，找藉口逼文種自殺了。

許由辭天下

堯想把天下讓給隱士許由。許由謝絕了。他說：「您治理天下，天下已經安定了，而我還要來代替您，我是為了貪圖名聲嗎？名是實的附屬物，那麼我是為了追求那虛浮的附屬物嗎？小鳥在深林裡築巢，所占不過一根樹枝而已；鼮鼠在黃河裡飲水，不過只求喝飽肚子而已。您還是回去吧，我要天下來做什麼用呢？廚師即使不下廚，祭司也是不會越職去替他下廚的！」

我不能侍奉鄉下小人

陶淵明向來生性簡潔自尊，不私下裡與上級官員打交道。郡裡派督郵到彭澤縣來視察，小吏告訴陶應當把官服穿得整整齊齊地去拜見，他嘆息道：「我不能為了五斗米的俸祿而彎腰鞠躬如儀。勤勤懇懇地侍奉鄉下小人！」東晉義熙二年，陶交出官印離開縣衙回鄉，於是寫了有名的辭賦《歸去來》。

　　顏延之在擔任劉柳後軍的功曹時，在潯陽同陶淵明結下了友誼。後來顏出任始安郡太守，經過潯陽時又三番五次拜訪陶，每次必定是舉酒酣飲，直至大醉。離開潯陽前，顏留下兩萬錢給陶，陶竟全部送到酒肆用以換酒。

　　一次九月初九重陽節，陶淵明無錢換酒，只得來到屋邊的菊花叢中枯坐，正好王弘送酒而至，他馬上飲了起來，直到醉後才回家。陶不懂音樂，卻藏著一張琴，琴無弦，每當有酒能飲，便在琴上撫弄一番，以寄託心中意氣。

　　陶淵明不論來人身分如何，只要有酒就一定拿出招待，自己如果先醉了，便對客人說：「我醉了，想睡覺，你可以回去了。」其性情竟如此真率。

老子出關

　　老子修研「道」、「德」，以「自隱」、「無名」為主要學說。老子在周地住了很久，見周王朝日益衰落，道德日益衰亡，於是離開周地，往西至函谷關。關令尹喜說：「您要去隱居了！請為我著書。」於是老子便寫出《道經》、《德經》上下篇約五千字，而後出關而去，人們再也不知他去了哪裡。據《列仙傳》記載說，尹喜是周朝大夫，也頗有修行，老子西游時，尹喜望見紫氣浮關，知道有真人經過，果然老子騎著青牛經過，於是兩人一起去流沙之西，不知所終。

老萊子其人

　　有人認為，老子可能就是老萊子。他亦是楚國人，著書十五篇，講道家的主張，與孔子差不多同時逝去。據《列仙傳》說，老萊子為了逃避戰亂而隱居在蒙山南部，用蓬蒿蓋房子，木板做床，草條做蓆子，吃野菜，墾山播種五穀，過著清苦的生活。楚王親自上門去迎接，他便又逃走，一

直逃到江南，說：「鳥獸蛻下毛可以用來紡織做衣服穿，田裡剩下的穀粒就夠我食用。」

楚狂接輿

陸通，字接輿，楚國人，他善於修養性情，自食其力。楚昭王時，他見楚國政治反覆無常，於是佯為狂人，避人仕途，人稱為「楚狂」。

一天，孔子來到楚國，楚國的隱士接輿在他門口邊徘徊邊唱：

「鳳凰啊鳳凰，為什麼來到這道微德衰的國家？未來之世不可期待啊，過去之世無法追尋！天下有道，聖人能成就大志；天下無道，聖人也能活命；當今之世，聖人僅能免受刑罰！輕如鴻羽的幸福，沒有人知道它在哪裡；重如大地的災難，沒有人知道如何躲避。算了算了，別再推行你的主張啦！危險啊危險，你還為畫地為牢奔走前程！遍地荊棘啊，不要阻我棄世遠行；遠行的道路崎嶇不平，但願不要傷害我的雙足！」

孔子走下車想和他交談，接輿趕快避開，孔子沒能與他交談成。後人以「接輿歌鳳」描寫政治腐敗無望，表示隱逸傲世之意。

曳尾塗中，掉尾塗中

莊子在濮水旁釣魚，楚威王派了兩位大夫先去表達他的心意：「願將國事委託先生處理。」

莊子拿著魚竿頭也不回，說：「我聽說楚國有隻神龜，已經死了三千年，國王把牠裝在竹盒裡，用布巾包著，藏在廟堂之上。請問這隻龜是寧可死了留下一把骨頭讓人供奉呢？還是願意活著在泥塗上搖曳尾巴呢？」

兩位大夫說：「寧願活著在泥塗上搖曳尾巴。」莊子說：「那麼請回吧，我還是在泥塗上搖曳尾巴吧。」

此事後演化為成語「曳尾塗中，掉尾塗中」，比喻自由自在的隱逸生活。

髑髏樂死

莊子到楚國去，半道上看見一個髑髏，髑髏雖然腐朽枯乾了，但還可看出是一個人的形體。莊子便用馬鞭子敲著這個髑髏，問他：「你是貪生怕死，幹了違背情理的事情被殺死的呢？還是你國破家亡後被敵人殺死的呢？你是因為幹了壞事、有愧於父母妻子而自殺的呢？還是因為飢餓而死的呢？還是因為衰老而死的呢？」

莊子說完，就把髑髏收攏在一起，當作枕頭睡下了。到了半夜，髑髏托夢對莊子說：「聽你的談話像是個說客。但是你所說的那些內容，都是一些活人的痛苦，人死後是沒有這些痛苦的。你是否想知道一下死後的快樂呢？」

莊子說：「我想知道。」

髑髏說：「死了以後，上面沒帝王，下面沒有臣民，一年四季也不需要辛苦勞作，自由自在，與天地同壽，即使那些稱王稱霸的人，也比不上死後的快樂。」

莊子聽了不相信，說：「我讓司命之神使你復活，為你長出骨肉肌膚，把你的父母妻子、鄰居朋友都送還給你，你願意嗎？」

髑髏一聽，緊皺著眉頭，哭喪著臉，說：「我怎麼能夠拋棄比稱王稱霸還要快樂的幸福，而再去遭受人間的痛苦呢？」

嚴子陵不願當官

東漢光武帝劉秀即位以後，為了進一步平定天下，江山穩固，決心下力量收羅知名之士。劉秀的老同學嚴光，也叫嚴子陵，是浙江餘姚人，很有才學。劉秀很想請嚴子陵來朝廷做官，便派會稽太守去找。嚴子陵聽說後，卻改名更姓，隱居起來。

劉秀沒有辦法，就吩咐畫師畫一個嚴子陵像，到處描摹張貼。果然，

有人報告，富春江邊有個男子天天釣魚，看樣子同畫中人長得十分相像，劉秀忙派使者把他帶來，安排在一處特意準備的房子裡。可是，嚴子陵仍然不肯去見光武帝，劉秀便親自到住所去看他。進門以後，仍不見嚴子陵出來迎接，侍從們都很生氣，說：「皇帝來了，這個野人竟然如此無禮！」劉秀並沒有生氣，他走進內室，只見嚴子陵躺在床上，臉朝著裡面，裝作睡著的樣子。劉秀走過去，摸摸嚴子陵的肚子說：「喂，子陵，我三番兩次請你，你為什麼不願幫我治理天下呢？」

嚴子陵板著面孔說：「人各有志，何必逼迫我做不願意的事呢？」他說，他寧可收幾個兒童，當個私塾先生，也不願在朝為官。

劉秀說：「志向不同可以，但總不能忘了朋友之情吧？」他請嚴子陵搬到官裡，子陵推脫不過，答應到皇宮裡去一下。當晚，劉秀和嚴子陵睡在一起，嚴子陵故意打著呼嚕，還把大腿壓在光武帝的身上，想引起劉秀的反感，把他放走；可是劉秀假裝不知道，仍然不理睬子陵。

第二天，劉秀問嚴子陵：「你覺得我比從前如何？」嚴子陵說：「有了一點長進。」劉秀大笑，要封嚴子陵為諫議大夫。嚴子陵仍然拒絕，說：「你讓我走，我們還是朋友；如果逼我做官，反而傷了和氣。」劉秀沒有辦法，只好放嚴子陵回去。此時，嚴子陵已經沒有必要隱名埋姓了。他回到富春江，過上了清閒的生活，種地、散步、釣魚，富春江至今還有一個嚴子陵釣魚臺。

我把這些看成累贅

東漢時，隱士嚴遵常在成都街市給人卜卦算命，每天可得一百錢，以此維持生活，卜卦完畢，就關門著書。有個叫羅沖的富翁問他：「你為何不去做官？」嚴說：「我沒有這個基礎啊。」羅就給他準備了車馬衣糧。嚴說：「我把這些看成是累贅，並非感到不足。我收入有餘，而你才真是困乏呢，怎麼能讓困乏者接濟富裕者啊？」羅說：「我家有錢萬金，而你

的錢不足百金，卻說有餘，這不太荒謬了嗎？」嚴爭辯道：「不對，我曾在你家住過，你家到半夜還有人勞作不停，日夜辛勞仍不能滿足。而我以卜卦為業，連床都不下，錢就自己來了；如今還剩餘幾百錢，上面的塵土有厚厚一層，而我卻不知怎樣來用掉，這難道不是我有餘，而你困乏嗎！」羅聞聽此話，十分羞愧。嚴感嘆道：「給我財物，是損害我的精神；替我揚名，是毀滅我的軀體，因此，我不願做官。」

到南山去採蕨，到三江去飲水

張翰到少陽，齊王司馬同任命他為大司馬東曹掾。司馬此時正掌朝廷大權，張對同郡人顧榮說：「現在天下紛亂，禍亂災難遠未結束。名揚四海之人，要想退隱是很難的。我本來就是山林之間的人，沒有聲望，你可要好好地以你的智能來思前慮後，防患未然啊。」顧拉著他的手，傷感地說：「我也與你一起到南山採蕨，到三江去飲水吧。」張見秋風一起，就想到故鄉吳地的菰菜、蓴羹、鱸魚膾，說：「人生在世，最可寶貴的是要活得符合自己的心願，怎能被官職所羈絆，在幾千里外追求名位呢！」於是立即動身回鄉。

阮籍向真人長嘯

打柴的人們紛紛傳說，蘇門山中來了一位真人，阮籍便去看望。見那真人在山岩邊抱著膝蓋，他走近真人，與真人兩人都叉開雙腿，自在地相對而坐。阮向他請教黃帝、神農的玄妙寂靜之道以及夏、商、周三代天下大治的情況，真人都昂頭不理。又講治國平天下的教化、養神導氣的方術，想觀察他的反應，可他仍像剛才一樣，凝視著不講話。於是阮就對他長嘯，過了很久，真人笑著說：「再來一次。」阮就又作了一次。

阮籍興盡下山，下到半山腰處，只聽得山上聲音嘹亮，像有幾支樂隊在吹奏，森林山谷回聲四起。回頭一看，原來是真人在長嘯。

聞所聞而來，見所見而去

鐘會是貴族公子，精明有才能，起先不認識嵇康，想與他結交，便邀集了當時的名士一起去訪嵇。嵇正在大樹下打鐵，他的好友向秀當助手拉風箱。

嵇康見人來，依然揮錘打鐵不停，旁若無人，很久不與鐘等招呼。鐘感到無趣，起身離開，這時嵇才開口，問：「聽到了什麼而來？看到了什麼而去？」鐘回答：「聽到了所聽到的事而來，看到了所看到的事而去。」

山中宰相陶弘景

梁武帝蕭衍早年曾與陶弘景有來往，登基後，親自書寫敕令招見陶，並賜給他隱士常戴的鹿皮頭巾，後來又多次請他出山做官，他都沒答應。

一次，陶弘景畫了一幅畫帶給梁武帝，畫面上有兩頭牛，一頭牛放牧於水草中，自由自在；另一頭戴著金籠頭，受人統御，被人鞭打。武帝笑著說：「這人真是會想辦法，以畫明志。看來是想學拖著尾巴的烏龜，寧可自在地活在泥中，也不願受人擺布供奉於廟堂，這哪裡還有可能出來做官呢！」但是國家有重大事件，武帝仍要前去商討請教，每月總有好幾封信給他，因而當時人稱陶為山中宰相。

我的官為何升不上去

顏延之（南北朝詩人）性情疏散放誕，不能取悅當時的權貴。他見劉湛、殷景仁獨攬大權，行事專斷，心中就憤憤不平。他常對人說：「天下大事豈能靠一人之才智去獨斷！」語辭尖銳激烈，常常要冒犯權貴。

顏延之年輕時曾做過劉湛之父劉柳後將軍的主簿，以後他便對劉湛說：「我的官升不上去，肯定是因為在你家裡做過小吏的緣故。」劉湛聽了非常惱怒，將此話告知彭城王劉義康，將他貶為永嘉太守。顏心中十分

怨憤，於是作《五君詠》一詩以詠嘆竹林七賢，但七賢中的山濤，王戎因處顯貴之位而被擯棄。詩中詠嘆嵇康道：「鸞翮有時鎩，龍性誰能馴。」詠嘆阮籍道：「物故不可論，途窮能無慟。」詠嘆阮咸道：「屢薦不入官，一麾乃出守。」詠嘆劉伶道：「韜精日沉飲，誰知非荒宴。」這四首也就是他對自己遭遇的寫照，劉湛和劉義康認為這些詩句有不恭敬之處，大怒，想把他罷黜到更遠的地方去，但宋文帝對劉義康說：「還是命他在鄉里思過吧，如若仍不悔改，再將他驅逐到遠處；如果實在難以饒恕，你們就看著辦。」顏見此便隱居起來，不過問時事達七年之久。

◆ 范雎辭相

戰國時的范雎用「遠交近攻」的謀略輔佐秦昭王，屢建奇功，拜為相國，封應地，號應侯，成為秦昭王最信任的人。

後來，他舉薦的鄭安平和王稽先後叛國通敵，根據秦國法令，舉薦者也應治罪。雖然秦昭王考慮到范雎的功勞很大沒有治他的罪，但范雎自己心裡感到不自在。這時，燕國人蔡澤來到了秦國，求見范雎。

蔡澤見到范雎後，氣宇軒昂，談吐不同凡響。范雎不得不服。蔡澤對范雎說：

「人們常說，太陽運行到中天便要偏西，月亮圓滿便要虧缺。物盛則衰，這是天地間的自然規律。你現在功勞很大，官位到了頂點，秦王對你的信任也無以復加，正是退隱的好時機。這時退下來，還能保住一生的榮耀，不然的話，必有災禍。這方面的教訓是很多的。想當年，商鞅為秦孝公變法，使秦國無敵於天下，結果卻遭到車裂而死的下場；白起率軍先攻楚國，後打趙國，長平之戰殺敵四十萬，最後還是被迫自殺；又如吳起，為楚悼王立法，兵震天下，威服諸侯，後來卻被肢解喪命；文種為越王勾踐深謀遠慮，使越國強盛起來，報了夫差之仇，可是最終還是被越王所殺。」

范雎聽後不禁聳然動容。蔡澤稍稍停了一會兒又說：「這四個人都是在功成名就的情況下不知道退隱而遭受的禍患，這就是能伸而不能屈，能進而不能退啊！倒是范蠡明白這個道理，能夠超脫避世，做了被人稱道的陶朱公。我聽說，以水為鏡，可以看清自己的面容，以他人為鏡，可以知道自己的禍福。《逸書》說：『成功之下，不可久處。』你何不在此時歸還相印，讓位給賢能的人，自己隱居山林，永保廉潔的名聲，應侯的地位，世世代代享受榮耀呢？」

蔡澤的話終於說服了范雎，於是，他待蔡澤為上客。過了幾天，范雎向秦昭王介紹了蔡澤，說服昭王拜蔡澤為相國，自己託病歸還了相印。

就這樣，范雎急流勇退，離開了相位。

清涼的風颯颯地吹來

陶淵明平生未嘗有過喜歡和惱怒的神色，只是有酒就飲，有時沒有酒，也吟詠不停。他曾經說過，盛夏有空閒時，舒適地躺在北窗之下，清涼的風颯颯地吹來，自以為那種無憂無慮的安詳，可與太古之人比美。

李白的苦衷

唐朝大詩人李白，綿陽彰明縣人，不得意時應募為縣中小吏，侍候縣令生活。曾趕牛經過堂下，縣令妻發怒，要責罰他，李馬上以詩致歉。縣令很驚異，不再責罰，且稍為抬舉他，讓他侍候縣令筆墨。縣令有天寫詩詠山火，寫了「野火燒山去，人歸火不歸」就文思枯竭了。李續詩寫道：「焰隨紅日舞，煙逐暮雲飛。」縣令慚愧而止。

後來隨縣令觀潮，有女子溺死江中，縣令苦吟：「二八誰家女，漂來倚岸蘆，鳥窺眉上翠，魚弄口旁珠。」李應聲介面：「綠鬢隨波散，紅顏逐浪無。因何逢伍相，應是想秋胡。」縣令更不快。李害怕報復，棄職而去，隱居深山。

◆ 顧已得道成仙

唐朝詩人顧況生性疏懶狂逸，常與道士接近。當時，有個宰相要提拔他，準備給他一個好官職。顧用詩作答：「四海如今已太平，相公何事喚狂生？此身還似籠中鶴，東望滄溟叫數聲。」他把自己比作閒雲野鶴，把官爵視為囚人的樊籠。後來，吳地之人都說：顧已得道成仙。

◆ 「六一居士」歐陽脩

歐陽脩貶職到滁州，自號「醉翁」，後年老體衰，退休居住在穎州，又改號「六一居士」。

有客人問「六一」是什麼意思，歐陽脩說：「家有藏書一萬卷，集錄三代以來金石遺文一千卷，有琴一張，棋一局，還常置酒一壺。」

客人又問：「那也只有五一呀。」歐陽說：「我一個醉翁，老於這五物之間，不就是六一嗎？」

客人笑道：「你是想逃名嗎？所以才屢屢改換名號，這就是莊子所說的走在太陽底下而害怕影子的人。我將看著他飛跑，大口喘氣，最後乾渴而死。你終究是逃避不了的。」

歐陽脩說：「我本知名不可逃，也知大丈夫不必逃。我取此號，只是用來表示我的樂趣罷了。」

◆ 還是棄官在園中居住吧

康熙時，一姓隋的江甯織造在南京小倉山北坡造成一座花園，內種楸樹、桂樹各千株，號稱「隋園」。一時城中士子往來不絕，堪稱盛事。

三十年後，袁枚任江甯知府，「隋園」已破敗不堪，袁以三百兩銀子買下。他修整門牆、改建樓閣，因地制宜，在高處造望江的小樓；在低處置臨溪的亭子；在澗水上架小橋；在水浪湍急處備放小船；又依地勢之高

低與角度之不同，點綴假山岩石；順平坦而樹木翁鬱處構造或東北或東南朝向的屋子。整個園子沿勢設景，不使景物的氣脈受阻斷，因更名為「隨園」。既沿用了舊園名的讀音，又突出了因勢造園的「隨」字。

隨園造好後，袁枚感慨地說：「如果當官時居於此，疲於公務，最多每月住上一回；若是純粹住家，那便可天天飽餐秀色。二者不可兼得，還是捨棄官位而在園中居住吧！」於是袁枚便稱疾辭官，率弟袁樹、外甥湄君，把書籍搬至隨園中住下來。

袁自愛和尚詩，並非愛和尚

清代金陵水月庵僧鏡澄，頗有詩才，然詩成輒焚其稿，故知者甚少。

吳文溥游金陵時，借寓於水月庵，見鏡澄詩，以為如此詩篇，不可埋沒，於是抄錄數首，寄呈袁枚（曾為翰林院庶起士）。

袁枚見詩後，大為欣賞，並覆信云：「我們這裡有這樣的隱士而我卻不知，真是我的罪過。」立即將鏡澄詩選刻在《續同人集》中，使之行世。

吳文溥勸鏡澄前去拜訪袁枚，鏡澄卻說：「和尚且管自己做詩，並不希望為袁翰林所知。袁自愛和尚詩，並非愛和尚啊。」終未前往拜謁。

邀野龍為友

從前，豢龍氏有探尋龍的嗜好與欲望，很幸運，真的探尋到了。他得到了兩條龍，就把牠們餵養了起來。

龍與人本來不是同類，但豢龍氏能夠順從龍的脾性。龍生活在庭院水池之中，覺得江海湖泊也不值得遊玩；享受著人餵牠的甘美食物，覺得大海中鯨魚也不夠味了。牠們有時懶洋洋地躺在水池裡，有時又顯得很忙亂。牠們喜歡這個地方，不願離去。

　　一天，牠們碰到了一條野龍，那條野龍勸牠們離開水池，但牠們並不接受野龍的建議，反而對野龍說：「你在幹什麼啊？天地浩渺無涯，天冷了，要找地方冬眠；天暖了，又要飛上高空，這樣能不勞累嗎？實在還是跟我們住在這兒，多麼安逸自在。」

　　野龍高高地昂起頭，笑著回答說：「你的心胸怎麼狹隘到這種地步呢？大自然賦予我們的形體，頭上長角，身上長鱗，又賦予我們美好的德性，能潛入泉底，飛上天空；還賦予我們靈氣，吐氣成雲，乘著長風；也賦予我們職責，抑制乾旱，滋潤枯萎。我們的視野能伸展到天涯之外，能休息在極其遙遠的不毛之地，走遍天涯海角，一覽宇宙的滄桑變化，這豈不是最快樂的嗎？如今你們苟且地住在馬蹄大的一個水坑裡，泥沙拘束了你的手腳，只能與螞蟥、蚯蚓之類小蟲子為伍，順從豢養者的嗜好，以求得殘杯冷炙。這樣，你與我雖面貌相同，但我們的樂趣卻完全不一樣啊！你受人玩弄，吃著別人給的食物，被別人掐住了喉嚨，要被人切成肉塊的日子，已經為時不遠了。我現在同情你的境遇才伸出手拉你一把，你怎麼反過來引誘我，想把我也拉入陷阱之中嘛？看來，你是難免這場災禍了。」

　　說完，野龍飛走了。不久，這兩條龍果然被夏后氏捉住，剁成了肉醬。

第十七章　脫俗之道

　　人太拘泥，則保守古板，或稱之為迂腐道學，為世人所不齒。若不「瘋癲」，哪有米芾。李白捉月，死也死得脫俗。陶淵明這個縣令也不多見。曹操、漢武帝有多大能耐，遇著怪異脫俗的士臣也望而生畏。事實就是如此，顧愷之不畫眼睛，臉上添三根毛，偏巧表現出他的天才。

 李白醉酒捉月

李白天性好酒，自號「酒中仙」。一次，他在採石磯喝酒賞月，醉眼朦朧中被清冽江水中的明月倒影所陶醉，以至忘情地躍入水中去撈月，導致溺水而亡。相傳，當時，江裡遊來一頭巨鯨，將李白馱起向月宮飛去。

買菜總想多加點

司徒侯霸與嚴光是老朋友。一次，侯想讓嚴到家中談話，特派下屬侯子道帶著親筆信來邀請。嚴在床上也不起身，叉著腿坐著，打開信讀完後，問道：「侯霸一向呆癡，現在當上司徒，是不是稍微好了一點呢？」侯子道說：「他已擔任要職，不傻了。」嚴又問：「派你來傳什麼話嗎？」子道就如實告訴了他。嚴馬上說：「你剛才說他不傻，這不正是傻話嘛！光武帝親自來邀請我三次，我才答應；我連天子都不輕易會見，難道會輕易去見臣子嗎？」侯子道要他給個回信，嚴又說：「我手不能寫。」於是口授，令使者寫下，使者覺得回信太短，希望再加幾句。嚴道：「你這是買菜嗎？總想要多加點！」

侯霸接到信後，把信交給光武帝劉秀看。光武帝看了，笑著說：「這個狂徒還是老脾氣啊！」

本想羞辱禰衡，衡反辱我

孔融很愛禰衡的才華，屢屢在曹操面前稱道他。曹想見他，但禰一向看不起曹，自稱有狂病，不肯前去，且每每有狂妄不敬之言。

曹雖心懷怨憤，但因禰的才能名聲，不敢殺他。曹聽說禰善擊鼓，就將他召來充作鼓吏。於是曹大會賓客，欣賞鼓樂。眾鼓吏經過，均令脫去身上衣服，穿上鼓吏穿的衣帽。輪到禰衡，他正擊《漁陽》三撾，便踏著小步走上前來，容貌儀態與平時不同，鼓聲悲壯，聽者無不慷慨激昂。他

到曹面前停了下來。官吏前來呵斥，要他改裝，不得輕率。於是禰先脫近身之服，然後將所有的衣服脫掉，赤身裸體而立，又慢慢地取岑牟之帽，單絞之衣穿戴，穿戴完畢，重新擊鼓三撾而去，毫無羞色。

曹苦笑著說：「本想羞辱禰衡，但他反而羞辱了我。」

東方朔自責

三伏天中的祭祀之日，漢武帝劉徹賞賜侍從肉。大官丞到很晚還未來，東方朔拔劍割肉，對同僚說：「大熱天應當早點回去，我這就接受武帝的賞賜。」隨即取肉便走。大官丞向武帝報告此事。

第二天東方朔入朝，武帝問他為何自作主張割肉而去。東方向武帝謝罪，武帝要東方自責。東方拜謝了武帝，說：「東方朔來！東方朔來！不待聖旨就受賜，多麼無禮了！拔劍割肉，多麼壯勇啊！割得不多，又多麼廉潔啊！回去送給妻子，又多麼仁義啊！」武帝笑道：「我讓先生自責，你卻反而讚譽自己。」說罷，又賞賜東方酒一石，肉一百斤，要他回去送給妻子。

誰是你看得上的

建安初年，禰衡從荊州到許昌去遊歷。禰恃才傲物，看到不如自己的人便不搭理，故人們都恨他。那時，許昌雖剛建都，但人才卻不少。可是禰寫了一張名片揣在懷裡，一直到字跡磨得模糊了，還覺得無處可送。有人問他：「為何不與陳群、司馬朗做朋友呢？」禰說：「您想讓我與殺豬賣酒的人交朋友麼？」又有人問他：「現在許都，誰是你看得上的？」回答說：「大兒有孔融，小兒有楊修。」又問他：「曹操、荀彧、趙融算得上蓋世奇才吧？」禰頌揚曹操的話不多，又見荀彧容貌漂亮，趙融大腹便便，於是揶揄說：「荀彧可以借給人家去弔喪，趙融可以監督廚師請客。」

言外之意，這二人都沒什麼才能，荀只是面孔漂亮，趙不過善於吃肉而已。於是大家都恨得咬牙切齒。

臨屍而歌

子桑戶、孟子反、子琴張三個人是意氣相投的朋友。有一天，子桑戶死了，還未下葬。孔子聽說了，便讓子貢去幫忙料理喪事。誰知他到了子桑戶家，卻發現孟子反與子琴張兩人一個編曲，一個彈琴，正一起唱道：「子桑啊子桑，你已返回大道，而我們卻還在做人！」

子貢上前質問他們：「請問對著好朋友的屍體放聲高歌，這是什麼禮法？」

孟子反和子琴張相視而笑，淡淡地說：「你又懂得什麼叫禮法！」

子貢回去把他的所見所聞告訴了孔子，並說：「那兩個是什麼樣的人？他們不事修行，把生死置之度外，竟然對著好朋友的屍體放聲高歌，叫我都不知道如何稱述他們。他們是什麼樣的人呢？」

孔子嘆息著說：「他們是無拘無束的方外之人啊！而我們卻是備受約束的方內之人，方外之人與方內之人是不能相提並論的。他們已經將生死置之度外，而我卻讓你去弔喪，我真是太淺陋了！」

不畫眼睛，臉上添三根毛

顧愷之善畫人像，有的畫後幾年不點眼睛。有人問他原因，顧說：「人的四肢是否漂亮，與畫的好壞沒什麼關係，傳神寫照，靠的正是這個難畫的眼睛啊！」

顧愷之十分欣賞嵇康的四言詩，為之配圖，常說：「『手揮五弦』容易畫；『目送飛鴻』難下筆。」每次畫人像，精妙冠於當時。曾經畫裴楷像，在臉頰上添了三根毛，觀者覺得比未添以前更能傳神。又為謝鯤畫

像，把他畫在岩石之中，說：「這個人應當安排在山水之中。」又想畫殷仲堪的像，殷的眼睛有毛病，便堅決謝絕。顧說：「您只是為了眼珠罷了。在您的瞳仁上用飛白的筆法來畫，就像薄雲遮月一樣，不是很美嗎？」殷這才同意讓他畫像。

我的狂放誰都趕不上

南朝宋文帝劉義隆曾問顏延之幾個兒子各有什麼才能，顏回答說：「顏竣從我那裡學得了散文，顏測從我那裡學得了韻文，顏𪠿從我那裡學得了義理，顏躍從我那裡學得了飲酒。」何尚之在一旁嘲笑地問：「哪一位學得了你的狂放？」顏答：「我的狂放誰都趕不上。」一次何在侍中值班，顏帶著醉意來訪，何見了趕忙假裝熟睡，顏掀簾端詳了一陣，道：「真是朽木難雕。」事後何對左右人說：「這人醉了真讓人可怕。」

王績苦求太樂丞

貞觀年間，王績因家貧入長安求職。當時太樂署有府史焦革，家中善於釀酒，天下無雙。王貪於美酒，堅決要求做太樂丞，選司認為這不是士人之職，不肯任命。王再三請求，說道：「其中有深意。況且士人、平民，各分清濁，天下人都知道。沒有聽說過莊子不做漆園史，老子不恥做柱下史。」這才得到任命。

幾個月後，焦死了，好在焦妻袁氏還是經常送來美酒。過了一年多，袁氏也去世。王嘆息說：「天不讓我飽嘗美酒。」於是辭職還鄉。

孟浩然棄官飲酒

襄州刺史韓朝宗認為孟浩然作品是近世清雅之音，把他安置在朝廷中，一定能唱出溫雅醇正的頌歌。於是乘入京之時，與孟一起啟程，並在

朝廷為他宣揚。

　　韓與孟約定時間，引他前去拜謁貴人。到了這天，孟正與友人飲酒論文，興致酣暢。有人提醒他：「你與韓公事先已約好，現在又置之不理，不大好吧？」孟叱責說：「我在飲酒，哪管他事。人生不過行樂罷了。」於是逕自飲酒到散席，不去赴約。因此他沒有得官，但也不曾後悔。

■ 海上釣鼇客李白

　　李白在唐開元年間謁見宰相，呈上一木板所製名片，上題「海上釣鼇客李白。」

　　宰相問道：「先生在滄海中釣巨鼇，拿什麼做鉤線？」

　　李說：「我的情感奔逸在風波中，志向縱橫於宇宙間。以虹霓為線，明月為鉤。」

　　宰相又問：「拿什麼作魚餌？」

　　李答道：「以天下沒有義氣的男兒作餌。」

　　宰相聽了，不禁失色。

■ 李白的「供詞」

　　李白漫遊四方，將登華山，喝醉酒騎驢經過縣衙。縣令不認識他，大怒，把他帶入衙門問道：「你是誰，竟敢如此無禮！」李寫下供詞，但不具姓名。寫道：「我曾使天予以手巾擦拭嘔吐之物，親手調做羹湯，使貴妃捧硯，高力士脫靴。在天子門前，我還能騎馬奔走；華陰縣裡，卻不能騎驢經過？」縣令又驚又愧，下拜道歉說：「不知道是李翰林來了。」李大笑離去。

三升美酒留不下王先生

武德年間，王績奉命入長安，以隋朝揚州六合縣縣丞的身分在門下省等待分配官職。當時門下省官員按例每天發給三升美酒。王績的七弟王靜任高祖千牛衛，問王績：「等待分配的日子還快樂嗎？」王績說：「俸祿微薄，只是三升美酒，還勉強令人留戀。」門下省侍中陳叔達是王績舊友，聞知後說：「三升美酒，不足以留住王先生。」下令每天給他一斗。當時人稱他為「斗酒學士」。

「李益疾」

李益年輕時就神經過敏，常懷疑妻妾行為不軌，對她們防範得很嚴密。傳說他外出時，常把妻妾鎖在房內，還在門口撒上灰，以便察看她們是否私自行動。世人把妒忌妻妾的行為，稱作「李益疾」。因此，他的官職很久未得到提升。

白居易哪裡比得上我

裴度在洛陽修福先寺，準備寫信給祕書監白居易，請他撰寫碑文。正好皇甫湜在座，聽後突然怒道：「把近在眼前的我撇在一邊，去求遠在京城的白居易，這肯定是我得罪你大人了；況且我的文章與白居易相比，就像瑤琴寶瑟之聲與桑間濮上之音有天壤之別。既然這樣，哪一家顯貴之門，我走不進呢？從此以後，我不再登你的門了。」座中賓客聽了，無不震驚。

裴委婉地向他道歉：「起初，我不敢勞駕你，生怕被大手筆拒絕。你撰碑文，本來就是我的願望，只是不敢想而已。」皇甫聽了，怒氣稍平，提了一斗酒回去。到了家裡，一口氣喝掉半斗，酣睡數刻、嘔吐一通後，醉意朦朧地落筆撰文，一揮而就。第二天，謄清後獻給裴。這篇碑文寫得

古澀怪僻，裴推敲許久，甚至不能斷句。讀完之後，讚嘆：「簡直可以和木華的《海賦》、郭璞的《江賦》媲美。」

奉人之禮，不如送給我吧

劉叉素來喜歡任俠重義，不肯伺貴人顏色，寧可穿著破衣，趿著木屐，和窮人一起乞討為生。聽說韓愈能交接天下才學之士，就步行至京城找他。到後，作《冰柱》、《雪車》二詩，在韓門的地位頓時超過了盧仝、孟郊。樊宗師自認為善作古文，看了劉的文章，也很佩服。

後來，劉與韓的門下士人爭論，不肯讓步，遂拿了韓的數斤黃金，回山東老家。臨走前對韓說：「這是你奉承墓中人所得，不如送給我吧。」韓無話可說，目送他掉頭而去。

風流晏殊

宋代晏殊雖然富貴，但生活極節儉。他喜歡每天宴請賓客，卻從不預先備好酒菜，直等賓客到家才開始操辦。有嘉客必定挽留，只在每人面前放一空桌、一空杯，命人斟酒後，慢慢上菜餚果品。筵席之上必有歌舞聲樂相伴，大家談笑風生。數杯後，桌上燭光燦爛，酒興稍息，晏即令停演歌樂，並說：「你們已經獻藝完畢，該我獻藝了。」於是提筆賦詩。經常如此。前輩士人風流倜儻者，沒有一個可與其相比的。

真牛假牛

北宋書畫家米芾在漣水做官時，偶步街中，忽聞連續的叫賣聲：「賣畫啊，誰要買名畫，就快買啊……」

「賣畫？」米芾是個書畫迷，每見前代名畫，千方百計地想弄到手裡。他站住了，說：「拿來瞧瞧。」當他從賣畫人手中接過畫卷，抖開一

看，不禁愣了。原來這是唐代名畫家戴嵩的《牛圖》啊！他說：「好吧，先借給我鑑賞幾天，若是真品，我就想法買下來。」

賣畫人認識米芾是漣水的大官，雖不情願，也只好答應了。

米芾回到衙裡，細細鑑賞一番，越看越愛，但畫的價錢高，他付不起，便臨摹了一幅。米芾臨摹技術高強，他臨摹出的畫連行家也分不出真假。當賣畫人來要畫時，米芾便把自己臨摹的那張給了人家。他把《牛圖》的真品掛在床頭，坐臥賞玩不倦。

第二天，賣畫人找上門來了，說：「請把真品還我。」米芾大吃一驚，只好把真畫還給人家，問道：「你怎麼分辯出來的呢？」

「在真本裡，牛眼裡隱隱約約能看到牧童的影子。」賣畫人又指著摹本說：「這幅畫摹得像極了，真可以亂真，但牛眼裡沒有牧童的影子。」

■ 瘋癲之稱，名不虛得

宋徽宗趙佶得知米芾精通書道，一天，在瑤林殿設紙硯筆墨，召米來寫字，徽宗坐在簾後觀看，令梁師成與米相伴，賜予酒和水果。

米芾反繫袖子，行動便捷，落筆如雲，龍飛蛇舞。知徽宗坐在簾後，回頭對他說：「奇絕，陛下。」徽宗大喜，將研匣鎮紙等都賜給他。不久任他為書學博士。

一日，米在崇政殿奏事完畢，手裡拿著奏劄，徽宗看到，命他將奏劄留在椅子上。米卻對著便殿叫：「皇帝叫內侍要痰盂。」有關官員彈劾米，徽宗說：「俊人不可以禮法拘。」

米芾任書學博士，一天皇帝遊覽御花園，春色宜人，儀衛嚴整，遂召米前來，取出一軸黑格線的絹紙，命米書大字。米行禮畢，即捲起袖子舔筆揮毫，神韻飛揚，大書二十字進呈，皇帝大喜，重賞了米。

又一天，皇帝與蔡京談論書法，又召米芾前來，命其在一大屏上寫

字。米望左右要筆硯，皇帝指著御案上的端硯叫米使用。

書畢，米芾捧著硯跪請說：「此硯因賜給我使有沾染，不能再作御用，請處理。」皇帝大笑，將硯賜給了米。米行禮謝皇上，立即抱著硯退出，墨汁沾漬袍袖，卻喜形於色。皇帝對蔡說：「瘋癲之稱，名不虛得啊。」蔡奏告皇帝：「芾人品高潔，可謂不可無一，不可有二啊。」

■ 文天祥游泳下棋

夏日，茫茫贛水，穿過深山峽谷，在贛州城西南豁然開闊，亮出一大灣碧澄澄的河水。

這一天，文天祥又特意邀請了當時聞名大江南北的象棋國手周子善一同駕車來到河邊，他們要同往日一樣，乘興在這澄碧清冷的河水中度過這美好的一天。

擔任贛州知州的文天祥有一手很高的棋藝，從小又練就一身好水性。他不但常常在公務稍閒時以下棋為樂，尤其喜歡與別人在水中對弈，既可划水練身，又能以起棋養性。

他們剛剛下到水中，就迫不及待地「廝殺」起來，一對平時交誼頗深的好友，此時在意念中的「戰場」上，指揮自己的兵、車、炮、馬狠命廝殺。周子善輕撥浪花，一個出其不意，直搗對方腹地；文天祥剪碎清波，巧妙迂迴，只略施小技，便又轉危為安。周子善很佩服文天祥這一著，他仰浮水面讚嘆道：「文山（文天祥的號）兄真是運籌機巧，胸有雄兵啊！」文天祥甩動雙臂，奮力向前一游，然後回頭對周子善說道：「子善兄過獎了，其實這下棋如同對付來犯之敵，只能以戰求安，一味退讓求和，其結果是安和俱損。當今大宋天下不也是如此嗎？」說得周子善連連點頭。

兩人邊游邊對弈，興致愈來愈濃，不覺又已是日落沉西，水面上還不時傳來他們爽朗激越的笑聲。

趙孟頫無錢不寫字

元代書畫家趙孟頫生平貪財，人家求他寫字，一定要付了錢他才肯寫。有一天，有兩個白蓮教道士登門求字，守門的通報說：「有兩個居士在門外求見。」趙發怒說：「什麼居士？香山居士還是東坡居士？這麼個吃素食的瘋頭巾，也配稱居士！」管夫人聽見了，從裡面出來說：「相公請不要這樣暴躁，有錢就可以買東西吃了。」趙仍板著臉。

過沒多久，兩個道士進來拜見，從袖子裡拿出十錠銀來，說：「送給相公作潤筆錢，有一篇庵記，是年教授作的，求您寫一寫。」趙見錢喜上眉梢，大叫說：「拿茶上來給居士喝！」趙和兩個道士說笑了很久才分手。

「吟榻」陳師道

陳師道（宋代詩人）外出遊覽，只要想到一句詩，即趕回家，躺在床上，用被蒙頭，稱做「吟榻」。家人見狀，把貓狗都趕走，把小孩抱寄到鄰居家。等陳把詩寫成，才敢恢復原狀。

楊維楨的塾師要求和門貼告示

蘇州巨富蔣氏，想為八歲的兒子聘請老師，慕鄭元佑（元代作家）之名，備了禮物去請他。鄭看不起蔣，不肯應聘。

蔣氏是一個放縱不拘之人，於是備厚禮去請楊維楨，並告知鄭不肯應聘之意。當時楊住在吳淞，縱情於山水，天天帶著賓客妓女，做文章喝酒取樂。楊對蔣說：「你能依我三件事我就答應，聘金不必去談它。第一，不規定每天的課程；第二，供給我尋歡作樂的費用；第三，給我一所別墅安頓我的家人。」蔣欣然應允。楊在蔣家教了三年書，蔣之子後來也出了名。

楊維楨晚年居住在松江小蓬臺，不再下來。他在門口貼了一張告示說：「客人來訪不能下樓迎接，請原諒我的老懶；見到客人不能答禮，請

原諒我的老病；客人問事不能回答，請原諒我的老默；說起話來沒有顧忌，請原諒我的老迂；飲酒時不能沒有音樂助興，請原諒我的老狂。」他的縱情傲世就是如此。

王陽明賜教

王陽明（明代哲學家、教育家）的朋友與人打官司，請王來論是非。王說：「你現在比較激動，待幾天你心平氣和了，我再與你談這件事。」幾天後，那人又來找王，說：「弟子現在已經心平氣和了，請你賜教。」王說：「既然已經心平氣和，還要請教我什麼？」

得一狂名足矣

清代邢昉從小胸懷大志，十九歲入學為諸生，考試常是優等。有一次，考官在他卷子上批道：「太狂」，看到最後一場試卷，再批道：「更狂！」遂不錄取他。

邢昉對此評論說道：「讀書人寫文章，得到『狂』的名也已足夠了，還要關心其他做什麼呢？」於是就不再應試，一心創作詩歌和古文。邢還到各地去漫遊，和海內的各位名家相爭，詩歌愈來愈高妙。後來回到故鄉，在石臼湖畔築室而居。家中貧困，拿石臼湖水釀成好酒，賣酒賴以生存。

「暖足」吳敬梓

吳敬梓十分貧困。冬晚，寒氣逼人，無炭火，又無酒食，吳就約了好友汪京門、樊聖謨等五六人，乘著月色，出南門，繞城牆走數十里，歌吟嘯呼，互相應和，一直走到天明，進水西門後，各人才大笑散去。夜夜都是這樣，吳等稱之為「暖足」。

曹雪芹喝酒

敦誠曾在一秋天的清晨，在槐園遇見曹雪芹，其時風雨交加，寒氣襲人。曹雪芹沒有出去，他發狂般地想喝酒，敦誠就解下佩刀作抵押，買酒給曹痛飲。曹十分高興，寫了首長詩感謝他，敦誠也作《佩刀質酒歌》以答和。

豎著埋的「老虎」

克里孟梭（Clemenceau）學生時代就從事政治運動，善於雄辯，以敢言著稱，外號叫「老虎」。

一九一三年，即第一次世界大戰爆發的前一年，克里孟梭就預見到大戰的危險，大肆鼓吹加強國防，搞好戰備，但遭到執政當權者的反對。當時的陸軍總長就認為，法國的武器不是太少，而是大大過量了。他說：「道德的力量是所向無敵的，有了道德力量的幫助，就是差一點的兵器也可以打勝仗的。」這些理論氣得克里孟梭咆哮如雷，他怒斥總長說：「那麼，你為什麼不買幾隻弓來做現在的軍器呢？」他大聲疾呼，要擴軍備戰。第二年大戰就爆發了。

開戰剛剛兩年多，法國內閣就一連倒了四次，德國軍隊已快逼近巴黎城了。就在關係國家存亡的危難之時，克里孟梭終於以七十四歲的高齡挺身出來組閣，擔任總理兼陸軍總長。就連他的政敵都認為，除了這隻「老虎」，再也沒有合適的人選了。

「老虎」一出山，立即提出對內對外的抗戰政策。他向國民保證：「在你們面前的這個政府不接受任何妥協的和平！」還說：「我將督戰到最後一分鐘！」他的兄弟、兒子、孫子都上了前線，他也經常到前方去慰問。在他的頑強領導下，德軍被阻止在巴黎城下，停止了攻勢。隨後法軍開始反攻，迫使敵方要求停戰議和。

戰爭終於停止了，全法國鳴炮慶賀。巴黎城內，上、下兩院的全體議員和各界民眾紛紛湧向總理府，向「老虎」總理表示敬意，稱他為「勝利之父」。

克里孟梭臨終前囑咐，不要為他舉行國葬，但必須將他的屍體豎著埋。他這樣說：「因為雖死我仍欲直立著。」這隻「老虎」倔強到至死也不躺下。

■ 喜歡蠍子的易卜生

易卜生（Henrik Ibsen）有一個癖好，喜歡養毒的蠍子。他僑居羅馬的時候，在自己的房間裡養了一隻蠍子，他把蠍子裝在一個啤酒瓶內，放在桌子上，每天看著。不久，蠍子因餓生病了，無精打采，最後奄奄一息。這時易卜生就放進去一片水果，看著牠貪婪地吃著，同時放出毒汁，很快恢復了健康，又活躍起來，在瓶子裡亂蹦。

小小的蠍子，給易卜生以勇氣和力量，他說：「在我們這些詩人身上，不就有著與牠類似的情況嗎？」易卜生是問題劇的代表代家，由於他的作品提出了大量的社會問題，暴露了統治者的嘴臉，因而遭到本國資產階級的攻擊和迫害，被迫離開祖國，流亡國外，窮途潦倒，幾乎走投無路，就像被裝進瓶裡的蠍子一樣遭受不幸，挨餓，四處碰壁。但他並不屈服，仍然頑強地進行鬥爭，不斷向反動派放出「毒汁」。在困境中，他先後發表了詩劇《布朗德》、《培爾·金特》以及《社會支柱》、《玩偶之家》、《群鬼》、《人民公敵》等問題劇，揭露了資產階級社會民主、自由的虛偽和資產階級的利己主義等等，他的作品對近代戲劇的發展有很大影響。

第十八章　入禪之道

　　人有沒有最高境界？最高境界是什麼？對於這個問題，各人有各人的看法。

　　當你適意時，你便高興；當你苦悶時，你便痛苦；當你不解時，又會怎樣？在你入禪時，也許會找到 —— 或者至少較為靠近答案。

老怪物說話傷人

有位久經沙場的將軍厭倦了戰爭，專程到宗杲禪師處要求出家。

他向宗杲道：「禪師！我現已看破紅塵，請禪師慈悲收留我，讓我做您的弟子吧！」

宗杲：「你有家庭，有太重的社會習氣，現在還不能出家，慢慢再說吧！」

將軍：「禪師！我現在什麼都放得下，妻子、兒女、家庭都不成問題，請即刻為我剃度吧！」

宗杲：「慢慢再說吧！」

將軍無法，有天起了個大早，到寺裡拜佛。宗杲禪師一見他便說：「將軍為什麼起得那麼早就來拜佛呢？」

將軍用禪語詩偈說：「為除心頭火，起早禮師尊。」

禪師開玩笑地回道：「起得那麼早，不怕妻偷人？」

將軍一聽，非常生氣，罵道：「你這老怪物，講話太傷人！」

宗杲禪師哈哈一笑：「輕輕一撥扇，性火又燃燒，如此暴躁氣，怎算放得下？」

隨……

三伏天，寺院的草地枯黃了一大片。「快撒點草種子吧。」小和尚說。

師父揮揮手：「隨時！」

中秋，師父買了一包草籽，叫小和尚去播種。

秋風起，草籽邊撒、邊飄。「不好了！好多種子都被吹飛了。」小和尚喊。

「沒關係，吹走的多半是空的，撒下去也發不了芽。」師父說：「隨性！」

撒完種子，跟著就飛來幾隻小鳥啄食。「怎麼辦？種子都被鳥吃了！」小和尚急得跳腳。

「沒關係！種子多，吃不完！」師父說：「隨遇！」

半夜一陣驟雨，小和尚早晨衝進禪房：「師父！這下真完了！好多草籽被雨沖走了！」

「沖到哪兒，就在哪兒發芽！」師父說：「隨緣！」

一個星期過去了，原本光禿的地面，居然長出許多青翠的草苗。一些原來沒播種的角落，也泛出了綠意。小和尚高興得直拍手。

師父點頭：「隨喜！」

■ 誰度你

有位信者在簷下躲雨，看見一位禪師撐傘走過，於是喊道：「禪師！普度一下眾生吧！帶我一程如何？」

禪師：「我在雨裡，你在簷下，而簷下無雨，你不需要我度。」

信者立刻走出簷下，站在雨中，說道：「現在我也在雨中，該度我了吧！」

禪師：「我也在雨中，你也在雨中。我不被雨淋，因為有傘；你被雨淋，因為無傘。所以不是我度你，而是傘度我。你要被度，不必找我，請自找傘！」

■ 滿了

有位學者，來到南隱禪師處，專程請示什麼叫「禪」。

禪師以茶水招待，倒滿杯子時並未停止，仍然繼續注入。眼看茶水不停外溢，學者實在忍不住，就說道：「禪師！茶已經滿了！請不要再倒了。」

「你就像這個杯子一樣！」南隱禪師說道：「你心中滿是學者的看法與想法。如果不先把自己心裡的杯子倒空，叫我如何對你說禪。」

　　這就涉及到禪師之「機」，看你的心靈處在一種什麼狀態，你最需要的是什麼，才能為你量身訂做一條開悟之道。

　　世間學者，往往用學識蒙蔽了自己的本心，所以才要把自己倒空。那時，也只有等你全空了的時候，以往的知識才能成為你心靈的養分，而不再是它的屏障。

■ 滿了嗎

　　有一位學僧對無德禪師說道：「禪師！在您座下參學時，我已感到夠了，現在想跟您告假，我想去行腳雲遊了。」

　　「是什麼夠了呢？」

　　「夠了就是滿了，裝不下去了。」

　　「那麼在你走之前，去裝一盆石子來談話吧！」

　　學僧依照無德禪師的吩咐，把一大盆石子拿來。

　　禪師：「這一盆石子滿了嗎？」

　　學僧：「滿了。」

　　禪師隨手抓了幾把砂，摻入盆裡，砂，沒有溢出來。

　　禪師問學僧道：「滿了嗎？」

　　「滿了！」

　　禪師又抓起一把石灰，摻入盆裡，還沒有溢出。

　　禪師再問：「滿了嗎？」

　　「滿了！」

　　禪師順手又再倒了一盅水進去，仍然沒有溢出來。

　　「滿了嗎？」禪師又問。

　　「……」

◆ 一切皆禪

有位雲水僧聽人傳說無相禪師禪道高妙，想和其辯論禪法。適逢禪師外出，侍者沙彌出來接待，道：「禪師不在，有事我可以代勞。」

雲水僧道：「你年紀太小，不行。」

侍者沙彌道：「年齡雖小，智慧卻是不小！」

雲水僧一聽，覺得有理，便用手指比了個小圈圈，向前一指。侍者攤開雙手，畫了個大圓圈。雲水僧伸出一根指頭，侍者伸出五根指頭。雲水僧再伸出三根指頭，侍者用手在眼睛上比了一下。

雲水僧誠惶誠恐地跪下，拜了三拜，掉頭就走。他心想：我用手比了個小圈圈，向前一指，是想問他，你胸量有多大？他攤開雙手，畫了個大圈，說有大海那麼大。我又伸出一指，問他自身如何？他伸出五指，說受持五戒。我再伸出三指，問他三界如何？他指指眼睛，說三界就在眼裡。侍者尚且這麼高明，無相禪師的修行更加深不可測了，不如還是走吧。

無相禪師回來，侍者彙報了經過的情形：「報告師父！不知為什麼，那麼雲水僧知道我俗家是賣餅的。他用手比個小圈圈說，你家的餅只這麼一點大。我即攤開手說，有這麼大呢！他伸出一指說，一個一文錢嗎？我伸出五指說，五文錢才能買一個。他又伸出三指說，三文錢可以嗎？我想他太貪心了，便比了眼睛，怪他不識貨。不想，他卻嚇得逃走了！」

無相禪師聽後，說道：「一切皆法，一切比禪！」

◆ 我說你不像人

坦山禪師和雲升禪師同師學道參禪，但兩人性格迥異，師兄坦山放浪不拘小節，甚至於酒不戒，為人所恥；而師弟雲升為人莊重，不苟言笑，弘法利生，甚受信徒的尊敬。一天，坦山正在喝酒，雲升從坦山的房門前經過，坦山叫他道：「師弟！請來喝一杯酒如何？」

雲升禪師不屑地譏嘲道：「真沒出息，菸酒不戒，還能修行嗎？」

坦山仍微笑道：「不管那許多，來一杯如何？」

雲升邊走邊道：「我不會喝酒！」

坦山不高興地道：「連酒都不會喝，真不像個人！」

雲升聽後，停下腳步，大怒道：「你敢罵人！」

坦山不解似的問道：「我何時罵人？」

雲升道：「你說不會喝酒，就不像人，這不是明明罵我嗎？」

坦山：「你的確不像人！」

雲升：「我怎麼不像人？你說！」

坦山：「我說你不像人，就是不像人！」

雲升：「好！你罵！我不像人像什麼？你說！你說！」

坦山：「你像佛！」

雲升聽後，啞然不知如何。

■ 一休不好

有人問一休禪師：「什麼法號不好叫，為什麼您偏要叫『一休』呢？」

一休：「一休萬事休，有什麼不好？」

信徒聽了認為不錯。

一休：「其實一休不好，二休才好。」

信徒：「二休怎麼好呢？」

一休：「生要休，死也要休，生死一齊休才能了脫生死。所以，煩惱也要休，涅槃也要休，二者一齊休。」信徒：「不錯，不錯，二休才好。」

一休：「二休以後，要三休才好！」

信徒：「三休怎麼好？」

「你看，老婆天天和你吵架，像隻母老虎，最好是休妻；做官要拍馬屁，也很辛苦，最好是休官；做人處事有爭執，所以要休爭。能夠休妻、休官、休爭，這三休是最快樂，最好了！」

信徒：「不錯，不錯，三休真好！」

一休：「四休才是最好。」

信徒：「四休怎麼好呢？」

「酒、色、財、氣四種一齊休才好！」

信徒認為四休也很好。

一休：「四休不夠，五休才好。什麼叫五休？人生最苦的，就是我們有五臟，這個肚子要吃飯，所以才有辛苦。假如把這個五臟一起休掉，通通都沒有事了。」

信徒啞口無言。

莫非你也騙人

唐朝刺史李渤問智常禪師道：「佛經上所說『須彌藏芥子，芥子納須彌』，未免太過於玄奇了。小小的芥子，怎麼能容納那麼大的一座須彌山呢？分明不懂常識，怕是在騙人吧？」

智常禪師笑道：「人家說你『讀書破萬卷』，可有這回事？」

「當然！當然！」李渤一派得意洋洋。

「那麼，你讀過的萬卷書如今何在？」

李渤抬手指著腦門說：「都在這裡了！」

智常禪師道：「奇怪，我看你的頭顱只有一粒椰子大，怎麼裝得下萬卷書？莫非你也騙人嗎？」

此人不是強盜

晚上，七里禪師誦經時，有一強盜拿著利刃進來恐嚇：「把錢拿來，否則就一刀了結你！」

禪師頭也不回，安然說道：「不要急，錢在那邊抽屜裡，自己去拿。」

強盜搜刮一空，正待轉身，七里禪師說道：「不要全都拿走，留些給我明天買花供佛。」

強盜離開時，禪師又說：「收了人家的錢，不說聲謝謝就走嗎？」

於是強盜便說了聲「謝謝」。

後來，強盜因其他案子被捕，衙門審問他，知道他也偷過禪師的東西。衙門請禪師指認，禪師卻說：「此人不是強盜，因為錢是我給他的，而他已向我謝過了。」

強盜感動非常，刑滿之後，專程前來皈依七里禪師，成為門下弟子。

一腳踏在師父的頭上

在仙崖禪師的禪院裡，有位學僧常常在晚上偷偷爬過院牆，去外面尋歡作樂。仙崖禪師夜裡巡視，發現牆角有張高腳凳子，才知道有人溜了出去。他不驚動別人，只把凳子移開，自己站在那裡，靜候學僧歸來。

夜深時分，學僧回來了，不知凳子已經搬走，一腳就踩在了仙崖禪師的頭上。隨即他跳下地來，看清是禪師，慌得手足無措。

仙崖禪師卻似乎毫不介意，還安慰他：「夜深露重，小心身體，不要著涼，趕快回去加一件衣服。」

全寺僧眾誰也不知道這件事，仙崖禪師也從來不提。但從此之後，全寺一百多位學僧，卻再也沒人出去夜遊了。

◆ 師父為什麼笑

白雲禪師有一次和他的師父方會禪師對坐，方會問：「聽說你從前的師父荼陵郁和尚大悟時說了一首偈，你還記得嗎？」

「記得，記得。」白雲答道：「那首偈是：『我有明珠一顆，久被塵勞關鎖，今朝塵盡光生，照破山河萬朵。』」語氣中免不了有幾分得意。

方會禪師一聽，大笑數聲，一言不發地走了。

白雲怔在當場，不知道師父為什麼笑，心裡很愁煩，整天都在思索師父的笑，卻怎麼也找不出他大笑的原因。

那天晚上，他輾轉反側，怎麼也睡不著。第二天實在忍不住了，大清早就去問師父為什麼笑。

方會禪師笑得更開心，對著失眠而眼眶發黑的弟子說：「原來你還比不上一個小丑，小丑不怕人笑，你卻怕人笑。」白雲聽了，豁然開朗。

◆ 大學生訪禪

一位年輕的大學生在拜訪峨山禪師的時候問道：「你讀過基督教的聖經嗎？」

「沒有，試讀給我聽聽。」峨山答道。

學生打開聖經，翻到「馬太福音」，挑了數節讀道：「何必為衣裳憂慮呢？你想田野裡的百合花怎麼長起來？它也不勞苦，也不紡織，然而我告訴你們，就是所羅門極榮華的時候，他所穿戴的，還不如這一朵花哩！……所以不要為明天憂慮，因為明天自有明天的憂慮……」

峨山聽了說道：「說這話的人，不論他是誰，我認為他是個已有所悟的人。」

學生繼續讀道：「求則得之，尋則見之，叩則開之。因為，不論何人，皆可求得，尋見，叩開。」

峨山聽了說道：「很好。說這話的人，不論是誰，我認為他是一個已距成佛不遠的人。」

農夫求禪

一位農夫請天臺宗的一位法師為他的亡妻誦經超度。法事完畢後，農夫問道：「你認為我的太太能從這次法事得到益處嗎？」

「這次誦經，不止是你的太太可以得益，所有一切有情眾生無不得益。」法師答道。

「你說一切有情眾生無不得益，」農夫說道。「我的太太非常嬌弱，其他的眾生也許會占她便宜，把她的功德奪去。因此，我要請你單單為她誦經。」

法師向他解釋說，佛教徒應該平等看待一切眾生，使每一眾生均占法益。

「這個教義很好，」農夫說道，「但我要請你破個例，我的一位鄰居對我很是粗魯刻薄，只要把他除去一切有情眾生就好了。」

盲人說禪

盤珪大師圓寂後不久，他的一位盲人鄰居對他的朋友說道：「因為我是個瞎子，看不到別人的面孔，因此只好從對方說話的聲音判斷他的性格。通常，我不但可在一個人對幸福者或成功者的祝福語中聽出他的嫉妒聲氣，也可從他對不幸者或失敗者所發出的安慰語中探出他的得意和滿足聲氣，彷彿他可從那些慰祝之言中得到許多的利益似的。」

「但是，」他繼續說道，「在我所有的體會中，盤珪大師對人說話聲氣始終是真誠無偽的。每當他向人宣示快慰之情時，我只聽到快慰的聲氣；而當他向人一吐愁腸時，我只聽到愁苦的聲氣。」

◆ 哪一個入禪

某次，坦山與一道友走上一條泥漿路。那時，天上仍在下著大雨。

他倆在一個拐彎處遇到一位漂亮的女郎，因為身著綢布衣裳和絲質的衣帶而無法跨過那條泥路。

「來吧，姑娘。」坦山說道，然後就把那位女郎背過了泥路。

道友一直悶聲不響，直到天黑掛單寄宿，才按捺不住地對坦山說：「我們出家人不近女色，特別是年輕貌美的女子。那是很危險的。你為什麼要那樣做？」

「什麼？哪個女人？」坦山答道，「我早就把她放下了，你還背著麼？」

◆ 母親的愛

言宗的大師慈雲，是日本德川時代的一位著名梵文學者。他在年輕時，時常為他的師兄弟們講課，他的母親聽了給他寫了一封如下的信：

孩兒，我認為你不可能成為一名真正的佛教徒，因為你想做別人的活動辭典。知解和榮譽沒有止境。我希望你停止這種講學的事情，到深山小廟裡去閉關潛修，把你的時間完全用在坐禪方面，以便獲得真正的體悟。

◆ 擲幣決勝負

有一位名叫信長的日本武士，有一次他決心要打敗實力比他強上十倍的敵人。他很有信心打勝這場硬仗，但他的部下則頗為懷疑。

在他帶隊前進的途中，他在一座神社的前面停下，對他的部下說道：「我要在參拜這座神社之後投錢問卜。如果正面朝上，表示我們會贏，否則則輸。我們命運操在神的手裡。」

信長進入神社，默默禱告了一會。然後轉身，當眾朝天擲了一百枚硬幣。結果硬幣落地後，枚枚正面朝上。於是他的部下都急著要去攻打敵

人，恨不得馬上就打贏這場硬仗。

「誰也不能改變命運。」大勝之後，他的一位隨從說道。

「誠然如此。」信長說道，說著抖出一把硬幣，兩面都是正面。

又壽郎學劍

日本的柳生又壽郎是一位著名的劍手之子。他的父親認為他學習成績太差，不能精通劍道而與他脫離父子關係。於是，他前往二荒山去見名劍手武藏，武藏也肯定了他父親的判斷。「你要跟我學劍嗎？」武藏問道，「你不能滿足我的要求的。」

「但是，假如我努力學習的話，需要多少年才能成為一名劍師？」這位青年堅持著問道。

「你的餘年！」武藏答道。

「我不能等那麼久，」又壽郎解釋說。「只要你肯教我，我願意下任何苦功去達到目的。如果我當你的忠誠僕人，需時多久？」

「嗯，也許十年。」武藏緩和地答道。

「家父年事漸高，我不久就得服侍他了，」又壽郎繼續說道。「如果我更加熱烈地學習，需時多久？」

「嗯，也許三十年。」武藏答道。

「這怎麼說啊？」又壽郎問道，「你先說十年而現在又說三十年。我不惜下任何苦功，要在最短的時間內精通此藝！」

「嗯，」武藏說道，「那樣的話，你得跟我七十年才行，像你這樣急功近利的人多半是欲速不達。」

「好吧，」這位青年說道，他終於明白他因缺乏耐心而被申斥了，「我同意好啦。」

又壽郎所得的教導是：不但不許談論劍術，連劍也不准他碰一下。他

的老師只要他做飯、洗碗、鋪床、打掃庭院和照顧花園，對於劍術隻字不提。

三年的時光就這樣過去了，他仍是做著這些苦役，每當他想起自己的前途，內心不免有些悽惶：到現在他還沒有開始學習對人發願獻身以赴的劍藝！

但是，有一天，武藏悄悄從他背後躡進，以木劍給了他重重的一擊。

第二天，正當又壽郎忙著煮飯的當兒，武藏再度出其不意地向他撲擊而來。

自此以後，無論日夜，又壽郎都得隨時隨地預防突如其來的襲擊；一天二十四小時，他時時刻刻都得提防遭受劍擊的出現。

但他總算悟出了個中的道理，一旦豁然貫通了之後，終於使他的老師得意地綻出了笑容。最後，他終於成了全日本最精湛的劍手。

■ 天堂與地獄

一位名叫信重的日本軍人向白隱禪師問道：「真有天堂地獄嗎？」

「你是做什麼的？」白隱問他。

「我是一名武士。」他說。

「你是一名武士！」白隱叫道。「什麼樣的主人會要你做他的保鏢？看你的面孔猶如一名乞丐！」

信重聽了非常憤怒，正要拔劍而白隱卻繼續說道：「噢，你有一把劍，你的武器也鈍了，砍不下的我的腦袋。」

正當信重拔劍的時候，白隱說道：「地獄之門由此打開！」

這位武士聽了他的話，覺得這位大師頗有道力，於是收劍向他鞠了躬。

「天堂之門由此敞開。」白隱說道。

天皇與禪師

日本的後陽成天皇參禪於愚堂，問道：「以禪而言，此心即佛，是否？」

愚堂答道：「倘我說是，你將以為你不會而會，倘我說不是，則我與大家所熟知的事實相違。」

又一次，這位天皇問愚常：「悟了的人死時向什麼處去？」

愚堂答道：「不知。」

「為何不知？」天皇問道。

「因為我還沒有死。」愚堂答道。

天皇對於這些非他心智所能了解的問題正迷惑著，想要再問，這時愚堂以手拍打地板，就像要喚醒他的迷惘一般，而天皇忽然有所省悟！

天皇悟後，對禪宗及愚堂更加敬重，甚至還讓愚堂戴他所戴的帽子。愚堂到達八十高齡時，往往在講法時進入夢鄉，而這位天皇則悄悄退至他室，讓他這位可敬的老師得以休息他那老邁的身體。

茶人與刺客

大胡是日本德川時代之前的一位武士，曾跟千利休大師學習過茶道 —— 一種寧靜滿足的美的表現方法。

大胡的隨從武士加藤把他上司的熱心學習茶禮視為一種貽誤國事的玩意兒，因此決定要殺了千利休。他假裝對這位茶師做一次禮貌拜訪而受請喝茶。

這位精於茶道的大師一眼就看出了加藤的來意，因此，他要求這位武士先把他的刀劍置於室外而後進入。他的解釋是：茶道表現和平的氣氛。

加藤不理。「我是一名武士，」他說，「我一向劍不離身。不管茶道不茶道，我要帶劍。」

「好吧，」千利休同意道。「你就帶劍進來喝些茶吧。」

茶銚在炭火上發出騰騰的熱氣，茶水煮沸了，千利休突然將它打翻，弄得滿室都是煙霧和灰燼。加藤吃了一驚，急忙奔出室外。

這位大師連連抱歉說：「過失在我。請回來喝些茶吧。我把你的劍弄髒了，讓我擦乾淨了還你。」

這位武士終於明白，在這樣的一種情況下，他是無法殺掉這位茶師了，因此他就放棄了這個念頭。

◆ 一休母親的遺囑

一休禪師是日本足利時代的名僧，身為帝王之子。在他很小的時候，他的母親離開皇宮，進入寺院習禪，而一休太子也就這樣成了一名禪生。他的母親去世時給他留下了如下的一封信：

一休：

我已經完成此生的工作，如今就要復歸永恆了。我希望你好好用功，明悟你的佛性。如此，你將會知道我是否進入地獄或永遠跟你在一起。

如果你是個大丈夫，知道佛祖皆是你的僕人，你就可以放下書本，去為人類工作。世尊說法四十九年，結果發現一字也未說著。何以如此，你應知道。而假如你不知道但想知道的話，那就避免去做無益的妄想。

母字 不生不死 身九月一日

又：佛教的目的在於開悟眾生。如果你依賴它的任何方法，那你就只是一隻無知的昆蟲了。佛經有八千卷之多，如果你完全看了而仍不見你的自性的話，那你就連這封信也不會看懂。這是我的最後遺言。

◆ 隻手之聲

日本建仁寺的方丈默雷大師有個名叫東陽的小徒弟，年方十二。他見他的師兄弟們每天早晨和晚上都分別到大師的丈室中請求參禪開示，用以

止息雜念的奔馳。

東陽也想參禪。

「等等吧！」默雷說，「你的年紀太小了。」

但這孩子堅持要參，大師也就同意了。

到了晚上參禪的時候，小小的東陽走到方丈的門口敲了一下鑼，恭恭敬敬地磕了三個頭，然後入室，嚴肅地在大師的一旁坐下。

「你可以聽到兩手拍掌的聲音，」默雷說道。「現在給我舉示一隻手的聲音。」

東陽鞠了一躬，返回寢室後，用心思量這個問題，他從視窗聽到了藝妓演奏的樂音。「啊！」他叫道，「我會了！」

第二天早晨，當他的老師要他舉示隻手之聲時，他便演奏了藝妓演奏的那種音樂。

「不是，不是！」默雷說道：「他那是不行的，那並不是隻手之聲，你根本沒有得到。」

東陽心想，那種音樂也許會影響他的思緒，因此，他就把他的住處搬到一個僻靜的地方。「什麼是隻手之聲？」思量之間，忽然聽到了滴水的聲音。「我有想法了。」東陽在心裡說道。

於是，當他再度來到老師的面前時，便模擬了滴水的聲音。

「那是什麼？」默雷問道。「那是滴水之聲，可不是隻手之聲。再參！」

東陽打坐諦聽隻手之聲，毫無所得。他聽到了風的鳴聲，但這也被批駁了。

他聽到了貓頭鷹的叫聲，但也被駁回了。

隻手之聲可也不是知了（蟬）之聲。

東陽到默雷那裡一連跑了十多次，每次各以一種不同的聲音提出應

對，但都被否決了。到底什麼是隻手之聲呢？他幾乎想了一年的工夫，始終找不出答案。

最後，小小的東陽終於進入了真正的禪定而超越了一切聲音。「我再也不能東想西想了，」後來他解釋說「是以，我終於達到了無聲之聲的境地。」

東陽已經體會到隻手之聲了。

■ 就是這樣嗎

白隱禪師一向受到鄰居的稱頌，說他是位生活純潔的聖者。

有一對夫婦在他附近開了一家食品店，家裡有個漂亮的女兒。不意間，兩夫婦發現女兒的肚子無緣無故地大了起來。

這事使她的父母頗為震怒，免不得要追問來由。她起初不肯招認那人是誰，但經一再苦逼之後，她終於說出了「白隱」兩字。

她的父母怒不可遏地去找白隱理論，但這位大師只有一句答話：「就是這樣嗎？」

孩子生下來，就被送給了白隱。此時，他的名譽雖已掃地，但他並不介意，只是非常細心地照顧孩子，他向鄰舍乞求嬰兒所需的奶水和其他一切用品。

事隔一年之後，這位沒有結婚的媽媽終於再也忍不下去了。她終於向她的父母吐露了真情：孩子的親生之父是在魚市工作的一名青年。

她父母立即將她帶到白隱那裡，向他道歉，請他原諒，並將孩子帶回。

白隱無話可說，他只在交回孩子的時候輕聲說道：「就是這樣嗎？」

■ 松雲和他的母親

松雲是曹洞宗的一位禪師。他的父親在他學生時代撒手辭世，而將他留下照顧他的老母。

松雲每到禪堂打坐，總是帶著他的母親同行。由於有她為伴，他每參訪禪院時，也就無法與其他僧人同住；因此，他每到一處，就在寺旁搭一小屋，就近照顧母親。他平常為人抄寫經偈，借此賺些生活之資。

當他為母親買魚時，就有人恥笑他；因為和尚是不應該吃葷的。但松雲毫不介意。倒是他的母親見他被人譏笑，心裡很難過。最後，她終於對松雲說道：「我想我可以當尼姑。我也可以吃素。」她做了尼姑，就和他在一起學佛。

松雲喜愛音樂，精於豎琴，他的母親也會彈奏；母子倆常在月明之夜共同演奏。

一天夜裡，一位年輕女子打從他們的住處經過，聽到了他們的音樂，深為感動，便邀他明晚到她那裡去演奏。他如約而去了。數天之後，他在街上碰見了那位女子，向她表示謝意。別人都因此笑他，因為他去的地方正是一個妓女的住處。

一天，松雲應邀去遠方的一個寺院中說法。事經數月返回後，發現他的母親已經過世。朋友們由於不知到哪兒去找他，所以也就只好將他母親放在棺材中等他回來安葬。

松雲走上前去，用手杖敲敲棺木說：「母親，孩兒回來了。」

「孩子，看你回來我很高興，」他替他的母親答道。

「是啊，我也很高興哩，」松雲應道。接著，他對眾人說道：「喪禮已畢，可以安葬了。」

松雲暮年自知臨終時至。一天早晨，他召集弟子，宣稱他於中午辭別。他在他的母親與老師遺像前面焚香禮拜，寫了一首偈子：

人間逆旅，五十六年。雨過天清，一輪圓月。

他的門人聚在他的周圍，為他誦經禱告，而他就在這當中安詳而逝。

繪畫和尚

月船是位善於繪畫的和尚。他在為人作畫之前，堅持必須先行付酬，否則絕不動筆，而且筆酬非常之高。因此，他得了「小氣畫家」的惡名。

某次，一名藝妓托他作畫一幅。「你能付多少？」月船問道。

「你要多少就付多少，」這位女子答道，「但我要你當面作畫。」

於是，一天，月船被請到了藝妓的住處，那時她正為她的顧主舉行一次宴會。

月船以上好的毛筆為她作畫，畫成之後，索了當時最高的酬勞。

那位藝妓付了報酬，轉身對她的顧客說道：「這位畫家只知要錢。他的畫雖不錯，但心地骯髒；金錢汙染了它的善美。出於這樣一種汙穢心靈的作品是不宜於掛在客廳裡的，它只能裝飾我的一條裙子。」

她將她穿著的一條裙子脫下，要月船在它的後面另畫一幅。

「你出多少？」月船問道。

「哦，隨便多少，」藝妓答道。

月船開了一個特別昂貴的價格，然後依照要求畫了一幅，事畢立即離開。

其後得悉，月船求財，是為了下述原因：

他所居住的那一州時常發生災荒。富人不肯出錢救助窮人，因此他建了一個任何人都不知道的祕密倉庫，裡面貯滿稻穀，以供賑濟之需。

從他所住的村落到國立神社的那條路，情況很是惡劣，行人甚感不便，他要予以改善。

他的師父生前發願建寺一座，但不幸其志未竟而身先亡，他要完成他的未竟之業。

月船完成了上述三大願望後，立即拋棄畫筆，退隱山林，從此不復再畫。

富人祈福

一位富人去請仙崖禪師為他的家族永遠興旺寫些祝語，以便作為傳家之寶而代代相傳下去。

仙崖展開一大張好紙，寫道：「父死，子死，孫死。」

那位富人見了大光其火，說道：「我是請你寫些祝福我家世代幸福的話！你怎麼開起這種玩笑來？」

「沒有開玩笑的意思，」仙崖解釋說，「假如你的兒子在你前面死，你將十分悲痛。假如你的孫子在你兒子前面死，那你和你的兒子都悲痛欲絕。假如你家的人一代一代地照我所寫的次序死，那就叫做享盡天年。我認為這是真正的興旺。」

只有我沒有講話

在日本，禪宗尚未傳人之前，天臺宗的學者即已坐禪。那時有同學四人，非常要好，但為了避免閒扯打岔而好好用功打坐起見，他們約定：誓守不語戒七天。

頭一天的白天，他們都靜默不語，故而打坐的效果也非常之好。但到了夜深之際，油燈忽明忽暗，眼看就要熄了。他們中的一位禁不住向侍從叫道：「請添些燈油！」

他的一位同學聽了頗以為怪。「我們應該一言不發的呀！」他說。

「你倆真蠢，」另一位同學說道，「為什麼偏要講話呢？！」

「只有我沒有講話！」第四位同學應道。

■ 你到哪裡去

禪師們往往訓練幼年門徒的舌戰能力。有兩派禪院以鄰而居，各有一名小沙彌；其中的一個每晨到市場買菜時，總會與另一個碰面。

「你到哪裡去？」其中的一個問道。

「腳到哪裡，我到哪裡。」另一個答道。

這句答話使得前一個沙彌感到難以繼續，於是向他的師父求教應對之術。「明天早晨，」師父對他說，「你遇見那個小傢伙時，再那樣問他。等他仍然那樣答時，你就問他：『如果沒有腳你到哪裡去？』這樣就可擊敗他。」

次日清晨，兩個小沙彌又相見了。

「你到哪裡去？」前一個問道。

「風到哪裡我到哪裡。」另一個答道。

這句答話又難倒了前一個沙彌，於是他又向師父求教。

「去問他：『假如沒有風你到哪裡？』」師父提示道。

第三天早晨，這兩個小傢伙又相遇了。

「你到哪裡去？」前一個問道。

「我到市場去。」另一個答道。

■ 一日不作，一日不食

百丈是一位禪宗大師，經常及門人一起工作，除草、掃地、砍柴，無所不做，即使到了八十歲高齡，仍然照做不誤。

他的門人見他年紀大了，不堪勞動，但勸他休息他又不聽，於是想了一個辦法，把他的工作用具掩藏起來。

這位大師當日沒有做工，但也沒有吃東西。第二天如此，第三天亦然。「他也許是因為我們藏了他的工具而生起氣來了，」他的門人如此猜

測道。「我們最好還是把工具放回原處吧。」

　　他們這樣做了，於是，這位大師又工作了，同時也吃東西了。到了晚上，他對大家訓示說：「一日不作，一日不食。」

■ 死期到了

　　一休禪師自幼就很聰明。他的老師有一隻非常珍愛的茶杯，是件稀世之寶。一天，一休無意中將它打破了，內心感到非常緊張，但就在這時候，他聽到了老師的腳步聲，連忙把打破的茶杯藏在背後。當他的老師走到他面前時，他忽然開口問道：「人為什麼一定要死呢？」

　　「這是自然之事，」他的老師答道，「世間的一切，有生就有死。」

　　這時，一休拿出打破的茶杯接著說道：「你的茶杯死期到了！」

知「世」就是力量！古人的 18 堂社交課：

夫妻相處 × 朋友往來 × 職場應對，從出生到出殯都能用到的人生真理

編　　著：韓立儀，張奇漢

發 行 人：黃振庭

出 版 者：崧燁文化事業有限公司

發 行 者：崧燁文化事業有限公司

E-mail：sonbookservice@gmail.com

粉 絲 頁：https://www.facebook.com/
　　　　　sonbookss/

網　　址：https://sonbook.net/

地　　址：台北市中正區重慶南路一段六十一號八
　　　　　樓 815 室

Rm. 815, 8F., No.61, Sec. 1, Chongqing S. Rd.,
Zhongzheng Dist., Taipei City 100, Taiwan

電　　話：(02)2370-3310

傳　　真：(02)2388-1990

印　　刷：京峯彩色印刷有限公司（京峰數位）

律師顧問：廣華律師事務所 張珮琦律師

-版權聲明

定　　價：520 元

發行日期：2023 年 03 月第一版

◎本書以 POD 印製

國家圖書館出版品預行編目資料

知「世」就是力量！古人的 18 堂
社交課：夫妻相處 × 朋友往來 ×
職場應對，從出生到出殯都能用到
的人生真理 / 韓立儀，張奇漢編著.
-- 第一版 . -- 臺北市：崧燁文化事
業有限公司 , 2023.03
面；　公分
POD 版
ISBN 978-626-357-167-9(平裝)
1.CST: 修身 2.CST: 人生哲學
192.1　　112001530

電子書購買

臉書